Profession Enseignant

MW01142162

Le français langue seconde

Gérard Vigner

hachette
ÉDUCATION

L'auteur

Inspecteur d'académie, inspecteur pédagogique régional de Lettres dans l'académie de Versailles et de Caen, Gérard Vigner a exercé pendant de nombreuses années dans différents pays de la francophonie, en Tunisie, faisant fonction d'inspecteur pour le français dans l'enseignement tunisien, au Cameroun et en Côte d'Ivoire comme chef de projet dans la coopération éducative, après avoir exercé en France pendant plusieurs années comme inspecteur de l'Éducation nationale dans le premier degré. Il a pu de la sorte se consacrer aux questions d'apprentissage du français comme langue de scolarisation. Il a participé, dans le cadre du ministère de l'Éducation nationale, à l'élaboration des textes se rapportant à l'organisation d'une formation en français langue seconde en direction des élèves nouvellement arrivés.

Il a publié de nombreux ouvrages et articles consacrés aux différents domaines d'usage et d'enseignement du français.

© HACHETTE LIVRE 2015 pour la présente édition, 2009 pour la première édition,
43 quai de Grenelle, 75905 Paris CEDEX 15

www.hachette-education.com

ISBN : 978-2-01-270891-4

Sommaire

Préface à la seconde édition

Le public constitué par ce que pendant longtemps on a appelé *les enfants de migrants* est un public très ancien, présent dans nos écoles depuis le début du siècle précédent, mais longtemps resté invisible. Sa prise en considération, relativement récente, fait clairement apparaître la distinction qui s'opère entre la présence effective dans l'école d'élèves aux origines particulières, pour l'essentiel des enfants étrangers, et le regard institutionnel porté sur eux ; changements perceptibles dans l'évolution des dénominations qui s'y rapportent (enfants de migrants, élèves primo-arrivants, élèves allophones nouvellement arrivés), dans celle des orientations en matière d'enseignement du français (du FLE au FLESCO), dans le changement même du nom des classes qui les accueillent (classes d'initiation, classes d'accueil, UPE2A).

Le statut institutionnel de ces publics, des dispositifs d'accueil, des politiques d'orientation, ne peut manquer d'avoir une incidence sur les apprentissages du français. Se considérer comme professeur de français langue étrangère, de français langue seconde ou de français langue de scolarisation, est-ce tout à fait la même chose ? Certainement pas. À l'évidence le positionnement institutionnel de ces publics ne peut être ignoré, de même que le contexte des programmes dans lequel l'apprentissage des langues, et plus particulièrement celui du français, prend place, depuis les catégories proposées par le Cadre européen commun de référence jusqu'aux composantes du Socle commun de connaissances, de compétences et de culture qui correspondent, en gros, aux enseignements de l'école élémentaire et du collège[1].

Aussi l'ouvrage, dont la réédition est ici entreprise, pourrait-il être considéré comme dépassé, au moins pour partie de ses aspects. Or, à le considérer de plus près, on s'aperçoit que ce que l'on pourrait appeler son centre de gravité, et nous l'avons voulu comme tel, est constitué par un ensemble d'analyses et de propositions qui veulent être au plus près de ce qui se rapporte à l'enseignement du français proprement dit. En effet, il serait imprudent de croire que l'approche de la langue dans la classe, que les démarches de structuration adoptées, sont directement et exclusivement dépendantes des propriétés

---

1. Sur ces différentes évolutions, voir l'ouvrage de Guy Cherqui et Fabrice Peutot, *Inclure : français de scolarisation et élèves allophones*, Hachette, coll. F, 2015.

de ce contexte institutionnel. À cette vision du haut vers le bas, il convient d'associer une vision qui, partant du bas, dans sa logique d'organisation propre (l'univers de la classe dans ses rituels spécifiques, les usages scolaires ordinaires en matière d'apprentissage du français, les outils d'intervention, ce que l'on appelle aussi les gestes professionnels du maître tels qu'ils sont raisonnablement effectuables, etc.), tente de situer ce que peut être un travail d'apprentissage au service de la structuration de la langue.

Un élève allophone découvre en effet une langue à laquelle il est étranger, langue dont il doit s'approprier les formes et usages dans le cadre d'une sphère de communication particulière, celle de l'école. Il prend place dans des communautés discursives aux profils et aux conventions langagières variés. La journée linguistique d'un enfant de migrants est en effet riche d'échanges de toutes sortes, réalisés dans des langues fortement différenciées, depuis la ou les langues de la famille, jusqu'aux variétés des langues de l'école. Mais dans tous les cas, la recherche de l'intelligibilité est là comme exigence première en matière d'efficacité dans la communication. Relation à la règle, relation à la norme d'usage s'entremêlent constamment, et constituent le cœur des apprentissages. Aussi cet ouvrage s'était-il donné pour projet de cerner plus particulièrement cette dimension de l'apprentissage, longtemps appelé français langue seconde, étiquette que nous pouvons conserver encore par commodité, dans le détail des formes de la langue. La description du français conçu comme langue de scolarisation y était déjà largement développée, la relation aux langues de l'émigration déjà signalée, de même que l'approche du français par compétences ; bref, un certain nombre d'invariants dans l'apprentissage dont on ne saurait faire l'économie, quelles que soient par ailleurs les évolutions, légitimes, que peut connaître l'école dans son organisation et sa politique globale de formation.

Ces publics d'enfants venus d'ailleurs, et dans des conditions souvent difficiles, continueront à être présents à l'école. Ce n'est pas demain que la circulation des hommes, des familles, sur notre globe va cesser, bien au contraire. Le profil de ces publics en revanche évoluera, leurs origines géographiques et culturelles aussi. La recherche de réponses appropriées s'imposera à toutes celles et tous ceux qui de près ou de loin auront en charge ces publics. Mais dans tous les cas s'imposera à tous comme exigence majeure, celle de proposer un enseignement du français de qualité, nous le devons bien à ces élèves.

Décembre 2014

Présentation

Le français langue seconde (désormais FL2), comme domaine d'enseignement propre, a pendant longtemps été tenu en moindre considération par rapport aux réflexions et analyses qui prévalaient dans les deux autres grands domaines traditionnellement reconnus de l'enseignement du français, celui du français langue étrangère (désormais FLE) et celui du français langue maternelle (même si l'expression sous cette forme est certainement impropre, désormais FLM), chacun dans des cadres institutionnels distincts. Le premier, consacré par l'émergence à l'Université des départements d'études françaises pour l'étranger à partir du début des années 1970 et le second par sa présence, massive, dans les établissements de l'Éducation nationale. Différents mouvements et associations, à partir des années 1970, vont commencer à jeter les bases d'une didactique du FLM, sur lesquelles s'appuieront les IUFM lorsqu'il s'agira de former professeurs des écoles et professeurs des collèges et des lycées.

Le FL2 comme domaine d'enseignement propre trouve d'abord son origine dans ce que l'on appelle aujourd'hui les pays francophones, c'est-à-dire les pays dans lesquels le français n'est pas la langue d'origine de la plus grande part des élèves qui seront, cela étant, accueillis dans des écoles qui feront du français, en partie ou en totalité, la langue vecteur des apprentissages. Le français langue seconde, c'est d'abord une solution destinée à assurer la scolarisation d'élèves non francophones natifs. Cette problématique rejoindra progressivement celle de la scolarisation, en France, de ce que l'on a appelé d'abord les «enfants de migrants». Nous en reparlerons dans le premier chapitre de cet ouvrage. Cette question s'ouvre dans les années 1950 et se posera de façon plus aiguë dans les années 1960.

Ce domaine remettait en question le partage des champs d'intervention, mais reconnaissons-le encore, fort mal balisés dans les années 1960-1970, entre FLE et FLM et qui quelque part brouillait les repères que l'on avait pu jusqu'alors se donner. Tout le monde était bien d'accord pour reconnaître l'utilité qu'il y avait à transférer en direction de ces publics d'enfants allophones les techniques et les outils élaborés dans le cadre du FLE et donc à rattacher ces apprentissages au domaine du FLE. En France toujours, l'accueil des populations migrantes oscillait entre une ouverture à certains moments plus large destinée à faciliter le regroupement familial et qui faisait s'inscrire dans les écoles un nombre plus élevé d'enfants allophones et des moments de plus forte restriction, au gré des politiques sociales et économiques du moment. En même temps des organismes d'appui, notamment les CEFISEM (voir *infra*, p. 27), ne savaient plus s'ils devaient intervenir en direction des publics accueillis dans le cadre de l'éducation prioritaire (publics d'élèves souvent issus de l'immigration, mais francophones natifs) ou s'occuper des élèves nouvellement arrivés.

Les conditions d'une réflexion plus particulièrement centrée sur les modes d'apprentissage relevant de ce que l'on appelait déjà le français langue seconde n'étaient pas toujours bien réunies. De son côté, la didactique du FLM avait fait de considérables progrès (on peut citer les travaux développés dans le cadre de la revue *Pratiques*, ainsi que tout ce qui était engagé par l'Association française des enseignants de français (AFEF) et sa revue *Le Français aujourd'hui*) et avait exploré les apprentissages à un niveau plus avancé, en écriture, en lecture, moins à l'oral il faut bien le reconnaître, mais avait permis de la sorte de mieux identifier les constituants, et leur mode d'agencement, des compétences en jeu dans les apprentissages du français à l'école comme au collège et au lycée. On disposa de la sorte progressivement d'un outillage didactique qui permettrait aux apprentissages en FL2 d'aller au-delà des limites assignées à un apprentissage de type FLE. Échanges discrets entre domaines d'apprentissage qui n'ont pas toujours appris à bien se connaître, mais incontestables, nous le verrons, dans leurs effets.

La publication, en 2000, par le CNDP de la brochure intitulée *Le Français, langue seconde* et l'organisation en mai 2001 de journées nationales autour de la scolarisation des enfants nouvellement arrivés (compte rendu publié dans *VEI Enjeux*, hors série, n° 3) ont pour effet de donner à ce domaine de formation sa pleine légitimité en l'associant plus étroitement à la scolarisation des enfants nouvellement arrivés et de relancer la réflexion dans un domaine pour partie négligé, en la recentrant sur la question de la formation en français. Nombreuses sont les publications qui vont en découler, soucieuses d'abord de situer le domaine, de proposer des cadres d'analyse susceptibles de mieux orienter les apprentissages[1] et souhaitant développer,

---

1. Citons notamment Michèle Verdelhan-Bourgade (2002), Pierre Martinez, dir. (2002), Jean-Marc Defays *et al.* (2003), Jean-Louis Chiss, dir. (2007), Michèle Verdelhan-Bourgade (2007). Des numéros de revue aussi Chantal Forrestal (coord.) « Français langue étrangère / Français langue seconde : un enjeu politique, social, culturel et éthique », *Études de linguistique appliquée*, 133, 2004, 11-23, Véronique Castellotti et Emmanuelle Huver, « Insertion scolaire et insertion sociale des nouveaux arrivants », n° 11, janvier 2008, Fatima Chnane-Davin et Jean-Pierre Cuq « Du discours de l'enseignant aux pratiques de l'apprenant », *Le français dans le monde*, Recherches et Applications n° 44, CLE international, juillet 2008.

à l'Université, des recherches consacrées à une meilleure connaissance des processus d'acquisition du français dans ce contexte.

Mais on observera que, dans un très grand nombre de cas, il s'agit de traiter de ces apprentissages, soit dans une perspective de recherche en didactique, soit de privilégier une approche des publics dans une perspective qui reste encore marquée par des problématiques de nature sociologique, toutes données qui méritent examen et débat, mais qui laissent souvent en état la question des apprentissages dans la classe, avec les solutions qui peuvent être raisonnablement envisagées. Des professeurs sont en poste, des formations sont en cours, des orientations sont proposées pour les élèves, des problèmes, de nature souvent complexe, sont à résoudre au quotidien, devant des publics d'élèves qui attendent beaucoup de ces formations. En même temps, viennent d'être mises en place des certifications complémentaires en français langue seconde qui offrent aux professeurs des écoles ou aux professeurs des collèges et des lycées la possibilité de voir reconnue une compétence particulière dans ce domaine d'enseignement.

Aussi cet ouvrage, tout en se situant dans la continuité des travaux et des recherches déjà engagés, se donne-t-il pour projet d'analyser de façon plus détaillée toutes les composantes de l'apprentissage du français en direction des élèves nouvellement arrivés et de proposer des types d'activités susceptibles de trouver place dans la classe en relation avec les domaines ainsi explorés. Projet somme toute modeste, mais qui tente de rapprocher les très nombreux travaux déjà engagés sur des pratiques effectives de classe. Le statut d'enfant de migrant, qui est celui de nombreux élèves accueillis dans les classes de FL2, n'exonère pas du devoir d'efficacité en matière de maîtrise du français appris comme langue de scolarisation.

Aussi mettrons-nous ici l'accent sur les apprentissages du français, auprès des publics d'enfants nouvellement arrivés, dans les CLIN et dans les CLA, mais aussi dans les classes des établissements français à l'étranger ou dans les établissements internationaux qui accueillent aussi de nombreux élèves allophones. Selon les publics, selon les établissements, les solutions ne sont pas tout à fait les mêmes, nous en sommes bien conscients, mais la pédagogie du français, dans sa cohérence propre, requiert des solutions qui demandent à être examinées de plus près, ce à quoi nous allons nous intéresser ici. Cela nous conduira à circuler de l'école à la fin du collège, tout en nous efforçant de ne jamais perdre de vue ce qui fonde la cohérence de ces apprentissages.

Nous commencerons par étudier ce que sont les publics concernés et les dispositifs d'accueil, plus particulièrement en France, dans la mesure où l'accueil des enfants de migrants et les politiques de la langue associées constituent une problématique toujours d'actualité. Puis nous aborderons la question des langues de l'école et des langues à l'école. Leur place et leur usage sont fortement déterminés par le cadre institutionnel dans lequel elles prennent place, ce qui ne pourra que retentir sur la façon de piloter les apprentissages. Dans la suite immédiate de cette réflexion, un bref éclairage sera mis sur la notion de parcours bilingue ou plurilingue. L'élève nouvellement arrivé est déjà porteur de compétences dans d'autres langues que le français, compétences qui non seulement ne doivent pas être ignorées, mais mieux encore doivent être prises en compte et considérées comme un élément d'appui. À partir de là, nous allons rentrer dans l'examen des questions proprement pédagogiques. Pour des raisons de commodité dans la présentation, et de meilleure clarté, on dissociera les compétences. Seront distingués l'oral, la lecture, l'écriture, alors même et nous le savons bien, que toutes ces compétences sont étroitement mêlées dans l'ordinaire des apprentissages scolaires. Mais on voudra bien, pour une plus grande clarté de l'analyse, maintenir ces distinctions, comme dominantes, non comme cloisonnement. Donc, l'oral comme compétence majeure, condition dans sa maîtrise des deux autres, celles liées au lire et à l'écrire. À chaque fois, nous situerons le plus possible ce qui, différentiellement, caractérise l'acquisition de la compétence pour l'élève en FL2, sachant que par ailleurs, il est enfant, il est adolescent, comme ses autres camarades de l'établissement, et à ce titre est affronté à des difficultés communes à tous les élèves de l'école. L'apprentissage du français dans la perspective des DNL (disciplines non linguistiques) occupera une place non négligeable, dans la mesure où cette thématique, fréquemment abordée, n'est pas toujours traitée dans le détail des conduites langagières associées. Les questions liées à la maîtrise de la langue et à l'apprentissage de la grammaire feront aussi l'objet d'un chapitre particulier. L'ouvrage s'achèvera par deux chapitres plus brefs, mais importants cependant. Le premier, consacré au problème de la cohérence méthodologique dans les apprentissages, pour savoir si le FL2 n'est qu'une juxtaposition d'activités empruntées selon les moments à ce qui se pratique en FLE ou en FLM, ou bien s'il s'agit d'un domaine propre fondé sur une méthodologie particulière. Enfin, aborder une question, peu traitée à l'ordinaire, celle qui porte sur l'accompagnement de l'élève dans sa classe d'inscription. Ce qui est visé, au travers de tous ces apprentissages, c'est bien l'intégration scolaire, mais celle-ci ne se décrète pas, elle se négocie, elle se prépare, elle s'accompagne. Quelques propositions en la matière sont énoncées.

1. Publics et dispositifs d'accueil

Les publics

Les apprentissages du français comme L2, dans le système éducatif français, concernent des publics plus diversifiés qu'on ne peut le penser *a priori*. Les textes de référence, qui ne sont pas inclus dans les programmes de français, il convient de le remarquer, mais dans les « Documents d'accompagnement » ou dans certains documents spécifiques, définissent prioritairement les publics concernés comme élèves nouvellement arrivés en France ou ENAF, pour reprendre la terminologie adoptée depuis 2002[1]. Catégorie, nous le verrons plus loin, qui est fréquemment assimilée à celle d'enfants de migrants, en vigueur depuis le début des années 1970, mais qui ne la recouvre que partiellement.

Pour faire vite, et sans trop entrer dans le détail de leur sociologie, nous devons prendre en considération différents publics :
– Les enfants de migrants tels qu'ils sont repérés à l'ordinaire et qui sont généralement pris en charge dans les CLIN ou dans les CLA, ou dans des CRI (voir *infra*, p. 27), quand leur nombre est insuffisant pour permettre leur regroupement dans une structure d'accueil spécifique, voire dans certains modules spécifiques installés en lycée quand les élèves ont plus de 16 ans et qu'ils ont bénéficié dans leur pays d'origine d'une scolarisation qui peut leur permettre de poursuivre leurs études jusqu'au niveau du baccalauréat.
– Les élèves accueillis en France dans les établissements internationaux, établissements généralement implantés près du siège d'organismes internationaux, du siège de grandes entreprises ou de centres de recherche. Ce sont bien des enfants de migrants, mais dans ce cas de migrants à haut niveau de qualification. On peut citer le lycée

---

1. Pour plus de précision, nous pouvons retenir la définition générale proposée dans la Note d'information 06.08 publiée par le ministère de l'Éducation nationale (http://media.education.gouv.fr/file/82/8/1828.pdf) : *« Les élèves nouveaux arrivants en France (ENAF) peuvent être de nationalité française ou non. Cette caractéristique juridique est indépendante de la maîtrise par l'élève de la langue française. De même, elle ne préjuge en rien de la nationalité ou de l'origine géographique de l'élève ou de ses parents. »*

international de Saint-Germain, conçu au départ pour accueillir les enfants des cadres de l'OTAN quand cette organisation avait son siège à Paris, la Cité scolaire internationale de Lyon, la Cité scolaire internationale Europole de Grenoble, le lycée international de Ferney-Voltaire, la future école internationale de Manosque, etc., établissements qui accueillent un large public d'élèves étrangers non francophones. Ces derniers bénéficient d'actions de mise à niveau en français qui relèvent d'une pédagogie du FL2.

– Les élèves accueillis dans les établissements français à l'étranger, ceux qui relèvent de l'Agence des établissements français à l'étranger (AEFE), soit un peu plus de 430 établissements ouverts sur l'ensemble de la planète, dont 178 établissements conventionnés, scolarisant un peu plus de 230 000 élèves. Quarante-six pour cent de l'effectif est constitué d'élèves francophones natifs. Tous les autres élèves sont des élèves étrangers et peuvent être pour une grande partie d'entre eux des élèves allophones appelant un accompagnement spécifique en français ; de même que les élèves accueillis dans le réseau des établissements de la Mission laïque française[1].

– Les enfants scolarisés dans les DOM/TOM, qui, pour certains d'entre eux, ne sont pas francophones natifs (Guyane, Réunion, Nouvelle-Calédonie, Mayotte, par exemple) et qui doivent faire l'objet d'actions de mise à niveau en français[2].

Tous ces publics, au-delà des situations juridiques et sociales d'origine et des lieux d'implantation des établissements, ont en commun d'être locuteurs d'une autre langue d'origine, d'être inscrits dans des établissements à programmes français, dispensés en français (indépendamment des sections nationales présentes dans les lycées internationaux) et requérant une formation spécifique en français destinée à assurer la mise à niveau des élèves ainsi recrutés. Autrement dit des publics qui, ayant à suivre une scolarisation dispensée en français dans l'ensemble des disciplines, doivent disposer des éléments de compétence appropriés[3].

---

1. Voir le site www.mlfmonde.org.
2. Pour l'île de La Réunion, voir P. Fioux (2001).
3. Dans une approche extensive du concept de langue seconde, on pourrait aussi ajouter les établissements bilingues qui, dans différentes régions du monde, font usage du français comme langue seconde d'apprentissage (à côté de la langue nationale ces sections bilingues scolarisent environ 50 000 élèves dans différents pays d'Europe) et enfin, un très grand nombre de pays des francophonies du Sud qui font usage du français à un moment ou à un autre comme vecteur d'apprentissages disciplinaires.

La forme scolaire

Tous ces publics ont en commun de prendre place à l'intérieur d'une forme scolaire, forme qui imprime aux activités qui s'y déploient sa marque propre et fait que les apprentissages du français y acquièrent un profil particulier qui ne saurait se confondre avec ceux mis en œuvre dans d'autres (FLE pour adultes par exemple ou apprentissages précoces).

La notion de forme scolaire fait partie de ces notions dont l'aveuglante familiarité empêche d'en percevoir l'effet structurant sur l'organisation de la formation. On désigne de la sorte une organisation qui procède d'une instance, extérieure à la classe, qui définit de façon contraignante des programmes sur la nature desquels les enseignants n'ont que peu de prise. Programmes dispensés en séquences successives, selon des répertoires d'activités prédéfinies, évalués selon des procédures prédéterminées et dont les résultats engageront la suite du parcours de l'apprenant dans un cursus donné. Une organisation fondée sur un jeu de conventions, tacitement admises, qui ne prend pas forcément en considération les compétences et motivations propres à chaque individu et qui ne saurait donc se confondre avec les modes de faire adoptés en direction des publics d'adultes en FLE, dont la diversité des contextes autorise des formes d'intervention bien plus diversifiées.

L'école, par rapport à une sorte de droit commun de l'élève, va devoir organiser une formation particulière qui sera la condition de sa bonne insertion dans la classe à laquelle il sera rattaché. Nous admettrons donc que la forme scolaire dans laquelle cet apprentissage prendra place est celle propre à la France, ou à une organisation conforme aux normes et usages en vigueur dans un établissement français.

Les élèves

La définition des publics concernés par ces apprentissages ne revêt aucun caractère d'évidence dans la mesure où sont pris en considération de multiples traits définitionnels qu'il importe de pouvoir organiser :

– La relation à la langue et le statut de la langue : le français pour un élève peut être une langue étrangère (c'est-à-dire une langue dont il n'a ni la maîtrise, ni l'usage dans son milieu de vie), sans pour autant être une langue étrangère par son statut. Ainsi, en France, le français est langue officielle, dans ses différentes déclinaisons institutionnelles, alors que l'anglais et l'espagnol sont des langues étrangères.

Un ENA est donc un élève qui va aborder le français, langue qui lui est étrangère, comme langue de scolarisation, dans un statut qui ne saurait se confondre avec celui de langue étrangère et qui à ce titre ne saurait relever des seules techniques d'apprentissage en usage dans les langues étrangères. Cet élève peut donc être considéré comme un élève allophone, c'est-à-dire qui vient d'une autre langue, sans pour autant rompre les liens avec cette dernière.

– Cet élève peut aussi être considéré comme un non-francophone natif, par opposition au concept de locuteur natif qui désigne tout locuteur ayant appris sa langue dans et par son milieu familial et social d'origine, par intériorisation des formes de la langue et dans la diversité des usages. La compétence de locuteur natif peut donc être associée tout à la fois à la maîtrise des automatismes langagiers à cette fluidité discursive, c'est-à-dire à cette capacité à adapter en permanence son propos à la situation d'échange.

– Étranger/national : cet élève peut être étranger par sa nationalité d'origine (il peut être Péruvien, Sri-lankais, Chinois, Algérien, etc.), comme il peut être Français (élèves originaires de Mayotte, par exemple). Mais il peut y avoir des élèves de nationalité étrangère, éduqués en milieu bilingue et qui à ce titre peuvent être considérés comme francophones natifs.

– Mono/bi/plurilingue : cet élève peut être monolingue dans sa langue d'origine. Il ne parle que cette langue, comme il peut être bilingue (français + une autre langue), quand il est originaire de l'aire franco-phone (petits Haïtiens ou petits Congolais qui ont l'usage partiel du français, et d'une ou plusieurs autres langues), bilingue ou plurilingue dans plusieurs autres langues que le français.

– Résident/non-résident : une personne non-résidente est une personne qui est simplement de passage en France, y séjournant pour une durée limitée. Une personne résidente a son domicile principal en France et est appelée à y résider pour un certain temps. Les enfants de migrants sont ainsi appelés à résider en France, ce qui signifie que la maîtrise du français constitue un enjeu important dans le devenir scolaire de l'élève, celui lié à la maîtrise d'une LE l'étant beaucoup moins.

– Nouvellement arrivé/résident : le ministère de l'Éducation nationale a retenu le trait « nouvellement arrivé » pour définir la situation de l'élève qui l'autorise à être accueilli dans des structures spécifiques. Un enfant étranger, installé en France depuis un certain temps, les lois de l'obligation scolaire étant ce qu'elles sont, peut être considéré comme francophone (partiellement ou en totalité). Les enfants allo-phones pouvant arriver à tout moment, ils peuvent donc être inscrits-

dans la classe d'initiation ou d'accueil à tout moment de l'année[1], ce qui constitue une source de difficulté supplémentaire d'un point de vue pédagogique.

L'Insee (Institut national de la statistique et des études économiques) rappelle les définitions en vigueur

«Immigré: personne résidant en France, née étrangère dans un pays étranger; étranger: personne résidant en France et n'ayant pas la nationalité française. Ainsi la qualité d'immigré est définie en fonction d'un double critère, immuable, de lieu de naissance et de nationalité. Tout immigré n'est pas étranger: un immigré a pu acquérir la nationalité française. À l'inverse tout étranger n'est pas immigré: certains étrangers sont nés en France: c'est le cas de 550 000 d'entre eux à la mi-2004.»

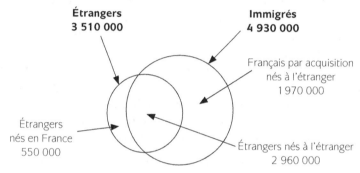

Étrangers
3 510 000

Immigrés
4 930 000

Français par acquisition
nés à l'étranger
1 970 000

Étrangers
nés en France
550 000

Étrangers nés à l'étranger
2 960 000

Insee Première, n° 1098, août 2006,
www.insee.fr (rubrique Publications) Étrangers et immigrés.

Le critère de nationalité ne constitue donc pas une condition première d'accueil dans ces classes. Deux conditions peuvent être considérées comme impératives:
– être allophone;
– être nouvellement arrivé.

---

1. *«Entre le début et la fin de l'année scolaire 2004-2005, le nombre de nouveaux arrivants non francophones passe de 36 600 à 42 600 nouveaux élèves dans le premier et second degrés. Le flux d'entrée est plus important à la rentrée scolaire (+ 26 100), mais les arrivées sont encore plus nombreuses entre novembre et janvier (+ 8 000) de même qu'entre février et mai (+ 4 800). Dans le même temps, 3 600 jeunes quittent une structure d'accueil entre octobre et janvier et 3 200 entre février et mai.»* Note d'information 06-08, mars 2006, ministère de l'Éducation nationale. Toutes choses égales par ailleurs, car les effectifs d'ENA peuvent varier significativement d'une année à l'autre, ce caractère continu des arrivées et sorties tout au long de l'année est une des caractéristiques propres aux structures d'accueil pour ENA.

Le système éducatif d'origine

Plus significative en revanche peut être la référence aux cultures éducatives et aux formes scolaires qui les organisent et dont proviennent les élèves (au moins pour ceux qui ont été scolarisés). Plusieurs variables peuvent être prises en considération. L'élève peut être issu d'un système éducatif de type autoritaire, c'est-à-dire d'un système dans lequel la relation pédagogique se fonde sur l'autorité du maître, détenteur exclusif du savoir et de la parole. L'élève peut également provenir d'un système plus ouvert dans lequel la relation pédagogique se fonde sur un dialogue pédagogique constamment ouvert, dans lequel le maître organise la découverte plus qu'il n'en expose les résultats. Le système éducatif d'origine peut encore être un système fortement sélectif, à chaque niveau l'élève peut être évalué d'un point de vue sommatif, évaluation qui est la condition de passage au niveau supérieur, ce qui peut entraîner des activités de bachotage particulièrement intenses avec le développement de conduites d'apprentissage spécifiques. Il peut aussi provenir de systèmes plus largement ouverts, plus compréhensifs, qui admettent que chacun progresse à son rythme. Ce système peut encore se fonder sur des apprentissages à dominante abstraite, à visées désintéressées, comme il peut s'organiser sur la base de projets liés à des réalisations débouchant sur des savoirs et savoir-faire pouvant être réinvestis dans la vie pratique.

Enfin, on n'oubliera pas que dans de nombreux pays (notamment ceux du Sud), existe ce que désormais l'on appelle l'école de base[1], c'est-à-dire une école qui prend en charge les élèves de 5/6 ans à 16 ans dans une structure continue et qui ne connaît pas, comme en France ou du moins pas à ce degré, cette rupture institutionnelle et pédagogique que constitue le passage de l'école élémentaire au collège, avec le maître unique et polyvalent d'un côté et de l'autre neuf professeurs différents intervenant dans les neuf disciplines du collège à l'entrée en classe de sixième.

Un élève, selon le lieu de sa scolarisation, va développer les conduites d'apprentissage attendues dans son environnement social. Les conduites valorisées ne sont pas universellement répandues, mais dépendent des conventions propres à la culture du pays d'origine de l'élève. Dans certaines cultures, le bon élève est un élève silencieux, parce que l'élève silencieux est attentif et que de la sorte il apprend; alors qu'en France le silence de l'élève pourra être interprété comme l'expression d'un désintérêt pour l'activité de la classe, ou, plus grave, comme l'expression d'une

---

1. Organisation de la scolarité promue par l'UNESCO depuis le début des années 1950.

incompréhension fondamentale. Changer de pays, changer de système éducatif, c'est devoir modifier ses conduites d'apprentissage dans la classe, gérer différemment les éléments de savoir auquel l'on est exposé, traduire l'apprentissage en conduites socialement légitimes. C'est, dans un certain nombre de cas, devoir faire face à un véritable choc pédagogique. On ne jugera donc pas l'élève, au début du moins, sur sa manière d'être et de faire dans la classe. On lui laissera le temps de s'imprégner des usages en vigueur dans la classe française (ou qui fonctionne à la française), d'acquérir les normes de référence pour ce qui est des conduites d'apprentissage admises[1]. On l'aidera à les acquérir, de façon à ce qu'il s'approprie les codes en usage, qu'il sache distinguer ce qui est admis, ce qui est encouragé, valorisé, de ce qui au contraire est réprouvé.

L'origine sociale

S'agissant de l'origine sociale des élèves, on notera que les élèves non francophones sont principalement issus de familles appartenant à des milieux sociaux modestes.

Répartition des élèves de collège selon la PCS de la personne de référence du ménage, rentrée scolaire 2004

	Ensemble des élèves	Dont élèves en CLA
Agriculteurs, exploitants	2,3	0,3
Artisans, commerçants, chefs d'entreprise	8,9	4,8
Cadres, professions intellectuelles supérieures	17,7	3,9
Professions intermédiaires	14,8	3,4
Employés	16,6	8,3
Ouvriers	27,1	32,3
Chômeurs jamais travaillé, sans activité	9,5	34,1
Non renseigné	3,1	12,9
Total 100,0	100,0	100,0

Source : *Note d'information*, 06-08, op. cit.

---

1. Pour ce qui est de l'évaluation des pré-requis des élèves, on trouvera une présentation des outils disponibles auprès du CASNAV de Nancy-Metz : http://www.ac-nancy-metz.fr/casnav/primo/primo_evaluations.htm

Sans entrer ici dans des discussions théoriques trop complexes, on pourra constater qu'un certain nombre d'ENA cumulent une double caractéristique : être non francophones et être issus de milieux sociaux modestes. Deux critères qui peuvent pour partie être facteurs de prédiction dans les apprentissages.

L'accueil des enfants étrangers : une lente mise en œuvre

L'école en France accueille depuis fort longtemps des enfants étrangers et s'en est tenue, jusqu'à une période récente, à un principe d'indifférenciation républicaine, même si les pratiques d'accueil sur le terrain pouvaient être plus variées qu'il n'y paraît au vu des textes officiels. La loi du 28 mars 1882 qui rend l'enseignement primaire obligatoire, en son article 4, n'opère aucune distinction entre les enfants selon leurs origines : *« L'instruction primaire est obligatoire pour les enfants des deux sexes âgés de 6 ans révolus à 13 ans révolus. »*

Pour autant, dès la fin de la Première Guerre mondiale, la France voit affluer sur son territoire[1] un nombre important d'étrangers, d'origine européenne pour la plupart, pour compenser les pertes humaines considérables qui résultaient de la guerre (un peu plus d'un million cinq cent mille morts, plusieurs millions de blessés, dont de nombreux handicapés qui ne pouvaient plus travailler). Les bassins miniers du Nord et de l'Est, les bassins sidérurgiques de Lorraine, font appel à une main-d'œuvre immigrée, pour l'essentiel venue de Pologne et d'Italie. Mais l'on assiste aussi à une arrivée de main-d'œuvre immigrée d'origine italienne, en zone rurale, ce qui est plus original, dans le Sud-Ouest de la France[2]. Mais cet afflux, important[3], de main-d'œuvre immigrée, sous forme d'une immigration familiale, s'opère sans modification, au moins apparente, des conditions d'accueil dans les écoles des enfants issus de ces familles. Les seuls dispositifs mis en place, le sont, à l'initiative du gouvernement polonais et, de façon moins officielle, par le gouvernement italien, pour maintenir le lien

---

1. Cet afflux se fait à la demande de la France qui, dès 1919, signe avec un certain nombre de pays des conventions destinées à organiser la venue sur son territoire d'un certain nombre de travailleurs dans les mines ou même dans les campagnes (immigration italienne dans le Sud-Ouest par exemple).
2. Voir à ce sujet l'ouvrage de Laure Teulières (2002).
3. La population immigrée italienne est estimée à un peu plus de 800 000 individus en 1931 et la population polonaise à un peu plus de 500 000 pour la même année (Philippe Rygiel, 2007).

avec le pays d'origine. La Pologne, État recréé en 1919, est particulièrement soucieuse de conserver le contrôle de populations installées dans différents pays d'Europe (Allemagne, Belgique, France), de même que, pour des raisons plus directement politiques, l'Italie fasciste, souhaite maintenir l'encadrement politique de populations qui pouvaient être tentées par l'antifascisme.

Dans le cas de la Pologne, un dispositif d'encadrement scolaire sera créé au terme d'une convention signée en septembre 1919 et qui aura pour effet d'envoyer en France, sur une douzaine d'années, un peu plus de 500 000 personnes. Les autorités polonaises obtiendront, difficilement, des autorités françaises, le droit d'ouvrir à l'école primaire des cours de polonais pour les enfants des mineurs dispensés par des moniteurs polonais. Mais ce dispositif ne sera accepté que si les enfants sont scolarisés dans l'enseignement privé et ces cours auront lieu le soir après la classe ou bien le jeudi[1]. Laure Teulières signale aussi des tentatives, de la part des autorités consulaires italiennes, de mettre en place des cours de langue et de culture italiennes, dans le Sud-Ouest, mais dans des conditions de clandestinité qui éveillèrent très rapidement les soupçons des autorités françaises. Considérons, qu'il s'agissait là, d'une démarche qui n'était pas sans rappeler ce que serait par la suite le dispositif des ELCO[2]. Jusqu'en 1939, la France ne s'en tiendra qu'à ces quelques dispositifs à la marge, les autres enfants de migrants étant scolarisés dans les classes ordinaires, sans faire l'objet d'interventions pédagogiques particulières. Tel fut le cas aussi pour les enfants arméniens et pour les enfants juifs venus d'Europe centrale. La loi du 9 août 1936 qui prolonge la scolarité obligatoire jusqu'à l'âge de 14 ans signale simplement, à l'article 16, que l'obligation scolaire concerne tous les enfants, français et étrangers. Une telle attitude de la part de l'enseignement public peut étonner. Mais si l'on se replace dans le contexte social et éducatif de l'époque, il n'y a là rien qui puisse surprendre. Les enfants de migrants sont d'abord des enfants d'ouvriers, à scolarité souvent courte, et traités comme tels par une école qui ramène ces enfants à leur condition sociale d'origine plus qu'elle ne prend en compte leurs origines nationales.

---

1. Janine Ponty (1977) et (1985).
2. Enseignements en langue et culture d'origine organisés à destination des élèves migrants à partir de 1973, dans le cadre de conventions bilatérales entre la France et différents pays fournisseurs de main-d'œuvre immigrée. Enseignements dispensés par des enseignants recrutés et rémunérés par les autorités du pays. Officiellement le dispositif est toujours en vigueur, mais est appelé à évoluer très rapidement et à être pris en charge par les inspecteurs de langues vivantes étrangères.

On tiendra aussi compte du fait qu'en ce temps-là, nombreux sont les enfants français, issus des milieux populaires, qui ne sont pas francophones natifs. Les enfants italiens scolarisés dans le Gers, dans le Lot-et-Garonne ou dans l'Aude, durant l'entre-deux-guerres, devaient certainement être plus exposés, avec leurs camarades français, à ce que l'on appelait en ce temps-là le « patois », c'est-à-dire une variété d'occitan, ce qui avait pour effet de les ramener à un même dénominateur commun langagier et d'atténuer les effets de distance entre la langue des élèves et celle de l'école.

Ce n'est qu'après la Seconde Guerre mondiale que l'arrivée massive à l'école d'élèves francophones natifs aura pour effet de marquer de façon plus nette la différence entre les petits Français et les enfants de migrants et d'appeler des modes d'interventions spécifiques pour le français. Quant à l'enseignement secondaire, en ce temps-là, on signalera qu'il n'était accessible qu'aux élèves ayant passé le concours d'entrée en 6e, concours fortement sélectif et qui ne permettait l'entrée dans l'enseignement secondaire qu'aux élèves ayant une bonne maîtrise et connaissance du français. Ce concours subsistera jusqu'en 1964, dans la suite de la réforme Berthoin engagée en 1959 et exclura de l'enseignement secondaire tous les enfants de migrants issus des milieux populaires.

La fin de la Seconde Guerre mondiale marque la fin d'une séquence centenaire, celle qui concerne d'abord ce que l'historien Philippe Rygiel appelait le vaste mouvement des migrations blanches[1], à l'intérieur de l'Europe, comme de l'Europe vers les Amériques. Certes ces mouvements migratoires ne vont pas cesser brusquement. Des Espagnols, des Portugais arrivent encore massivement en France, à côté desquels cependant apparaissent de nouveaux courants migratoires, en provenance des colonies, et notamment d'Algérie[2]. Certes, une main-d'œuvre en provenance des colonies était déjà présente en France, dans des statuts juridiquement instables[3] dès le début du XXe siècle (Indochine, Afrique noire, Afrique du Nord), mais cette main-d'œuvre était essentiellement masculine, les familles n'ayant pas la possibilité de s'installer en France. Cent dix mille personnes en provenance des colonies sont installées en France, avant 1939, alors qu'à la même époque on compte environ 2 600 000 étrangers, originaires de différents pays d'Europe. Après le Seconde Guerre mondiale,

---

1. Voir Philippe Rygiel (2007).
2. Même si le terme de « colonie » pour désigner l'Algérie, avant 1962, est juridiquement impropre, dans la mesure où l'Algérie avait été annexée à la France en 1891.
3. Voir la revue Genèses, « Sujets d'empire », n° 54, 2003, 4.

les politiques migratoires vont évoluer. La France a toujours besoin de main-d'œuvre pour faire face aux besoins de la reconstruction et de la relance de l'économie. Ce que l'on nommera plus tard les Trente Glorieuses se met en place.

Les Algériens qui, en 1947, accèdent à la citoyenneté française, peuvent s'installer plus aisément en France et la crise économique qui sévit en Algérie dans la fin des années 1940 va pousser de nombreux Algériens, notamment ceux qui vivaient dans des conditions difficiles dans les campagnes, à partir pour la France, avec leur famille. Arrivent ainsi en France des enfants, des jeunes qui, n'ayant pas été scolarisés en Algérie, sont fort mal armés pour affronter les réalités du monde du travail en France, notamment dans le secteur industriel. L'institution scolaire, notamment dans le domaine de l'enseignement professionnel, ne voit pas très bien comment intégrer et former de tels élèves. L'empire colonial français est traversé par de très graves secousses (guerre d'Indochine, début de l'insurrection algérienne en novembre 1954, troubles en Tunisie et au Maroc), ce qui va conduire les autorités françaises à accorder une plus grande attention à des populations jusqu'alors peu considérées, voire ignorées (un rapport de ministère de l'Intérieur compte en 1953 5 000 familles algériennes, dont 12 000 enfants de moins de moins de quinze ans). Comme souvent en France en la matière, c'est par le biais d'une initiative associative, la CANAM (Commission d'aide aux Nord-Africains dans la métropole) engagée dans le cadre de l'enseignement privé, que se mettent en place dès 1952 à Paris ce que l'on va appeler les premiers cours de rattrapage[1]. Sans entrer ici dans le détail de cette histoire, encore assez mal connue, rappelons que ces cours vont se développer assez rapidement. On en compte 117 en 1962 et, dès 1966, le CREDIF est associé par l'Éducation nationale à la mise en place d'une pédagogie appropriée à ces cours auprès de « classes d'initiation » que le ministère se propose d'ouvrir, à titre expérimental, dès la rentrée d'octobre 1966.

La première circulaire officielle publiée par le ministère de l'Éducation nationale en direction des enfants de migrants, est publiée le 13 janvier 1970 (circulaire n° IX 70-37 « Classes expérimentales d'initiation pour enfants étrangers » et va donner naissance à tous les dispositifs qui depuis concernent ces publics d'enfants nouvellement arrivés. En 1973 (circulaire du 1er novembre 1973) est créé le Centre de documentation pour la formation des travailleurs migrants et de

---

1. Voir Michel-Patrick de Miras (2006).

leurs familles, devenu aujourd'hui *VEI Centre de ressources*. Dans la même circulaire, est créé un Centre Migrants auprès du BELC, qui donnera naissance à la revue *Belc-Migrants*, pendant que le CREDIF est chargé d'une mission de formation de formateurs.

On peut évidemment se poser la question de savoir pourquoi il a fallu attendre 1970 pour que se mettent en place des dispositifs officiellement reconnus, alors que les enfants de migrants sont largement présents depuis la fin du XIXe siècle. C'est que cette migration a changé de visage. Dans le contexte politique de la fin des années 1960, la figure de l'immigré prend une dimension nouvelle, figure d'un double remords, celui de l'entreprise coloniale (le tiers-monde constitue un concept de référence majeur de l'analyse des relations internationales) et celui de l'exploitation d'un sous-prolétariat qui appelle des engagements politiques nouveaux.

Mais en même temps, l'école a changé, les exigences se sont accrues. Le fils de maçon italien, accueilli dans une école du quartier Sainte-Marguerite à Paris dans les années 1930, pouvait se satisfaire d'une scolarisation de base, même approximative dans ses effets. Un travail de maçon l'attendait. Dans les années 1970, les exigences en matière de formation professionnelle se sont élevées, le niveau général de la population française s'est considérablement accru et l'on ne pouvait se satisfaire des situations de l'avant-guerre. Une mise à niveau, préalable, en français s'imposait pour assurer une poursuite dans des études qui étaient fondées sur des niveaux de compétences désormais plus élevés.

Comme nous l'avons déjà signalé, la reconnaissance officielle de ces publics et la mise en place corrélative de dispositifs de formation adaptés est très récente (un peu plus de trente-cinq années, ce qui dans l'histoire d'une institution comme l'Éducation nationale est peu). Admettre que certains publics pouvaient sortir du champ commun d'intervention en matière d'enseignement du français n'était certainement pas chose aisée. Mais l'on peut penser que l'ébranlement des certitudes lié aux événements de mai 1968, les débats particulièrement intenses nés de l'élaboration du *Plan Rouchette* et de la préparation du *Plan de rénovation pour l'enseignement du français* qui sera publié en décembre 1972, ont certainement facilité cette prise de décision.

Le mouvement a été lancé, dans le début des années 1950, non à partir des publics d'enfants de migrants d'origine espagnole ou portugaise, très nombreux à cette époque, mais sur la question de la prise en charge d'adolescents algériens, peu ou non scolarisés dans leurs régions d'origine en Algérie. Ces publics posaient des problèmes pédagogiques inédits devant lesquels l'école métropolitaine se révélait démunie, ce qui favorisa certainement la recherche de solutions nouvelles qui, par la suite, seront étendues à l'ensemble des publics d'enfants de migrants.

Le CREDIF et le BELC, deux organismes chargés de la diffusion de l'enseignement du français à l'étranger, imprimèrent leur marque à des orientations pédagogiques qui s'inspirèrent directement des méthodologies en usage en FLE. Ce qui eut pour effet d'installer durablement dans les esprits l'idée que l'enseignement du français aux migrants (enfants ou adultes) devait être un enseignement de type FLE. Nous reviendrons plus loin sur cette question, mais c'était confondre la nature de la relation du français à ces élèves, langue qui effectivement leur était étrangère, avec le statut du français, qui ne l'était pas.

Le FLS (français langue seconde) commençait à peine à exister, d'abord dans les pays anciennement colonisés, comme suite des enseignements du français dispensés à l'époque coloniale, enseignement qui voulait conjuguer le travail de mise en place des automatismes langagiers, de systématisation, avec celui qui permettait de faire face aux exigences d'une formation primaire et secondaire dispensée, totalement (en Afrique noire) ou partiellement (dans le Maghreb) en français. Ces orientations furent souvent combattues au nom d'une vision de type FLE stricte et l'on vit émerger un peu partout en Afrique des solutions qui, certes, avaient pour elles l'efficacité (qu'il faut parfaitement reconnaître), approches de type FLE, mais qui butaient très rapidement sur le traitement de l'écrit qui constituait un domaine de compétence spécifique, que les méthodologies FLE en ce temps-là n'avaient pas encore véritablement abordé. Le français langue seconde, comme domaine d'enseignement particulier, ne commencera à avoir véritablement droit de cité qu'au début des années 1990, pour être pleinement reconnu en 2000, avec la publication par le ministère de l'Éducation nationale de la brochure « Le français, langue seconde ».

Les dénominations des publics vont évoluer. « Enfants de migrants » au départ, expression fortement connotée, telle qu'elle pouvait l'être dans les années 1960-1970, aujourd'hui « enfants nouvellement arrivés » qui définit simplement une situation, non une situation sociale ou un positionnement juridique.

Les dispositifs d'accueil

Les dispositifs d'accueil et de prise en charge des élèves sont ici présentés dans leurs grandes lignes, sachant qu'ils seront certainement appelés à évoluer, en fonction des situations, du contexte plus général des politiques de migration. Il convient donc de distinguer les choix réglementaires qui sont adoptés à un moment donné, des logiques qui en sous-tendent la mise en œuvre, logiques qui évoluent bien plus lentement et qui rendent compte des choix pédagogiques et éducatifs ainsi adoptés. L'essentiel de notre réflexion portera en effet sur les implications pédagogiques en matière de formation en français de ces différents choix.

Chronologie institutionnelle

Les textes qui organisent la scolarisation des enfants étrangers/immigrés/nouvellement arrivés s'étendent de janvier 1970 à octobre 2004 (voir Fiche 1).

Fiche 1

TEXTES RÉGISSANT L'ACCUEIL ET LA FORMATION DES ENFANTS DE MIGRANTS/ENFANTS NOUVELLEMENT ARRIVÉS		
Date	**Texte**	**Observation**
13 janvier 1970 *BO* n° 5 du 29 octobre 1970	Circulaire n° IX 70-37 «Classes expérimentales d'initiation pour enfants étrangers»	Premier texte organisant l'accueil et la formation des enfants étrangers
2 février 1973	Circulaire 73-1008 «Enseignement du portugais à destination des élèves portugais scolarisés dans l'enseignement élémentaire»	Création des ELCO
25 septembre 1973 *BO* n° 36 du 4 octobre 1973	Circulaire 73-783 «Scolarisation des enfants étrangers non francophones arrivant en France entre 12 et 16 ans»	Prise en compte des élèves accueillis au-delà de l'école élémentaire
4 novembre 1976 *BO* du 8 novembre 1976	Circulaire 76-387 «Création des CEFISEM»	Création d'un organisme chargé de l'information sur les enfants de migrants et de la formation des personnels concernés par ces publics

Date	Texte	Observations
1er septembre 1977	Circulaire 77-310 « Les CEFISEM sections pédagogiques des écoles normales d'instituteurs »	
25 juillet 1976 BO n° 31 du 7 septembre 1978	Circulaire 78-238 « Scolarisation des enfants immigrés »	Texte qui précise les conditions d'accueil et de prise en charge pédagogique des enfants immigrés. Ces instructions et recommandations serviront de référence pour les vingt années à venir
13 avril 1983	Note de service 83-165 « Scolarisation des enfants immigrés. Enseignement des langues et cultures d'origine (ELCO) »	
13 mars 1986 BO n° 13 du 3 avril 1986	Circulaire 86-119 « Apprentissage du français pour les élèves nouvellement arrivés en France »	Cette circulaire et les deux suivantes vont régir, jusqu'en avril 2002, l'accueil et la formation des élèves étrangers et se substituent aux circulaires de 1970 et de 1973 (73-783)
13 mars 1986 BO n° 13 du 3 avril 1986	Circulaire 86-120 « Accueil et intégration des élèves étrangers dans les écoles, collèges et lycées »	
13 mars 1986 BO n° 13 du 3 avril 1986	Circulaire 86-121 Missions et organisation des CEFISEM (Centres de formation et d'information pour la scolarisation des enfants de migrants)	
9 octobre 1990 BO n° 38 du 18 octobre 1990	Circulaire 90-270 Missions et organisation des CEFISEM	Extension de la mission des CEFISEM à l'éducation prioritaire (ZEP) et à la lutte contre les difficultés de tous ordres
20 mars 2002 BO spécial n° 10 du 25 avril 2002	Circulaire 2002-063 Modalités d'inscription et de scolarisation des enfants de nationalité étrangère des premier et second degrés	Cette circulaire et les deux suivantes se substituent aux circulaires de 1986
20 mars 2002 BO spécial n° 10 du 25 avril 2002	Circulaire 2002-100 Organisation de la scolarité des élèves nouvellement arrivés en France sans maîtrise suffisante de la langue française ou des apprentissages	
20 mars 2002 BO spécial n° 10 du 25 avril 2002	Circulaire 2002-102 Missions et organisation des Centres académiques pour la scolarisation des nouveaux arrivants et des enfants du voyage (CASNAV)	Ce texte remplace la circulaire du 4 novembre 1976 et recentre l'action des ex-CEFISEM en direction des élèves non francophones (ou partiellement) nouvellement arrivés

19 octobre 2004 *BO* n° 39 du 28 octobre 2004	Note de service 2 004-175 Attribution aux personnels enseignants des premier et second degrés relevant du MEN d'une certification complémentaire dans certains secteurs disciplinaires	Ce texte permet aux enseignants de valider des compétences particulières, plus particulièrement dans l'enseignement du français comme langue seconde, qui ne relèvent pas du champ ordinaire de validation des concours (CAPES ou agrégation)
25 juillet 2008 *BO* n° 31 du 31 juillet 2008	Circulaire n° 2008-102 du 25.07.08 Relations École-Famille. Opération expérimentale «Ouvrir l'École aux parents pour réussir l'intégration»	Circulaire publiée sous le double timbre du ministère de l'Éducation nationale et du ministère de l'Immigration, de l'Intégration, de l'Identité nationale et du Développement solidaire. Il s'agit de favoriser l'acquisition de la langue française par les parents d'élèves, migrants eux-mêmes
2 octobre 2012 *BO* n° 37 du 11 octobre 2012	Circulaire n° 2012-141 « Organisation de la scolarité des élèves allophones nouvellement arrivés »	Les dénominations CLIN et CLA disparaissent au profit d'une dénomination générique UPE2A
	Circulaire n° 2012-142 relative à la scolarisation des enfants issus des familles itinérantes et de voyages	
	Circulaire n° 2012-143 relative à l'organisation des CASNAV	

Même si les enseignements en langue et culture d'origine auprès des enfants immigrés scolarisés dans le système éducatif français ne s'inscrivent pas directement dans la problématique de l'ouvrage, pour autant le dispositif mérite d'être signalé. À partir de conventions passées entre certains gouvernements étrangers et la France, il était possible de confier à des maîtres étrangers, soumis au contrôle et à l'inspection des autorités compétentes de leur pays d'origine, de dispenser un enseignement en langue et culture auprès des élèves ayant la nationalité de ces pays. L'objectif était en quelque sorte de mettre en place une formation de type bilingue et, dans l'esprit de l'époque, de préparer un retour au pays des immigrés, dont le séjour en France ne devait être que temporaire. Les Elco s'adressaient en fait à des enfants étrangers, mais qui pouvaient être francophones natifs. Le dispositif s'est maintenu, mais dans des conditions plus difficiles. Les enseignants relevant de ces dispositifs sont encore assez nombreux, mais vont être progressivement assimilés aux enseignants de langue et relever de la responsabilité des inspecteurs pédagogiques régionaux de langue.

Deux dispositifs permanents ont traversé la période qui va de 1970 à aujourd'hui : des structures d'accueil, sur lesquelles nous allons revenir, CLIN (Classe d'initiation pour l'école élémentaire), CRI (Cours de rattrapage intégré) assuré par un enseignant itinérant auprès de publics dispersés, CLA (Classe d'adaptation pour les collèges) ; le second, constitué par les centres de formation en direction des publics enseignants, CEFISEM d'abord, CASNAV par la suite, qui ont pour vocation de former les enseignants et de gérer la mise en place des structures de formation dans les établissements, en concertation avec les services spécialisés des rectorats ou des inspections d'académie. Implantés à l'origine dans les écoles normales d'instituteurs, ils se sont progressivement ouverts aux publics accueillis dans les collèges et sont actuellement implantés soit dans les rectorats, soit dans les IUFM. Les CASNAV doivent être des outils de pilotage au plan académique de la politique d'accueil et des formations des ENA et voient de la sorte leur action se recentrer sur « l'accompagnement et la scolarisation des élèves nouvellement arrivés en France sans maîtrise suffisante de la langue française ou des apprentissages scolaires et des enfants du voyage » (Circulaire 2002-102 du 25.04.2002). Ceci après une assez longue période durant laquelle les CEFISEM avaient vu leur action réorientée sur l'enseignement prioritaire. Le CASNAV constitue une structure de pilotage au plan académique. On notera au passage que rien n'existe au plan national pour tout ce qui relève des politiques de prise en charge et d'accompagnement des ENA dans leur formation.

Les circulaires de mars 2002 ont moins réorganisé la logique d'accueil et de prise en charge pédagogique des ENA qu'elles n'ont voulu rappeler un certain nombre de principes qui, les années passant, avaient fini par être perdus de vue.

Trois points essentiels méritent d'être notés.

– Tout élève nouvellement arrivé est inscrit dans une classe ordinaire correspondant à peu près à son âge de scolarisation, de façon à éviter les décalages trop flagrants entre eux et le reste des élèves de la classe. Cette classe est sa classe de référence, celle dans laquelle il revient dès lors que son horaire hebdomadaire de français a été couvert. L'élève y apprend son métier d'écolier, selon de nouvelles règles, de nouvelles normes, car il y a bien des manières d'être un écolier dans le monde.

– La CLIN ou la CLA ne constituent pas des classes au sens administratif du terme (CE1 ou CM2 ou 4ᵉ), mais un dispositif provisoire de formation destiné à assurer la mise à niveau des élèves en français. À cet effet, il est interdit de garder les élèves pour la totalité de leur horaire dans ces classes et de leur assurer la totalité de leur formation comme la chose a parfois été constatée. Les CLIN et les CLA ne sauraient en aucun cas constituer des filières, ce qui irait à l'encontre de la mission d'intégration scolaire qui est assignée à ces classes.

– La durée de prise en charge ne saurait excéder celle correspondant à une année scolaire, selon un horaire hebdomadaire de 12 heures minimum, mais qui, dans certains départements, peut être plus élevé. En revanche, il est possible qu'un horaire soit prévu (2 heures hebdomadaires), la seconde année, quand les ENA sont à plein-temps dans leur classe d'inscription, pour un soutien ponctuel auprès des élèves qui se sentent encore en difficulté.

La logique qui a prévalu, dès les premiers textes, et qui est toujours en vigueur, recherche à éviter deux écueils : ne pas s'en tenir aux simples pratiques d'immersion, dont on connaît le peu d'efficacité en dépit de tout le bruit qui fut fait autour d'elles à une certaine époque, et ne pas enfermer non plus les élèves dans des filières qui ne leur permettraient pas de trouver le cours ordinaire d'une scolarisation en école ou en collège. Bien évidemment, tout ce qui vient d'être rappelé ici concerne les principes. Dans la réalité des pratiques, il en va parfois différemment parce que les élèves peuvent être inscrits dans différents établissements, regroupés occasionnellement. Localement, enseignants et chefs d'établissement élaborent des solutions qui tentent de satisfaire l'esprit des textes et de répondre aux contraintes de situations fort complexes. Accueillir des ENA dans des zones à fortes concentrations de population (dans la région parisienne ou dans la région lyonnaise par exemple) est chose relativement aisée à organiser. Elle l'est beaucoup moins en zones rurales à forte dispersion des populations migrantes. Mais l'inventivité des équipes pédagogiques et administratives en la matière est grande. Enfin, un dernier point est à noter, la mise en place d'une certification complémentaire en FL2 (*BO* n° 39 du 28 octobre 2004) qui pour la première fois, à l'intérieur de la discipline des Lettres, prévoit une mention complémentaire en français langue seconde (Fiche n° 2).

CERTIFICATION COMPLÉMENTAIRE EN FL2
(*BO* N° 39 DU 28 OCTOBRE 2004)

Le jury évaluera :

– la connaissance et l'expérience des principales méthodes d'enseignement d'une langue étrangère et d'une langue seconde ;

– la connaissance et l'expérience des matériels pédagogiques disponibles ;

– la connaissance et l'expérience des techniques de classe pour les publics d'élèves non francophones (capacité du candidat à organiser une séquence de langue étrangère ou une séquence de langue seconde pour des élèves débutants ou pour des élèves avancés ; pédagogie de l'erreur et de son traitement) ;

– la connaissance des textes réglementaires qui concernent l'accueil et la formation des élèves non-francophones ;

– la connaissance des conditions de la scolarisation dans les établissements français de l'étranger ;

– la connaissance des divers aspects des programmes de l'école primaire et du collège concernant la maîtrise de la langue et l'enseignement des langues étrangères et régionales ;

– la connaissance des grandes familles de langue et des grands systèmes d'écriture, en vue de permettre une comparaison entre fait de langue en français et fait de langue dans la langue d'origine des élèves ;

– la capacité à évaluer les compétences des élèves (et la connaissance des principaux outils d'évaluation existant à cet effet) ;

– la capacité à élaborer un plan individualisé de formation pour les élèves et à négocier avec l'équipe d'établissement un plan d'intégration progressive dans la classe d'inscription.

NB : Le jury appréciera particulièrement des candidats la possession des diplômes de lettres mention FLE et des divers diplômes de langue.

Tous ces dispositifs ont pour effet de donner un statut à un enseignement qui pendant longtemps, s'il fut organisé dans un cadre défini, n'avait jamais fait l'objet, de la part de ceux qui s'y vouaient, d'une reconnaissance particulière.

2. Les langues à l'école/ les langues de l'école

On ne peut raisonnablement aborder la question de l'enseignement/ apprentissage du français comme L2 sans s'interroger sur les différentes fonctions qu'une langue peut revêtir à l'école et notamment s'agissant de celle qui est considérée comme langue majeure de scolarisation, pour reprendre ici la dénomination adoptée par le Conseil de l'Europe[1] et que l'on désigne le plus souvent comme langue maternelle, expression impropre dans la mesure où la notion de maternité qui y est associée demanderait à être précisée[2].

La fonction d'échange

Dans les usages ordinaires, tels qu'ils interviennent dans les différents moments de la vie sociale et personnelle, la langue permet, à des locuteurs identifiés (quelles que soient par ailleurs les formes de cette identification), d'entrer en relation sur des enjeux variés et de pouvoir mesurer d'emblée les effets de cet échange (assentiment, désaccord, incompréhension, etc.). Tout malentendu, toute incompréhension, même partielle, tout besoin de précision, peuvent donner lieu à une demande de reformulation qui appelle de la part de l'interlocuteur la réponse attendue. La régulation de l'échange, en matière d'intercompréhension, est intégrée dans l'échange au fur et à mesure de son avancée. La coprésence des locuteurs fait donc que le sens de l'échange se co-construit, qu'il s'agisse de choisir le film auquel on souhaite assister ou le lieu et la date de la prochaine rencontre, pour ne prendre ici que deux exemples parmi les plus courants dans la vie sociale ordinaire. Échange qui se fonde le plus souvent sur des informations partagées, sur de nombreux implicites (il n'est pas nécessaire de tout expliciter quand on se parle) et qui s'opère par le moyen de codes conversationnels appris dès la plus tendre enfance par la simple pratique de l'échange au quotidien.

---

1. *Un Document de référence pour les langues de l'éducation?* Daniel Coste (éd.), Marisa Cavalli, Alexandru Crisan, Piet-Hein van de Ven, novembre 2007, Division des politiques linguistiques, www.coe.int/lan/fr
2. Pour préciser les conditions d'émergence de cette dénomination, voir G. Vigner (2003).

Appris de façon non formelle, ces codes conversationnels, mis en œuvre de façon spontanée, obéissent pour autant à des règles que les analyses conversationnelles se sont efforcées de mettre à jour (Eddy Roulet, 1985, Véronique Traverso, 1999, 2004). Ces échanges comprennent une ouverture et une clôture, un corps central fait de négociations, avec ou sans négociations secondaires. Bref des dispositifs particulièrement complexes, faits de nombreuses interventions, selon la nature et l'objet de la conversation. Une conversation à bâtons rompus, une scène de ménage, une demande d'autorisation de la part d'un adolescent pour sortir le samedi soir avec des copains, ne s'organisent pas de la même manière, ne donnent pas lieu à des négociations identiquement développées. Ces codes et ces usages s'acquièrent par la pratique au quotidien au contact des locuteurs de son groupe familial ou social de référence. Progressivement, l'enfant apprend ainsi à gérer différemment ses négociations, selon les interlocuteurs, selon la nature du lien qui les unit ; nous sommes bien en présence d'un apprentissage social (c'est en fonction de cet environnement de formation que l'enfant acquiert les répertoires discursifs fondateurs de sa compétence) qui s'opère par imprégnation, imitation, tâtonnement, et qui permet l'acquisition des automatismes langagiers, l'oral étant le vecteur premier de cette forme d'usage de la langue. Certes, l'usage aujourd'hui répandu des messages SMS correspond à cette logique conversationnelle, transposée dans le monde de l'écrit. Mais de tels usages ne sont concevables qu'auprès de locuteurs qui ont déjà la maîtrise de l'échange oral. En LM, l'enfant arrive à l'école porteur de cette compétence acquise dans la famille, dans le groupe des pairs, dans l'environnement proche. Pour autant il n'est peut-être pas inutile que l'école apprenne à l'enfant à élargir son répertoire discursif, à acquérir d'autres normes que celles en vigueur dans son univers social d'origine. Les activités de langage à l'école maternelle s'inscrivent pour partie dans cette visée. Mais dans tous les cas, l'enseignant s'appuiera sur cette compétence à communiquer, pour organiser le dialogue pédagogique.

En LVE, les méthodologies centrées sur l'acquisition d'une compétence à communiquer font du dialogue le support premier de l'apprentissage. On mime un échange conversationnel entre locuteurs d'une langue pour progressivement apprendre à l'élève à prendre place dans cet échange. Il y acquerra de la sorte les codes conversationnels de base (saluer, se présenter, s'enquérir de l'état de l'interlocuteur, etc.), en même temps que les formes de la langue correspondant à ces différentes fonctions dans l'échange. L'apprentissage se développera autour de transactions variées (demander son chemin, retrouver un objet égaré, proposer une sortie en commun, faire part de ses goûts, etc.), caractéristiques des relations sociales et amicales ordinaires. On pourra dans certains cas passer au stade des relations plus formelles sur des enjeux plus complexes, plus élaborés. La plupart des méthodes de FLE s'efforcent de faire acquérir ce type de compétence, du moins celles qui visent l'acquisition d'une compétence de communication. Les codes conversationnels y sont présents, font l'objet d'un apprentissage, de nature essentiellement implicite, mais apprentissage qui se fonde aussi sur le transfert possible des codes conversationnels en usage dans la langue et la culture d'origine de l'élève[1].

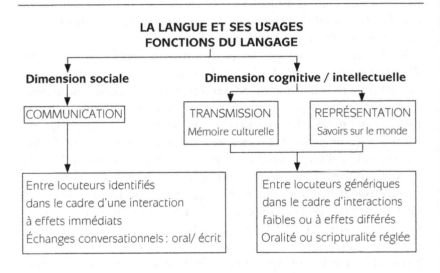

Les fonctions de transmission et de représentation

Toutefois, on conviendra que cette compétence, en LM comme en LVE, ne correspond que très approximativement aux répertoires discursifs en usage à l'école, dans le cadre de l'acquisition d'une langue approchée comme matière propre ou d'une langue vecteur

---

1. Même laissé à l'implicite, la découverte de ces codes dans des usages et articulations nouveaux peut être un outil de découverte des normes qui régissent les échanges entre familiers, entre enfants et adultes, entre adultes dans la vie professionnelle ou sociale.

dans l'enseignement d'un certain nombre de disciplines. En effet, si l'école pouvait se satisfaire des fonctions liées à la communication sociale ordinaire, l'échec scolaire, dans la maîtrise de la langue auprès de locuteurs natifs, n'aurait pas de raison d'être. Or cet échec, cette difficulté sont bien là (considérons simplement les taux de réussite aux différents items de l'évaluation Entrée 6ᵉ – « Connaissance et reconnaissance des mots », 52,5 %, « Compréhension, réception » 60,6 %, « Production de texte », 55,9 % – à la rentrée 2007). La langue de l'école (la langue en usage à l'école) fait à l'évidence appel à d'autres compétences, même si les références linguistiques sont communes. Il ne s'agit plus simplement de langue, mais de maîtrise du discours dans des répertoires distincts.

À côté des fonctions qui, dans les usages de la langue, valorisent l'interaction et sont marquées par le souci de l'efficacité dans l'immédiat, existent celles qui sont liées à des fonctions tout à la fois intellectuelles et culturelles.

Deux grandes fonctions peuvent être signalées.

La première est liée à la transmission d'une mémoire culturelle par le moyen, pour l'essentiel, de la littérature. L'école est là pour donner aux enfants et aux adolescents qu'elle accueille les bases d'une identité culturelle fondée sur la connaissance d'un patrimoine littéraire, langue qui assure de la sorte le dialogue entre les générations. Chaque pays et chaque culture disposent ainsi d'un répertoire d'auteurs et d'œuvres de référence, celui qui par un consensus dont les termes sont rarement explicités, semble incarner au mieux les valeurs idéologiques, politiques du pays en question. Il s'agit moins ici de communiquer que de transmettre, cette transmission s'opérant par l'acquisition des codes qui organisent les genres et la rhétorique de ces œuvres venues souvent d'un lointain passé, codes qui ne peuvent s'acquérir que par la médiation d'un clerc, le professeur en l'occurrence, l'explication de texte constituant l'outil qui permet ce travail de lente appropriation[1]. En effet, les codes esthétiques qui sont la

---

1. Bien évidemment, toute transmission inclut nécessairement des faits de communication. Le conteur, le fabuliste, disparus depuis fort longtemps, mettent cependant en œuvre un traitement énonciatif pour approcher son auditeur, son lecteur. Mais considérons que cette fonction de communication telle que nous la pratiquons dans le présent des usages n'a que peu à voir avec cette dimension de transmission. Rappelons d'ailleurs qu'il existe des langues qui n'ont plus aucune fonction de communication. Elles ne sont là que pour transmettre un héritage, c'est ce que l'on appelle les langues classiques, le grec et le latin en Europe. Mais n'oublions pas que d'autres langues disposent en leur propre sein d'une dimension classique, aussi éloignée des usages contemporains que le grec et le latin peuvent l'être des nôtres. On peut ainsi songer à la langue chinoise ou à la langue arabe.

condition d'accès à ces œuvres du passé ne peuvent être appris par le moyen de la seule expérience sociale, comme il en est pour l'acquisition des codes conversationnels. Ces codes doivent être enseignés, appris, dans des formes de la langue et dans des répertoires discursifs forts éloignés des usages sociaux ordinaires. Bien évidemment, ces œuvres étant rédigées en français, l'élève peut réinvestir ses connaissances dans la compréhension des textes. Il existe bien un continuum langagier, facteur d'intercompréhension, entre la langue des élèves d'aujourd'hui et celle de René Char, d'Aimé Césaire, d'Yves Bonnefoy ou de Francis Ponge. Mais de l'expérience esthétique du langage, de la poétique ainsi mise en œuvre, de l'univers de pensée et de sensibilité ainsi exprimé à l'univers langagier des élèves, la distance est grande et l'intercompréhension spontanée réduite[1].

Cette transmission culturelle s'organise à partir d'un support écrit. L'écrit est premier et constitue l'objet de référence à partir duquel va s'engager le travail de médiation du professeur. Certes, l'activité d'analyse qui s'organise en classe se fait par l'échange entre professeur et élèves, mais le commentaire, le débat qui peuvent s'organiser autour des œuvres prennent la forme de genres écrits (commentaire de texte, dissertation). La maîtrise des usages de la langue, dans cette famille d'activités, ne s'opère plus entre locuteurs identifiés, singuliers, comme dans la communication sociale ordinaire, mais entre locuteurs génériques, l'auteur, l'élève, le maître comme médiateur. Pédagogie distanciée faite, par la réflexion sur le texte et sur la langue, pour mettre l'élève à l'écart des errements d'une langue qui ne serait investie que dans l'immédiateté, dans l'expressivité (Judet de la Combe). On travaille sur une langue émotionnellement neutralisée, dont on calcule les effets pour rendre compte des événements de pensée et des événements esthétiques qui sont au cœur des œuvres étudiées. On parle, on écrit dans le cadre d'une parole réglée, c'est-à-dire soumise aux règles de la prise de parole publique et académique (Françoise Waquet, 2003). Il s'agit bien ici d'apprendre à parler selon des usages qui ne peuvent être induits de la seule pratique sociale ordinaire (toutefois, il serait aisé de montrer, ce qui a d'ailleurs été fait par de nombreux linguistes, que certains environnements fami-

---

1. Ajoutons encore cette remarque de P. Judet de la Combe et H. Wismann (2004, p. 30) : *« Ce qui est transmis avec la langue et la culture maternelle ce n'est donc pas seulement la connaissance d'une grammaire d'un 'bon usage' établi, mais cette liberté à l'intérieur de la langue, cette capacité à se référer à un héritage linguistique et culturel commun pour s'exprimer comme individu et non pas comme un sujet bien dressé, c'est-à-dire pour donner la possibilité d'innover dans sa pensée comme dans son expression ».*

liaux favorisent chez l'enfant une prise de parole qui va au-delà de l'intervention ordinaire, qui sollicite chez lui une capacité à analyser, à réfléchir sur les événements vécus, par le moyen d'un langage élaboré, soucieux de précision, inscrit dans des formes de raisonnement qui ne se limitent pas à la simple affirmation d'un point de vue. L'écart entre la compétence d'origine de ces élèves et celle attendue par l'école est dans ce cas-là bien plus aisé à réduire).

Il serait certainement réducteur de limiter l'apprentissage conduit dans la langue majeure de scolarisation à la seule transmission d'une mémoire culturelle. Le français comme matière est en effet une discipline composite qui tout à la fois est fondée sur des contenus, des savoirs sur la langue, sur les discours et savoirs culturels (littérature) et sur la mise en place de compétences (savoir lire, écrire, parler, écouter dans des domaines d'usage particuliers, éloignés des contraintes de la communication ordinaire). Cela explique que l'on puisse être à la fois professeur de lettres et professeur de français (distinction qui vaut plus pour l'enseignement secondaire que pour l'enseignement primaire)[1].

La seconde fonction qui peut être assignée à l'usage du langage verbal à l'école est celle qui consiste à contribuer à l'élaboration d'une représentation du monde[2] en référence à l'acquisition des savoirs scientifiques. Les sciences se proposent en effet d'établir une autre relation à la réalité par le moyen de concepts. On s'écarte des données de l'expérience immédiate, on tente de s'affranchir du leurre des apparences perceptives pour mettre en évidence les régularités qui, dans un phénomène, ne dépendent pas de la seule subjectivité de l'observateur. Les sciences à cet effet ont élaboré des méthodologies et des langages qui permettent de construire des objets de savoir et d'énoncer les opérations que l'on peut ainsi engager[3] sur ces objets, la recherche des variations significatives permettant de mieux cerner les caractéristiques de l'objet ainsi élaboré. La science est donc tout

---

1. Sur cette distinction, voir A. Armand (2003).
2. Cette notion de représentation du monde est explicitement mentionnée dans l'introduction aux programmes de l'enseignement des disciplines scientifiques pour le collège : «À l'issue de ses études au collège, l'élève doit s'être construit une première représentation globale et cohérente du monde dans lequel il vit. Il doit pouvoir apporter des éléments de réponse simples mais cohérents aux questions : «Comment est constitué le monde dans lequel je vis ?», «Quelle y est ma place ?», «Quelles sont les responsabilités individuelles et collectives ?» BO Hors série, n° 6, 19 avril 2007, Introduction commune à l'ensemble des disciplines scientifiques. L'enseignement primaire dans ses plus récents programmes (2008), parle de «Découverte du monde» pour ce qui est du CP et du CE1.
3. Ce que le philosophe G.G. Granger (1979) rappelle en signalant que la science fait usage de signes qui renvoient à des objets et de signes qui renvoient à la mise en situation du message.

à la fois représentation et communication. Elle représente des objets (le mot « objet » ne désigne pas ici un objet matériel dont il n'y aurait pour l'observateur qu'à lire les propriétés, ce qui nous renverrait à une conception tout à fait positiviste des sciences, mais un objet de savoir dépendant du point de vue de l'observateur et de son positionnement épistémologique), mais aussi communique sur les conditions d'élaboration de ces objets, ainsi que sur les résultats auxquels aboutissent un certain nombre d'opérations engagées. La science est par principe publique (sinon elle s'enfermerait dans les limites d'un savoir ésotérique fondé sur la transmission d'un secret entre initiés). À cet effet, les sciences utilisent un symbolisme spécifique (signes mathématiques, signes de la chimie, schématisations cartographiques pour le géographe, etc.) et les langues naturelles pour énoncer et commenter les résultats obtenus. L'enseignement des sciences à l'école vise à donner ce savoir en partage au plus grand nombre, partage dont le bon usage des langues naturelles est la condition.

Les sciences humaines, cependant, dans un certain nombre de cas, font usage des langues naturelles tout à la fois pour désigner les objets de savoir et les opérations de raisonnement que l'on peut engager sur ces objets. À la stabilité du signe spécifique que l'on peut utiliser dans un certain nombre de sciences exactes s'oppose les incertitudes sémantiques du signe verbal en usage dans les sciences humaines, souvent emprunté au langage ordinaire, et qu'il va falloir par une série d'opérations définitionnelles tenter de stabiliser dans un espace de signification particulier ; ainsi du mot « étranger » qui dans le vocabulaire juridique revêt un sens particulier, différent de celui qui prévaut dans les usages ordinaires.

La science est dans sa nature fondamentalement écrite. Les opérations que l'on engage doivent, par le symbolisme que l'on utilise, être notées. Peut-on concevoir une mathématique qui ne serait qu'orale ? Que serait une réflexion de nature philosophique qui ne serait pas fondée sur la lecture d'un texte ? Ce serait sinon, ce qui est concevable, fonder la réflexion sur le seul débat vivant, en situation, mais débat qui, s'il n'est pas noté par la suite, ne laisse aucune trace et doit constamment être repris de génération en génération. La science ne peut progresser que dans le cumul des savoirs, dans la stabilité des traces écrites[1]. Ce qui explique qu'il ne peut y avoir de formation

---

1. *« Il semble bien que pour le discours scientifique, ce soit la réalisation écrite qui domine, en ce sens qu'elle est la seule qui fournisse à l'esprit humain les conditions psychologiques d'un travail conceptuel tel que l'exige la science. »* (G. Grangen, op. cit. p. 27).

scientifique à l'école qui ne se fonde sur des notes prises, en phase d'observation, lors d'une sortie, en travaux pratiques, lors de l'exposé du professeur, ces notes étant progressivement converties en texte.

À cet effet, les sciences, tout comme la littérature, définissent un certain nombre de genres d'écrit propres à ce domaine, genres qui obéissent à un certain nombre de règles et font usage d'une rhétorique particulière[1]. Le plus répandu actuellement est celui de l'article, publié dans une revue, si possible de grand renom[2], article qui obéira à un certain nombre de conventions de présentation (le modèle IMMRD par exemple dans les sciences plus ou moins exactes, introduction, méthode, matériel, résultats, discussions). Mais de façon plus générale, la prise de notes en sciences et l'élaboration d'un bilan écrit présuppose une posture énonciative particulière, de mise en distance, le sujet énonciateur devant neutraliser toute forme d'expressivité, de subjectivité qui, sinon, renverrait cette analyse à l'univers des contingences ; d'où la nécessité de faire usage d'un vocabulaire standardisé, où il s'agit tout à la fois d'être exact et précis. Là encore, il ne s'agit pas d'échanger entre locuteurs singuliers, mais de se situer à un niveau de plus grande généralité.

De ce rapide parcours entrepris sur les formes et les usages de la langue à l'école (données qui seront reprises et développées dans le chapitre consacré à l'approche des disciplines non linguistiques), il résulte que la langue à l'école s'écarte sensiblement des usages communicatifs tels qu'on peut les constater au quotidien et que les transferts de compétence d'un domaine dans l'autre sont loin d'être évidents. Ils ne le sont guère pour des francophones natifs, ils le sont encore moins pour des non-natifs.

Une compétence spécifique

La notion de langue de scolarisation s'inscrit dans un répertoire d'usages propre et le fait d'apprendre le français à partir des approches communicatives de type FLE ne saurait permettre à l'élève d'accéder au niveau de compétence requis dans les délais requis. Question, nous le savons bien, complexe dans la mesure où ce que l'on appelle « formation

---

1. Penser en effet que la rhétorique n'est réservée qu'à la littérature ou à l'éloquence politique et judiciaire, serait se méprendre sur le fait que le discours scientifique se doit aussi de convaincre, de faire partager un point de vue. Voir De Coorebyter Vincent, dir. (1994).
2. On sait que dans le fameux classement mondial des universités, dit « classement de Shangaï », les publications dans les revues scientifiques reconnues jouent un très grand rôle.

en français» se répartit en domaines de pratiques fort différenciés et le risque est qu'il y ait toujours glissement de sens d'un domaine à l'autre. Ces domaines sont tous liés les uns par rapport aux autres par des modes d'intervention ou des objectifs partagés. Le FL2 comme langue de scolarisation a quelque part à voir, dans certains cas, avec le FOS (Français sur objectifs spécifiques), mais sur quelques points seulement. Le FLE et le FL2 sont tous deux confrontés à la nécessité de devoir faire découvrir les codes propres à une langue étrangère à l'élève. FLM et FL2 ont en commun de faire travailler les publics d'apprenants sur la variété haute du français. Il ressort donc qu'à une vision fragmentée des domaines de l'enseignement du français, il conviendrait de substituer une vision plus élargie, selon une didactique commune du français, qui permettrait à chacun des domaines de s'enrichir des logiques et des approches prévalant dans les autres domaines. Les spécialisations et cloisonnements prématurés en la matière ne peuvent qu'induire un traitement réducteur de chacun des domaines et notamment en FL2 plus que dans tout autre dans la mesure où ce domaine recouvre des compétences et des formes d'enseignement signalées ailleurs.

Apprendre une langue, c'est en apprendre les usages à l'intérieur de communautés régies par des règles particulières en matière d'échange, l'école et ses acteurs constituant une communauté de discours particulière. C'est moins maîtriser la langue en soi que maîtriser les discours, c'est-à-dire l'ensemble des règles ou usages qui permettent de produire non seulement des phrases correctes (c'est-à-dire acceptables du point de vue de la mise en application des règles), mais des énoncés considérés comme acceptables/légitimes dans un espace de relation donné. Trois composantes majeures interviennent dans l'élaboration du discours :
– une composante personnelle, celle dépendant de l'énonciateur dans la façon dont il élabore et pilote son discours ;
– une composante interpersonnelle ;
– une composante impersonnelle, c'est-à-dire l'ensemble des conventions qui s'imposent de l'extérieur aux deux locuteurs et qui régissent l'échange, la part du collectif dans l'individu (les genres de l'oralité judiciaire, de l'échange conversationnel ordinaire, de l'écrit universitaire, de la création littéraire, etc.)
Un élève qui suit une formation à l'école sera confronté à un certain nombre d'usages du discours qui fondent les usages de la langue comme langue de scolarisation. Il aura donc à circuler sur un continuum discursif qui lui permettra de se situer tout aussi bien dans un discours fortement marqué par le sujet énonciateur que dans un discours qui à l'opposé tente de s'abstraire de tout ce qui est lié à l'expression de soi.

Petit glossaire à l'usage de l'enseignant de langue

Ce chapitre, comme les chapitres suivants, nous donnent l'occasion de faire usage du mot «langue» associé à différents qualificatifs dont il importe de préciser le champ de signification, de façon, là encore, à éviter les malentendus qui pourraient naître de transferts parfois imprudents de sens, notamment à une époque, la nôtre, dans laquelle le concept de «langue» s'est considérablement diversifié dans la suite des travaux engagés en socio- ou en ethno-linguistique.

Langue ancienne: Se dit des langues dont l'enseignement se poursuit dans les systèmes éducatifs actuels, mais qui ne sont plus en usage dans les sociétés actuelles et dont l'enseignement, dans sa forme exclusivement écrite, vise notamment à la transmission de valeurs et de façon plus générale d'une mémoire culturelle. Le latin et le grec sont le plus souvent désignés sous cette appellation. Mais l'expression de «langue classique» fut autrefois en usage.

Langue classique: Se dit d'une langue qui renvoie à une tradition culturelle très ancienne, conçue comme référence normative dans un certain nombre de domaines de la vie intellectuelle, esthétique ou morale. Cette langue classique peut dans certaines civilisations et à la différence du latin et du grec qui dans de nombreux pays d'Europe sont des langues distinctes des langues modernes, relever de la même sphère linguistique, en Chine ou dans la monde arabe par exemple.

Langue d'origine: Désigne, de façon assez vague, la langue en usage dans le milieu de vie originel de l'élève, sans que l'on sache toujours s'il s'agit du milieu familial ou du pays. Il existe encore en France des enseignants chargés de l'enseignement des langues et des cultures d'origine, pour le turc par exemple ou pour l'arabe. Mais le kurde ou le berbère, présents en Turquie ou en Algérie, ne sont pas ainsi compris dans cette notion de langue d'origine.

Langue de l'éducation: Se dit de toute langue présente à l'école qui contribue, d'une manière ou d'une autre, à l'effort d'éducation des élèves, au-delà de la simple visée d'échange et de communication.

Langue de la migration: Expression qui sert le plus souvent à désigner les langues en usage chez les publics de migrants à faible niveau de qualification. Langues venues de civilisations extra-européennes, dans des formes d'usage souvent éloignées des normes de la langue officielle de ces pays (cas de l'arabe par exemple) ou qui ne disposent pas d'une version écrite standardisée (langues africaines par exemple).

Langue étrangère: Langue dont le sujet n'a pas la maîtrise au départ et qui lui est étrangère, cela par rapport à sa langue d'origine ou maternelle. Cependant on veillera à bien distinguer la notion de langue étrangère, au sens d'«étrangère» dans sa relation au sujet, et la langue «étrangère» par son statut. Le français peut ainsi être une langue étrangère pour un élève de langue guéré en Côte d'Ivoire, alors même que le français est langue officielle du pays. L'allemand en France est en revanche une langue étrangère par son statut diplomatique.

Langue majeure de scolarisation : Se dit de la langue qui est à la fois langue vecteur des apprentissages et langue matière et qui à ce titre occupe dans les emplois du temps et dans les coefficients le rang le plus élevé.

Langue maternelle : Qualification particulièrement ambiguë qui se rapporte à la langue apprise par l'enfant au contact de sa mère, le «*sermo maternalis*» médiéval, apprentissage qui s'opère naturellement, sans référence à la règle, sans support de l'écrit. Mais la langue maternelle peut aussi être aussi celle de la mère-patrie, au sens de maternité symbolique. La langue maternelle (le berbère ou autrefois le breton en France) d'un élève peut dans certains cas ne pas être la langue maternelle du pays (l'arabe en Algérie ou le français en France), notamment chez les enfants issus de familles bilingues.

Langue matière : Désigne la langue apprise pour elle-même, dans l'examen de ses propriétés et des productions, le plus souvent littéraires, qui lui sont associées. Ainsi du «français» à l'école primaire ou au collège en France, consacré notamment à l'étude de la grammaire, de l'orthographe et de la littérature.

Langue nationale : Langue qui est celle de la nation conçue comme rassemblement d'individus ayant en commun une langue, un héritage culturel, des valeurs et qui constitue un symbole de cette communauté. Mais une langue nationale n'est pas forcément une langue officielle dans le pays, cas du romanche en Suisse ou bien des langues africaines dans un certain nombre de pays d'Afrique qui veulent de la sorte distinguer leur langue officielle, qui peut être l'anglais ou le français, des langues propres au pays (dioula, haoussa, bamiléké, etc.). Mais dans certains pays, comme en Espagne, le catalan et le basque, qui sont en usage dans des régions particulières, ont le statut de langue nationale.

Langue officielle : Est langue officielle la langue dans laquelle sont rédigés les textes se rapportant à l'expression du pouvoir de l'État (constitution, lois, décrets, etc.), langue du débat politique officiel, langue de la justice, etc. Le français peut ainsi, en France, être langue nationale et langue officielle.

Langue régionale : Langue en usage dans une région particulière d'un pays, se situant à un rang géographique inférieur dans le découpage territorial. Le breton, le sicilien, le frison peuvent ainsi être considérés comme des langues régionales, sans préjuger de la place et des usages de ces langues dans les structures administratives régionales ou locales ou à l'école.

Langue seconde : Ce mode de désignation des apprentissages d'une langue peut désigner selon les pays toute langue qui n'est pas la langue principale d'éducation ou la langue nationale. L2 recouvre donc aussi bien ce que nous appelons en France L2 que les LE. Dans d'autres pays, dont la France, L2 désigne un mode d'apprentissage et d'usage de la langue qui s'adresse à des publics dont la langue d'origine ou la langue première d'éducation n'est pas le français. Langue qui sera support des apprentissages à des degrés divers dans un système éducatif donné et dont la maîtrise constitue un enjeu important dans le parcours de formation de la personne. Il est aussi d'usage de considérer que le FL2 peut désigner des apprentissages et des usages de la langue dans des pays dont la langue officielle ou nationale est autre, mais qui ont conservé l'enseignement et l'usage du français dans leur système éducatif.

Langue vecteur/support des apprentissages : Langue apprise et utilisée dans sa dimension transversale au service de l'apprentissage de différents savoirs et savoir-faire, dans ce que l'on appelle aussi les DNL (disciplines non linguistiques).

Langue véhiculaire : Langue utilisée pour communiquer par des locuteurs parlant au départ des langues différentes et n'ayant en commun aucune de ces langues. L'anglais peut être considéré comme une langue véhiculaire dans le monde des entreprises ou des banques au plan mondial, le français dans un certain nombre de régions du monde, comme le haoussa dans certaines régions d'Afrique.

Langue vernaculaire : Langue qui se situe au plus proche de la vie sociale et familiale des gens, qui est un marqueur d'identité communautaire et permet aux locuteurs de se reconnaître comme membres ou proches d'une même communauté. Le français parlé par les gens du Midi, avec des marques d'accent dialectal ou des formes lexicales particulières, peut être considéré comme une langue utilisée dans sa dimension vernaculaire. De même pour ce qui est de l'arabe maghrébin en France. Selon les pays, un locuteur peut parler trois langues distinctes, vernaculaire, véhiculaire, officielle. Dans un pays comme la France, le français peut être utilisé dans ces trois fonctions distinctes.

Langue vivante : Expression utilisée par opposition à celle, tombée en désuétude, de « langue morte », utilisée autrefois pour désigner les langues classiques. Rappelons que le français est une langue vivante, pour les Français comme pour les étrangers. Mais l'habitude prévaut d'utiliser l'expression « langue vivante » associée à l'adjectif « étrangère », LVE.

Langue/langage : Distinction qu'il convient de garder présente à l'esprit. La fonction langage désigne la capacité d'un être humain à acquérir le langage (comme système de signes dotés d'une syntaxe et d'une sémantique) dès sa petite enfance, dans ses différentes dimensions, au travers de l'apprentissage d'une langue particulière, le français par exemple. L'apprentissage de langues particulières suppose, bien évidemment, qu'un certain nombre de fonctions générales du langage soient acquises, fonctions qui sont mobilisées dès qu'il s'agit d'apprendre une langue nouvelle.

Toutes ces dénominations ne sont pas d'un usage constant, mais elles permettent de la sorte de mieux situer les fonctions et les usages des langues à l'école, et notamment de sortir le français de son indétermination, d'une vision essentialiste qui ne rend nullement compte des conditions réelles d'approche du français par des élèves, francophones natifs ou ENA.

3. Enseignement du français et parcours bilingues/plurilingues

Tout ENA quand il entre en classe de français dispose d'un répertoire langagier qui lui permet, dans un certain nombre de situations, de communiquer dans une ou plusieurs autres langues que le français. Pour chacune des langues, son niveau de compétence peut être très variable et ne correspondre en rien à ce que peut être la compétence d'un locuteur natif. Ce répertoire peut par ailleurs porter sur des langues dont le statut, selon les cas, est valorisé ou au contraire minoré et ceci indépendamment des caractéristiques intrinsèques de la langue et de son histoire culturelle. Ainsi l'arabe et le turc, qui sont deux langues fort anciennes et de grande culture, toutes deux portant une très longue tradition littéraire et philosophique, faisant usage d'une rhétorique très élaborée, s'appuyant sur des mécanismes grammaticaux fort subtils, pour autant sont souvent perçus comme langues de l'immigration.

Des plurilinguismes inégaux

Tout ENA en apprenant le français va donc accéder à un bilinguisme dont le français va constituer la part des langues en usage dans le monde scolaire ou à un plurilinguisme élargi si l'enfant fait déjà usage de plusieurs langues. Disposant d'une compétence langagière qui lui permet d'apprendre, selon des voies variées, d'autres langues, l'ENA pour apprendre le français s'appuiera sur les savoir-faire ainsi disponibles. Mais, selon les situations, ces répertoires seront différemment appréciés. Si d'un point de vue théorique tous les plurilinguismes sont légitimes et égaux en droit, admettons cependant que dans certains contextes institutionnels, certains, pour paraphraser l'expression bien connue, le sont plus que d'autres. Autant le plurilinguisme d'élèves inscrits dans les établissements internationaux, français ou autres, est considéré comme riche en perspectives éducatives variées, autant le plurilinguisme d'enfants de migrants à faible niveau de qualification est considéré comme source de difficultés (interférences, alternances codiques, réductions et approximations syntaxiques, etc.). Autrement dit, il y aurait de bons plurilinguismes et de moins bons[1].

À ces constats, qui ne sont d'ailleurs pas propres à la France, il faut ajouter une vieille tradition pédagogique française d'occultation de la langue d'origine des élèves (qu'il s'agisse des langues régionales ou même, comme aujourd'hui, des usages vernaculaires du français avec les élèves francophones natifs). Aussi y a-t-il de fortes chances pour que le bilinguisme qui va se mettre en place, avec les enfants de migrants, soit un bilinguisme soustractif associé à un effet de substitution progressive d'une langue à une autre. Langues dominantes/ langues dominées, langues reconnues/langues ignorées, on pourrait de la sorte multiplier les oppositions bien connues dans le statut des langues qui, dans le cas des langues des enfants de migrants, jouent très largement en leur défaveur. Notamment quand il s'agit de langues africaines, de statut essentiellement oral, sans véritable tradition scripturale, liées à la fragilité des échanges oraux et dépendant de conditions de transmission, entre les générations, tout à fait particulières. Cette situation n'est pas du tout celle qui prévaut dans les lycées internationaux, dans les établissements français à l'étranger ou dans les écoles européennes, pour ne citer ici que quelques réseaux particuliers.

Prenons donc acte de cette inégalité des langues et par là-même des attitudes qui peuvent y être associées[2]. Depuis une quinzaine d'années, les travaux se sont multipliés pour souligner que le bilinguisme est une donnée le plus généralement attestée chez un très grand nombre d'individus dans le monde et que loin d'être une source de difficultés, s'il est convenablement exploité, peut au contraire être considéré comme un facteur très positif d'apprentissage[3]. Et l'on souhaiterait que puisse prévaloir une logique de continuité,

---

1. Pour une description des langues en usage en France deux numéros de revue, «Langues de France», *Hommes et migrations, n°* 1252, novembre-décembre 2004, et dans les *Cahiers de l'Observatoire des pratiques linguistiques*, Didier /DGLFLF, le n° 2, septembre 2008, «Migrations et plurilinguismes». Des éléments utiles de références peuvent aussi être trouvés dans http://www.inded.fr, *Populations et sociétés*, 376 : *La dynamique des langues en France au fil du XXe siècle* / François Héran - Alexandra Filhon - Christine Deprez (février 2002), s'agissant des pratiques linguistiques des habitants de la France, toutes origines confondues.
2. Voir par exemple le compte rendu proposé par D. Moore, 1997, d'une expérience tentée dans une école anglaise accueillant des élèves indo-pakistanais et des élèves anglais d'origine.
3. Travaux de Bernard Py [voir L. Gajo *et al.* (2004)] et de Danièle Moore (2007) ou encore de M.A. Mochet *et al.* (2005).

d'interaction entre les langues et les cultures, plus qu'une logique de rupture[1]. Débats nombreux, intenses, complexes, biaisés souvent par le fait que les références proposées dans le cas de situations « à la française » proviennent fréquemment de pays ou de situations liées à une autre histoire et à une autre sociologie de l'enseignement des langues à l'école. Mais prenons acte du fait que les approches plurilingues, ces dernières années, ont gagné en légitimité, qu'elles mettent l'accent sur des faits incontestables et proposent des approches qui ne peuvent que profiter à tous[2] et notamment à l'enseignement du français. Ce dernier peut de la sorte sortir de son univers propre et engager progressivement un dialogue avec d'autres langues et d'autres cultures au travers de l'activité des élèves.

De quelques difficultés

Mais dans l'ordinaire des pratiques d'enseignement, telles qu'elles sont organisées dans les établissements, tout n'est pas aussi simple et ce serait verser dans un certain angélisme que de croire qu'il suffit de signaler, de proposer, d'exhorter pour que les choses se fassent. La forme-école, et les pratiques qui y sont associées, ne laissent à chacun des acteurs qu'une marge de manœuvre limitée, de même que l'inscription de l'institution scolaire dans la société et dans ses attentes, qui restreint le champ des possibles. Ainsi, pour ne signaler que ce cas, le maintien chaque année d'un nombre X de postes au CAPES ou à l'agrégation d'anglais a pour effet de définir une offre des langues qui ne peut que favoriser l'anglais. Par ailleurs, le fait que dans les enseignements supérieurs, dans les écoles d'ingénieur ou les écoles de commerce, mais aussi dans bien d'autres secteurs de formation, l'anglais soit défini comme langue obligatoire d'usage dans un certain nombre de cours, ne peut que renforcer cette prédominance de l'anglais et consommer une ressource horaire importante prélevée sur la dotation réservée aux autres langues.

Entre le souhaitable et le possible, il importe d'entreprendre des choix qui ne seront pas la simple soumission aux situations de fait, situations qui ne font qu'enregistrer des rapports de force déjà établis,

---

1. Voir par exemple les propositions de V. Castellotti, 2008, dans le cadre du système éducatif français.
2. On peut ainsi songer à tous les travaux qui portent sur l'intercompréhension, dans le souci de proposer, pour l'Europe, une autre perspective que celle d'un anglais véhiculaire pour tous.

mais la prise en compte de contraintes à partir desquelles on tentera de faire bouger les lignes et de faire émerger de nouvelles représentations. Considérons tout d'abord que les situations de plurilinguisme valorisées sont liées à des langues « pédagogisées » depuis longtemps, s'inscrivant dans une tradition écrite très ancienne et liées à des pays considérés comme ayant une présence internationale forte ou comme constituant des foyers importants d'innovation (technologique, intellectuelle, esthétique). Cela explique le choix des établissements internationaux ou des sections bilingues dans un certain nombre de pays. S'en étonner serait ne pas comprendre à quelles conditions une langue est susceptible de pouvoir être enseignée à l'école. Cela explique aussi pourquoi toutes les langues parlées dans le monde, même quand elles le sont par un très grand nombre de locuteurs, n'ont pas forcément d'existence scolaire. Le plurilinguisme sociétal n'a pas forcément son correspondant scolaire.

S'agissant des enfants de migrants et des langues familiales qui sont les leurs, leur prise en compte pose un certain nombre de problèmes, s'il s'agit d'en organiser un enseignement dans un horaire donné. Ces langues s'inscrivant dans des usages vernaculaires, c'est-à-dire marqués par les particularités du groupe, hors de toute référence à une pratique savante, il serait pour le moins hasardeux de les concevoir comme un bloc linguistique homogène. Les pratiques de la langue turque, selon que l'on est originaire de Thrace ou de la région du lac de Van sont fortement différenciées. De même, dans le cas d'enfants d'origine kurde, de quelle variété du kurde s'agira-t-il ? Même remarque à propos de la langue arabe dont les formes d'usage, dans les usages vernaculaires, sont fort éloignées d'un arabe standard qui ne concerne que ceux qui disposent d'une formation savante en la matière. Ainsi pour les parlers du sud de l'Inde. Les travaux de sociolinguistique ont mis suffisamment l'accent sur la diversité des formes en usage dans des langues comme le français, l'espagnol ou l'anglais-américain, pour que l'on ne verse pas dans une vision unificatrice des langues de l'émigration qui, portées par des populations qui ont peu fréquenté l'école, ne se réfèrent à aucun standard particulier. Dans ces conditions, l'approche de ces langues (fort éloignées de ce qui peut être enseigné à l'INALCO par exemple) se révèlera d'autant plus difficile, car il ne suffira pas d'être spécialiste du tamoul dans le sud de l'Inde, de l'aymara en Bolivie ou au Pérou, si l'on a affaire à des enfants d'origine amérindienne, ou de l'arabe pour se situer par rapport à des constructions, à des choix lexicaux ou phonologiques qui sont loin de correspondre à ceux qui pourraient résulter d'une approche savante.

Par ailleurs, les classes d'enfants de migrants sont loin d'être homogènes du point de vue de l'origine linguistique des élèves. On y rencontre fréquemment sept ou huit nationalités, avec des enfants créolophones d'Haïti jusqu'à des Roms venus de Roumanie, en passant par des enfants originaires de l'Angola ou du Mozambique. Quel est le professeur qui disposera d'une compétence dans ces différentes langues qui lui permettrait de dispenser une formation appropriée à l'expérience linguistique première de ses élèves ? Spécialiste du crioulo ou du pidgin-english ? Les choses ne sont pas aussi simples qu'il peut y paraître.

Enfin, un certain nombre de ces élèves ayant été peu, mal, voire pas du tout scolarisés, leur rapport à leur langue d'origine est d'ordre oral-pratique, pour reprendre une expression de B. Lahire, alors que l'école attend un traitement de nature métalinguistique, distancié, fondé sur l'analyse d'un matériau scriptural. On ne peut donc attendre de ces élèves une attitude comparatiste qui présuppose une expérience de nature identique dans les deux langues. D'où la difficulté, mais non l'impossibilité, qu'il peut y avoir à opérer une approche du français qui s'appuie sur l'intuition linguistique des élèves se rapportant à leur langue d'origine.

Considérons que la recherche en didactique a beaucoup progressé dans la connaissance des dynamiques bi- ou plurilingues associées à l'enseignement des langues. D'une vision étroitement cloisonnée des apprentissages, dans laquelle chaque langue apprise constitue un univers linguistique et cognitif à part, sans mise en commun des compétences du sujet apprenant, on est passé à une approche plus ouverte dans laquelle il ne s'agit plus d'apprendre une nouvelle langue dans la perspective du locuteur natif, d'exiger que toutes les compétences soient maîtrisées à un même niveau de performance et de considérer que tous les apprentissages ou compétences linguistiques antérieurs sont nuls et non avenus. Mais de ce changement dans les représentations à leur traduction dans les pratiques scolaires, formalisées, institutionnalisées, certifiées par des évaluations variées il y a loin. Le linguiste Pierre Encrevé note à juste titre : « *qu'il paraît nécessaire de respecter l'ensemble des connaissances linguistiques des élèves, quelles qu'elles soient, de s'y intéresser, de leur dire que les langues que parlent leurs parents sont de vraies langues aussi dignes d'intérêt que le français standard* », mais il ajoute un peu plus loin : « *Il est très important de dire aux enfants que, étant donné l'inégalité sociale des idiomes, ils ont intérêt à maîtriser les usages hiérarchiquement placés en haut de l'échelle nationale et même internationale, même s'ils peuvent trouver un intérêt personnel à conserver la langue "dévaluée" de leur grand-mère* »[1]. Tel est bien le dilemme dans lequel sont enfermés les enseignants. Ne pas ignorer la ou les langues d'origine, les prendre en compte, sans perdre de vue pour autant un enseignement, celui de la langue du pays d'accueil, qui dans sa complexité et son ambition mobilise à ce point l'attention et les énergies qu'il peut faire perdre de vue cette perspective bi- (ou pluri-)lingue.

Perspectives

Pour autant, toutes ces difficultés ne doivent pas nous conduire à éluder le problème et à envisager un enseignement du français hors de toute prise en considération de cette compétence native des élèves. En effet, même si les élèves ne disposent pas d'une compétence affirmée à comparer les solutions adoptées par deux langues dans l'expression du nombre ou du genre, il est possible d'aborder les faits syntaxiques et morpho-syntaxiques du français de telle manière que les élèves aient le sentiment que leurs usages propres peuvent aider à situer les solutions proposées par le français[2]. L'idée est bien que l'enseignement du français puisse bénéficier des apports venus des autres langues, même quand elles ne sont pas inscrites dans le curriculum scolaire.

On ne saurait raisonnablement, en l'état actuel des connaissances et de leurs possibles mises en œuvre pédagogiques, envisager une réorganisation complète des enseignements du français dans les perspectives qui viennent d'être évoquées. En revanche, sur un certain nombre de points, des interventions sont possibles qui peuvent contribuer à faciliter les apprentissages :
– Tenter de savoir comment les élèves parlent, en dehors du cadre scolaire ; si limitée qu'elle puisse être, cette connaissance, est toujours utile. Elle peut au moins modifier le point de vue que l'on peut avoir sur les élèves et permettre d'appréhender différemment les erreurs commises, les difficultés rencontrées.
– Quelques éléments de connaissance sur le système phonologique dans lequel se situent les élèves permettront d'approcher l'oral et l'enseignement de la prononciation de façon plus pertinente, notamment pour tout ce qui relève de la prosodie, dont les schémas sont très différents d'une langue à l'autre et la prononciation des sons

---

1. Pierre Encrevé (2007), p. 13.
2. Voir N. Auger (2008).

du français qui selon les langues d'origine ne posent pas les mêmes problèmes.

– Approcher la syntaxe du français en tenant compte du fait que les catégories dont nous faisons usage ne sont nullement universelles et appellent de la part des élèves une prise de conscience de la notion située en arrière-plan des formes (situer dans l'espace, caractériser, etc.), avant de passer à l'examen des choix du français (système de marques ou lexicalisation par exemple), tenter de comparer les répertoires lexicaux sur un thème donné pour que les élèves prennent conscience des variétés possibles de catégorisation sémantique et lexicale par rapport un référent commun.

– Comparer les systèmes d'écriture correspondant à la langue des élèves et les comparer au système du français (voir par exemple p. 101). Le recours à l'internet permet d'accéder à des sites des pays dont les élèves sont originaires et de disposer de la sorte d'une abondante ressource documentaire (les unes des journaux par exemple ou les pages de magazines pour enfants et pour adolescents, BD, etc.).

– Comparer les manuels en usage dans les pays des élèves à ceux en usage en France.

– Constituer dans la classe une bibliothèque d'ouvrages bilingues qui autoriseront des lectures dans les deux langues et une recherche, ponctuelle, par les élèves d'équivalences dans l'une et l'autre langue.

– Travailler sur quelques points de syntaxe (le pronom personnel sujet existe-t-il dans toutes les langues ? si oui, quel est sa forme, où est-il placé ? le nombre de personnes dans le verbe est-il le même qu'en français ?) de façon, ce qui vaut pour d'autres points de langue, que les élèves puissent quelque part rapporter les solutions adoptées par le français à celles en usage dans leur langue. Une plus grande vigilance linguistique peut ainsi se créer.

– Projeter des films venus de ces pays avec les sous-titrages. Rassembler différents journaux télévisés se rapportant à l'actualité du même jour (internet offre ce type de possibilités) pour comparer le mode d'organisation, la parole des journalistes, etc.

– Quand cela est possible, inviter des intervenants (conteurs, chanteurs, journalistes, écrivains, et d'autres personnes représentatives des cultures d'origine des élèves) pour présenter à la fois le travail, les œuvres, les productions et la langue qui va avec. Cela pour sortir certaines langues de leur situation d'invisibilité et en valoriser l'image auprès des différents élèves et faire en sorte que le français s'inscrive dans cette continuité culturelle.

– Introduire de façon plus délibérée les œuvres d'expression française (ce que l'on appelle aussi les littératures francophones) qui, tout en étant écrites en français, viennent d'autres horizons culturels et traduisent d'autres sensibilités, une autre relation au monde.

– Travailler de façon plus délibérée sur les formes de l'imaginaire qui dans différentes cultures organisent les représentations du monde dans l'ordre de la fiction et opérer de la sorte des comparaisons avec ce qui prévaut dans l'univers de fiction français ou européen. Ainsi la figure de l'animal, largement présente dans les littératures de l'enfance et de l'adolescence, pourrait être approchée à partir de l'expérience littéraire qu'en ont les élèves dans leur culture d'origine (contes, proverbes, récits divers, représentations iconiques, etc.). On peut ainsi proposer des activités de cette nature :
– l'élève lit des contes de son pays en traduction française (éditions bilingues), avec comme objectif : identifier les actions du personnage à partir de la suite des verbes d'action. Identifier l'espace de valeurs à l'intérieur duquel évolue l'animal et qui organise son action. Identifier les valeurs idéologiques investies sur l'animal ;
– l'élève lit des contes français, avec comme objectif : identifier les actions du personnage à partir de la suite des verbes d'action. Identifier l'espace de valeurs à l'intérieur duquel évolue l'animal et qui organise son action. Identifier les valeurs idéologiques investies sur l'animal. Comparer avec les contes d'autres pays ;
– l'élève lit des contes venus de différents pays francophones et compare les images qui y sont données de l'animal. Un lion n'est pas le roi des animaux dans tous les pays et ses conduites dépendront très largement des valeurs qui lui sont associées.

Il est donc très utile de travailler sur les grandes catégories de l'imaginaire, présentes dans l'ensemble des cultures, mais sous des formes variées et associées à des valeurs différentes. L'univers des éléments (l'air, la terre, l'eau, le feu), dans une perspective bachelardienne, peut aider à interpréter le monde dans lequel évoluent les personnages d'une histoire (un navigateur vogue-t-il sur des eaux calmes ? sur des eaux violentes ? sur des eaux courantes ? le vent qui souffle en tempête ? quels dangers ces éléments représentent-ils ? que ce navigateur soit un enfant ou un adulte, qu'il soit arabe, hindou ou chinois). S'agit-il d'aventures qui se passent dans des mondes souterrains (grottes, cavernes, mines, tunnels et voyages divers au centre de la terre) ? Qui va-t-on rencontrer dans ces mondes ? Des monstres, des êtres bienveillants ? Quelle est la signification de ces cheminements souterrains ?[1]

---

1. Sur ce thème, lire « La Ronde des éléments », *Cahiers de littérature orale*, 61, 2007, INALCO.

De même, mais nous n'avons pas la place ici d'aller bien plus avant, s'agissant de toutes les figures du roman familial (le père, la mère, les frères, les sœurs, l'enfant, l'orphelin, le bâtard, la marâtre, etc.) traversées par toutes sortes de passion et donnant lieu à des scénarios à chaque fois différents. Inscrire ces figures et les scénarios qui leur sont associés dans un arrière-plan plus vaste nourri des références dont peuvent disposer les élèves (même s'ils ne proviennent pas de milieux évoluant dans des cultures savantes, tous regardent des dessins animés, des feuilletons télévisés qui sont les plus grandes machines à pourvoir et solliciter l'imaginaire dans le monde contemporain) leur permettra de mieux interpréter l'univers des œuvres qu'ils pourront découvrir par la suite dans les classes de français. Autrement dit, ne pas considérer l'élève comme un pur récepteur, vierge de tout savoir et de toute référence, mais au contraire comme quelqu'un qui arrive porté par une relation particulière au monde, nourrie par les formes de l'imaginaire de sa sphère culturelle première[1]. Le professeur saura solliciter de telles ressources.

Ainsi l'enseignement du français ne sera pas un enseignement de rupture, de dissociation, voire de dévalorisation de la culture d'origine par le simple fait qu'elle est ignorée, mais un enseignement en écho, dans une approche à la fois comparatiste et contrastive, dans un traitement de nature interculturel, tel que nous l'avons rapidement suggéré ici, les cultures pouvant en quelque sorte dialoguer autour de figures majeures susceptibles d'être déclinées un peu partout dans le monde.

Quand les élèves bénéficient d'une formation dans leur langue d'origine (établissements de l'AEFE, établissements internationaux, sections bilingues, etc.), la question se pose en des termes différents. Les professeurs des deux langues, mais aussi des autres LVE peuvent réfléchir à des approches convergentes des différentes langues enseignées et dans tous les cas cette approche du bilinguisme pourra s'opérer selon le principe d'un bilinguisme simultané dont les effets positifs sont plus nettement perceptibles qu'un unilinguisme ignorant des langues circumvoisines[2].

---

1. La revue *Cahiers Robinson*, publiée par l'université d'Artois, se consacre à l'étude des littératures de la jeunesse sous leurs différents aspects www.univ-artois.fr/francais/rech/centres/pages/cahier_robinson/index.html
2. On se reportera à cet effet aux textes d'orientation pédagogiques de l'AEFE qui marquent un tournant dans les politiques de formation linguistique adoptées dans ce réseau d'établissements, http://www.aefe.fr/doc.php. On consultera aussi avec intérêt le document élaboré par l'ADEB (l'Association pour le développement de l'enseignement bilingue) et l'équipe de recherche DYNADIV de l'université François-Rabelais, de Tours, accessible sur le site de l'ADEB, http://www.adeb.asso.fr.

Mono-/uni-/bi-/pluri-/multilingisme

Quelques définitions, pour mieux saisir les relations entre les langues.

Mono-/unilinguisme : Se dit d'une situation dans laquelle une seule langue est en usage.

Bilinguisme : Situation dans laquelle deux langues différentes (pour distinguer ici de la variation dialectale dans laquelle il y a toujours maintien de l'intercompréhension à l'intérieur de ce que l'on appelle le continuum langagier) peuvent être utilisées par un même locuteur, à des degrés différents de compétence cependant selon les locuteurs.

Bilinguisme simultané/successif : Se dit de l'apprentissage (scolaire, social) de deux langues, opéré en même temps ou successivement.

Bilinguisme soustractif : Se dit d'un apprentissage d'une deuxième langue dans laquelle celle-ci tend à évincer la première.

Pluri-/multilinguisme : Se dit d'une situation dans laquelle plusieurs langues sont en usage. Il n'existe pas de répartition claire des domaines de signification entre «plurilinguisme» et «multilinguisme». Mais souvent l'usage veut que soit qualifié de «multilingue» un rassemblement d'individus parlant chacun des langues différentes et «plurilingue» un individu parlant plusieurs langues.

Parler mixte : Une place doit être réservée aux situations et usages dans lesquelles les locuteurs font simultanément usage de deux (voire plusieurs langues). On utilisera les expressions telles que :
– Alternance codique pour désigner les usages qui consistent à organiser son discours en alternant phrases d'une langue et phrases d'une autre langue ou éléments d'une phrase dans une langue et éléments dans une autre langue.
– Interlangue pour désigner des systèmes intermédiaires entre la langue d'origine de l'élève et la langue en cours d'apprentissage. Les réalisations linguistiques comportent d'éventuels traits empruntés à la langue première pour combler certaines lacunes dans la langue seconde. Système transitoire, appelé à évoluer en direction de réalisations liées aux seules règles en usage dans la langue seconde.
– Pidgin : Langue véhiculaire composite élaborée à partir d'influences linguistiques diverses aux fins d'une communication immédiate. On parlera de pidgin-english par exemple dans certaines régions du monde. Mais un parler mixte, tel celui-ci, peut servir dans la traduction de la Bible, auprès de certaines populations africaines. Le swahili en Afrique de l'Est, parler mixte à l'origine, est progressivement devenu une langue officielle.

D'autres termes servent aussi à désigner ces parlers mixtes : lingua franca[1], sabir.

---

1. Sur l'histoire de cette langue disparue, langue d'une autre Méditerranée, voir Jocelyne Dakhlia (2008).

4. L'oral

L'oral, c'est tout à la fois la matière sonore de la langue et une forme particulière d'usage, en opposition à celle de l'écrit, qui obéit à un ensemble de conventions grâce auxquelles la communication peut s'établir entre deux locuteurs[1]. Un seul mot pour désigner en fait deux domaines de compétence partiellement disjoints (on peut éprouver quelques difficultés de prononciation et pour autant être tout à fait capable de se faire comprendre à l'oral), mais que l'école, nous verrons pourquoi, rassemble en une exigence commune.

Les destinées de l'oral, en FLE et en FLM, pour des raisons que nous avons déjà évoquées plus haut, ne sauraient être confondues. L'oral en FLE, sauf cas particulier de publics spécifiques[2], constitue un domaine d'apprentissage incontournable, premier, dans la mesure où il correspond aux situations d'usage du français les plus communément répandues – celles dans lesquelles se trouvera l'apprenant quand il sera au contact de locuteurs francophones – mais aussi un moyen d'acquisition des constituants sonores de la langue.

En revanche, en France ou dans tout pays partiellement ou entièrement francophone, dans lequel le français est la langue majeure de scolarisation, l'école accueille des enfants qui sont supposés disposer déjà de cette maîtrise du langage oral, compétence acquise tout à la fois dans le milieu familial et dans le milieu social proche. Sachant que cette compétence dès l'origine est inégalement distribuée, les caractéristiques de l'environnement langagier retentissant sur la nature et le répertoire de ses performances, une des missions de l'école peut être de corriger, au moins partiellement, ces inégalités. L'oral à ce titre ne dispose pas d'une place clairement assignée dans les apprentissages que propose l'école.

Et pourtant, l'oral y est présent, dans les usages, de même qu'il fait l'objet de rappels constants dans les programmes de l'école. La classe qui est d'abord un « espace de parole », pour reprendre l'expression de Robert

---

1. Si en effet cette compétence d'oral chez l'enfant, dans sa langue d'origine, a fait l'objet d'un apprentissage naturel, pour autant les échanges à l'oral, nous le verrons plus loin, s'inscrivent dans un ensemble de règles et de conventions qui varient, selon les genres de l'oral, et selon la nature des interlocuteurs. Le caractère spontané des apprentissages ne doit pas masquer l'importance du respect des normes implicites qui organisent cet échange.
2. Cas de publics qui n'apprennent une langue qu'aux simples fins de lecture (spécialistes qui veulent avoir accès à une documentation écrite).

Bouchard, fait de l'oral un objet aux contours singuliers, distincts de ce qu'il peut en être dans les usages sociaux ordinaires. Aussi importe-t-il de l'appréhender dans ses caractéristiques propres afin de mieux apprécier la nature de l'effort qu'aura à conduire l'ENA pour prendre place dans cette communauté discursive originale qu'est le groupe-classe.

Discours de la classe et parole du maître

Si l'écrit, nous le verrons plus loin, constitue le socle de référence permanent de l'activité de formation de l'élève, la place de l'oral, de mieux en mieux reconnue, tient en premier lieu au fait que la classe est d'abord une communauté de discours qui s'organise à partir du jeu complexe (nous le verrons plus loin en abordant le chapitre sur les DNL) de la parole magistrale et de celle des élèves.

Parole du maître, parole centrale qui définit, organise, oriente, régule les activités des élèves, parole des élèves qui va concourir à l'élaboration des savoirs, dans le cours d'activités aux formes multiples (observation de documents, manipulations, mesures, calculs, etc.) sous la forme de dialogues fortement ritualisés : question du maître, réponse de l'élève, reprise par le maître. Compétition dans les interventions des élèves, commentaires des pairs. Un jeu complexe d'échanges superposés, entrecroisés, dans lequel émergent des bribes de savoir que le maître s'efforcera de reprendre et de mettre en forme. Jeu dialogal d'une grande complexité au service de l'appropriation de connaissances ou de compétences, fondé sur des faits de reprise, de paraphrase, de reformulation.

L'élève doit donc tout à la fois être un locuteur actif, mais aussi un auditeur attentif, capable dans le réseau d'échanges qui se tisse dans la classe de repérer les moments d'exploration, de tâtonnement, de condensation des savoirs, de rebond d'une réponse approuvée à une question nouvelle. On peut dans ces conditions mieux comprendre le désarroi de l'ENA, la difficulté qu'il peut éprouver à prendre sa place dans des échanges apparemment si peu organisés. Ce qui, au passage, peut nous conduire à douter de l'intérêt d'une pédagogie par immersion qui, dans la réalité des pratiques, a pour effet de perdre l'élève dans le labyrinthe de ces énoncés énigmatiques plus que de lui donner l'occasion de construire spontanément sa compétence.

Autre dimension de cet oral à l'école : alors que le FLE a proclamé depuis le renouvellement méthodologique des années 1950-1960 que l'oral était premier et donc l'écrit second, l'école quant à elle renverse l'ordre des priorités. L'écrit est premier, l'oral est second. Que faut-il entendre de la sorte ? L'activité orale intense qui se déploie dans la classe, qu'il s'agisse de celle du maître ou de celle des élèves, consiste pour une bonne part à commenter, au sens très large du terme, des textes écrits. L'élève est confronté à des textes, à des phrases, à des mots, mais aussi à des documents, et des écritures numériques ou algébriques, à des tableaux statistiques, à des graphiques et à bien d'autres données encore. Ces données vont, sous la direction du maître, donner lieu à un travail d'analyse, de réflexion, de confrontation à des savoirs antérieurs, travail qui va d'abord être entrepris oralement. On pourra décrire des phénomènes observés, expliquer un résultat, argumenter quant au choix d'une méthode ou d'une solution. Il s'agit d'une activité de verbalisation qui s'opèrera tout d'abord à l'oral. Cet oral est d'abord un métadiscours qui progressivement engendrera des activités de prise de notes, de synthèse partielle, orales puis écrites, avant de s'achever en une synthèse récapitulative écrite. L'oralisation accompagne l'activité heuristique, de la même manière qu'en EPS, en musique, en arts plastiques ou en éducation musicale, le langage oral sert à l'élève à expliciter ce qu'il fait, à mettre une distance entre lui-même et sa pratique.

Le paradoxe de l'école tient à ce qu'elle ne fonde la transmission des savoirs que sur une scripta, c'est-à-dire un outil d'inscription des savoirs dans une codification particulière, cette scripta pour autant n'est accessible que par la médiation de l'oral, par l'activité réflexive qu'elle engendre, activité qui passe par l'échange entre locuteurs co-présents.

Cet oral, par ailleurs, circule au travers des différents champs disciplinaires, mais est aussi présent dans des fonctions éducatives plus larges (commentaires sur les règles de vie dans la classe, dans l'établissement, réflexions sur la citoyenneté) qui débordent très rapidement du cadre proprement scolaire. Le français peut être aussi parlé à l'extérieur de l'école, dans des usages encore différents. Est-il possible, à un moment donné, de fixer un oral aussi polymorphe dans le cadre d'un apprentissage délibéré, comme peut l'être celui de la lecture ou des travaux d'écriture ? Le FLE y est en partie parvenu, mais l'école dans les apprentissages ordinaires du FLM ne s'y est jamais sentie pleinement à l'aise, ce qui explique les solutions autrefois adoptées d'un oral contrôlé par le moyen d'un écrit de référence. L'école d'aujourd'hui est toujours en difficulté pour s'engager dans la voie d'une pédagogie qui ferait de l'oral autre chose que le vecteur des apprentissages. On travaille oralement, pour grande partie, travaille-t-on l'oral ? Rien n'est moins sûr.

Et pourtant, l'approche du français comme langue seconde exige que l'on aille au-delà d'un simple constat des difficultés que pose un tel apprentissage. Les ENA ont à découvrir et à s'approprier les caractéristiques sonores d'une nouvelle langue, dans les sons en usage comme dans les traits prosodiques qui organisent l'échange. Ils doivent découvrir et faire un usage pertinent des formes qui organisent l'interaction, l'échange entre locuteurs, être capables d'établir le lien qui existe entre l'organisation phonologique de la langue et le système des conventions graphiques qui organisent l'écrit, l'oral dans ses différents genres, l'oral et ses fonctions dans la classe, dans les DNL, comme en classe de français. Bref, sur un matériau particulièrement instable, caractérisé par une grande variabilité et qui va appeler la recherche de réponses pédagogiques que le FLM n'a que partiellement explorées et que le FLE n'a abordées que sous certains aspects.

Cet aspect de la compétence est peu valorisé, peu travaillé à l'heure actuelle, notamment la compréhension orale, difficile à enseigner, difficile à évaluer, qui met en jeu la compétence physique du sujet (audition et phonation). Les réalisations sont affectées d'une grande variabilité, selon le sujet, selon sa communauté d'origine. Cependant la maîtrise d'une langue comme le français, dans sa dimension orale, est la condition d'une entrée pertinente dans la langue. Elle permet d'interpréter l'environnement sonore dans lequel évolue le sujet, d'établir un lien entre l'oral et l'écrit (l'écriture du français est une écriture fondamentalement phonographique), elle assure l'acquisition du système écrit de la langue (alphabétisation).

Aspects généraux du traitement de l'oral

Deux dimensions du traitement de l'oral : la prononciation (aspects segmentaux et suprasegmentaux), la compréhension d'un message oral (écouter pour comprendre)	
La prononciation	**La compréhension orale**
Niveau prosodique • Rythme (régularités rythmiques, ruptures, allongement, pauses) • Accent (syllabes marquées en durée, hauteur ou intensité, l'accent dans sa fonction démarcative) • Intonation (schémas mélodiques)	• La source du message (locuteur, attitude, émotion, etc.) • L'objet de l'échange (le lexique familier, les réseaux) • Le flux verbal – les éléments linguistiques constitutifs, les éléments structurants : annonce, récapitulation, insistance, transition, conclusion, adresse à la personne, consignes, etc. sur la base d'indices contextuels – mimiques, gestuelles –, sur la base d'indices

• Enchaînements, liaisons et le déplacement des frontières syllabiques • Structure syllabique **Niveau segmental** • Voyelles • Consonnes • Semi-consonnes	prosodiques – débit, intonation, accentuation, pauses, etc.) • L'interprétation (par rapport à ce que l'on sait déjà, ce qui reste à comprendre) • Bilan des sources de difficulté dans la compréhension (dans l'ordre de la prosodie, de la phonétique)

« La prononciation est d'abord une compétence physique qui touche à la personne »[1]. Elle constitue par ailleurs un domaine marqué par une grande variabilité (variabilité affective, selon l'émotion qui nous habite, selon l'attitude du locuteur, variabilité socioculturelle, selon le milieu d'origine du locuteur, variabilité dialectale, selon la région d'origine du locuteur), dont toutes les réalisations se caractérisent par une grande instabilité (à la différence des réalisations écrites qui se fondent sur des traces stables) et une grande fugacité (il est possible de revenir sur des traces écrites, alors que les réalisations orales sont souvent brèves, réalisées selon des vitesses de débit importantes exigeant une grande vigilance de la part de l'interlocuteur). Toutes ces raisons font que l'enseignement de la prononciation est un des plus délicats à mettre en œuvre, un des plus difficiles à maîtriser, peu attrayant pour un grand nombre d'enseignants dont la culture de la langue est d'abord une culture écrite, domaine de compétence enfin peu aisé à évaluer.

Et pourtant l'accès à l'écrit, l'accès au savoir dans la tradition scolaire contemporaine sont largement conditionnés par la capacité de l'élève à discerner les sons ; la capacité à se faire comprendre ou à comprendre l'autre met en jeu la perception auditive et la capacité articulatoire, sans la maîtrise desquelles toute communication sera problématique.

Susciter chez l'élève l'intérêt pour la prononciation, éveiller sa motivation à prononcer convenablement le français, faire percevoir qu'une bonne prononciation est la condition de la bonne intelligibilité des propos échangés, sont au cœur même d'un projet d'apprentissage de l'oral. Il importe d'insister d'autant plus sur ce point que les approches communicatives ont largement négligé la question d'un enseignement de la prononciation, au double motif que l'important est d'abord de pouvoir communiquer – sans que la recherche d'une réalisation linguistiquement pertinente de la prononciation n'entrave la réalisation de l'échange – et que le besoin de communiquer, la

---

1. B. Lauret (2007), p. 15.

dynamique ainsi installée de l'échange, suscitent un besoin de perfectionnement qui sera le moteur d'un apprentissage. On sait ce qu'il en est et en ce domaine, comme dans bien d'autres, l'impératif de la communication s'est imposé au détriment d'une bonne réalisation du message. Or un message un tant soit peu élaboré – et au-delà des fonctions ordinaires de prise de contact, ils le sont tous – doit s'appuyer sur une maîtrise convenable de l'outil langagier, dans ses différentes composantes (maîtrise des règles, sens de la norme).

Les particularités du français

Le français, comme toute langue en usage dans le monde, présente un profil phonologique particulier qui, placé en regard de celui lié à la langue d'origine des élèves, fait apparaître, au-delà de certains éléments de proximité, des décalages plus ou moins marqués et qui vont appeler de la part de l'enseignant des traitements pédagogiques appropriés.

Traditionnellement, on distingue deux niveaux d'approche, le niveau prosodique ou suprasegmental, qui porte sur le traitement de la parole dans son ensemble, et le niveau segmental qui traite des unités minimales de la parole. Nous ne nous livrerons pas ici à une description détaillée des caractéristiques sonores du français. Sur ce point nous renvoyons plus particulièrement à l'ouvrage de B. Lauret (2007) qui offre une excellente synthèse sur les questions de l'enseignement de la prononciation aujourd'hui, mais aussi à des ouvrages plus anciens [M. Callamand (1981), P. et M. Léon (1997), F. Wioland (1991)]. Nous signalerons plutôt les points les plus saillants, ceux qui appellent, par rapport aux publics qui sont ici les nôtres, une attention plus particulière.

✓ Le niveau prosodique

Avant d'être une succession de sons (voyelles et consonnes), le français, dans sa réalisation orale, est d'abord enchaînement, mise en continuité, ligne mélodique, rythme, débit, ce qui constitue la première dimension du français à laquelle les élèves sont sensibles. Passer d'un système linguistique à un autre, ce n'est pas simplement changer de phonèmes, c'est d'abord prendre place dans de nouveaux schémas prosodiques, sachant, tous les spécialistes le notent, que ce sont ces schémas qui, venus de la langue d'origine, sont certainement les plus persistants dans les réalisations du français.

✓ Les groupes rythmiques et les pauses

Le groupe rythmique, à l'oral, ne correspond pas à la découpe du mot graphique. Il correspond à un ensemble variable de syllabes, dont la démarcation est assurée par un accent (accent qui est un accent de groupe et non un accent de mots, comme dans d'autres langues), ce qui explique le souci de certains méthodologues de préconiser une première approche du français à l'oral, pour éviter que le découpage graphique avec les blancs entre les mots ne vienne parasiter le traitement du rythme à l'oral. On sait que l'effet d'« ânonnement » vient de ce qu'à l'oral on organise le déroulement du flux verbal en découpage par mot, voire par syllabe, en multipliant les démarcations, au détriment d'une réalisation orale qui en français privilégie la continuité. D'où l'importance qu'il y a à travailler le rythme, avec l'usage d'un accent placé sur la dernière syllabe du groupe[1] (ce qui correspond dans la terminologie de l'apprentissage de la lecture en FLM à la notion de « groupe de souffle »). On trouve ici une des sources de difficulté du français à l'oral pour des apprenants étrangers, et notamment pour des publics scolaires accoutumés à un traitement graphique de la langue mettant l'accent sur l'unité mot, à isoler le mot dans le flux verbal. La capacité de l'élève à suivre le découpage rythmique des propos du professeur (voir plus loin, p. 152) constitue un aspect important de la compétence de compréhension orale.

✓ La syllabe

Le rythme est constitué par la succession des syllabes, unité organisée autour d'une voyelle centrale, propriété qui conduit à qualifier le français de langue à dominante vocalique. Il y a autant de syllabes que de voyelles dans un énoncé ou dans un groupe. On distingue les syllabes ouvertes, c'est-à-dire celles qui se terminent par une voyelle (*il est grand*) et les syllabes fermées, celles qui se terminent par une consonne (*elle est grande*) prononcée. Quatre-vingt pour cent des syllabes en français sont des syllabes ouvertes, 20 % donc sont des syllabes fermées. Les syllabes en français sont perçues comme égales et ne portent pas d'accents de hauteur (ton) ou de longueur qui, comme dans certaines langues, seraient associées à des variations de sens (beaucoup d'élèves d'origine asiatique viennent de langues à ton et seraient donc conduits à attendre en français l'usage de marques distinctives dans le traitement de la syllabe porteuses de différences de sens). Par rapport à de nombreuses autres langues, le français privilégie la lexicalisation comme outil de différenciation sémantique. Il est important d'amener les élèves à travailler sur la régularité de succession des syllabes dans le groupe, sur des schémas mélodiques relativement régu-

---

1. Pour des propositions d'activités en ce domaine, voir G. Calbris et J. Montredon (1975) et plus récemment, L. Charliac *et al.* (2003).

liers, sans traits additionnels d'intensité ou de ton, sans faire «chanter» la langue. Les dialogues en usage dans les méthodes de FLE fourniront un support à des activités qui permettront de mieux travailler sur la succession des syllabes.

✓ Enchaînement et liaison

Deux caractéristiques complémentaires qui vont dans cette tendance du français, à l'oral, à effacer les frontières du mot. L'enchaînement entre la consonne finale du mot et la voyelle initiale du mot suivant : *un autre enfant*. Dans la liaison, la consonne de liaison n'est prononcée que si elle est suivie d'une voyelle. Dans les autres cas, elle est muette : *Mon petit ami/Le petit garçon*. Ce qui constitue, on peut s'en douter, une source non négligeable de difficulté pour l'apprenant étranger, d'autant plus qu'ici la réalisation sonore, dans la liaison, dépend de la connaissance que le locuteur a de la graphie du mot. Cela explique pourquoi, en FLM, cet aspect de la compétence est abordé à partir de l'activité de lecture à haute voix. Mais avec les ENA, ces questions devront d'abord être abordées à l'oral, avant que l'on n'aborde les sources écrites de cette contrainte[1].

✓ L'intonation

L'intonation sert à accompagner la dimension sémantique et communicative de l'énoncé, selon un dispositif de montée, de descente ou de plateau, selon des variations de hauteur. Selon qu'il s'agit d'asserter, de s'exclamer, d'interroger, les choix intonatifs ne seront pas identiques (à l'opposé de la tonalité monocorde, surtout attestée en FLM dans une lecture inexpressive des textes par les élèves). L'intonation accompagne le sens de l'énoncé : *c'est à moi ?*, comme elle peut le prendre en charge quand la syntaxe reste neutre : *Tu viens ?* ou au contraire se situer en opposition par un effet d'ironie ou de distanciation : *comme il est intelligent !* On sait combien les comédiens se servent des variations intonatives pour donner sens au texte de l'auteur qui, en général, ne comporte nulle indication en ce domaine. L'usage des dialogues dans les méthodes de FLE, quand ces dialogues sont bien construits et prennent en charge la dimension intonative comme objectif d'apprentissage, permettra de faire travailler cette dimension de la prosodie. Ceci d'autant plus que les professeurs dans la classe font usage d'un répertoire très large de schémas intonatifs, schémas qui associés aux schémas rythmiques (accélération ou ralen-

---

1. On trouvera dans B. Lauret (*op. cit.*, p. 61) un tableau récapitulant le système des liaisons en français.

tissement du débit, observation de pauses, accentuation expressive) constituent des indicateurs précieux pour l'auditeur dans la perception des attitudes (dans la relation pédagogique), dans la scansion de l'activité du cours, de façon à ce que l'auditeur puisse anticiper sur le déroulement du cours et engager un certain nombre d'inférences.

✓ Le niveau segmental

Les segments de la parole se distinguent en voyelle, consonne, voire semi-consonne (le yod notamment qui, bien qu'ayant un statut vocalique, joue le rôle de consonne dans la syllabe *brouillard, maillon*. Le système phonologique du français comporte en effet 36 phonèmes, 16 voyelles et 17 consonnes qui, pour chacun, posent des problèmes d'articulation spécifiques.

✓ Les voyelles

Par rapport aux publics étrangers, les voyelles du français posent deux grands types de problèmes, la prononciation des voyelles arrondies antérieures, c'est-à-dire formées à l'avant de la bouche : *tu* ou *yeux*, par exemple, puis les voyelles nasales.

✓ Les consonnes

Selon la langue d'origine des élèves, la difficulté pourra varier, selon que la consonne existe ou non dans cette langue.

La reconnaissance des sons et la succession des syllabes sont donc importantes, car dans la relation à l'écrit, elles permettent l'accès au lexique. L'élève assemble l'information phonologique en provenance du mot écrit et la rapporte à l'information phonologique présente en mémoire dans le lexique mental du lecteur.

Contexte d'apprentissage

✓ En milieu endolingue

Dans le cas des élèves accueillis en CLIN ou en CLA, l'arrivée en classe de français ne correspond pas forcément aux premiers contacts avec la langue. L'élève a déjà eu l'occasion d'être en contact avec différentes catégories de locuteurs (responsables de l'établissement scolaire, agents administratifs, autres élèves dans la cour de récréation, médias, etc.). Il a déjà pu s'imprégner de la musique de la langue. Mais l'appropriation de la phonologie du français ne saurait se satisfaire des seules ressources de l'apprentissage naturel, même si la contribution de ce dernier n'est pas à négliger. Les élèves doivent apprendre à opérer des tris dans le flux des informations sonores, à identifier des sons, à les mettre en relation avec des contextes d'usage, des effets de sens perçus à partir d'autres canaux. Mais ce travail ne peut réellement être entrepris qu'avec l'aide d'un professeur formé aux techniques d'apprentissage de la prononciation[1]. Ce qui appelle de la part de l'enseignant une connaissance convenable des caractéristiques sonores du français et de quelques notions sur les caractéristiques de la langue de l'élève. On ne corrige pas par simple répétition et conditionnement, mais par la prise en compte des caractéristiques articulatoires du son, dans des contextes d'usage plus favorables par rapport aux capacités spontanées de production de l'élève dans sa langue d'origine.

✓ En milieu exolingue (élèves scolarisés partiellement ou totalement en français, hors de France)

Les modèles de référence sont fournis par le professeur à partir de supports variés qui proposent des échantillons du français à partir desquels il sera possible d'engager un travail d'approche du matériel sonore de la langue, soit pour favoriser la perception auditive soit pour engager les élèves dans des activités de production.

La correction phonétique

Les techniques de correction phonétique dépendent toujours de la conception que l'on se fait de la prononciation. Il n'existe pas de démarche universelle en la matière. Signalons ci-après quelques approches.

– La méthode articulatoire : procédé ancien, fondé sur la phonomimétique qui consiste à demander à l'élève de produire des sons à partir du positionnement des lèvres, de la circulation de l'air dans la bouche, de l'usage de la langue et du palais, etc. Démarche qui ne vaut que dans quelques cas de difficulté absolue d'un élève à produire un son à partir de repérages auditifs.

– Approches contrastives et conditionnement : on travaille sur les contrastes entre la L1 et la L2, avec reprise systématique. Les laboratoires de langue se fondent sur cette approche.

– Paires minimales et oppositions phonologiques : on fait systématiquement travailler sur les oppositions de type sourde/sonore, sur les oppositions dans les nasales, avec des mots pour lesquels l'opposition phonologique correspond à une opposition de sens : *vin/vent, rang/rond,*

---

1. Il ne suffit pas en effet d'être un locuteur natif de la langue pour pouvoir l'enseigner avec efficacité. D. Gaonac'h (2006) cite à ce sujet un rapport de l'Inspection générale sur l'enseignement des langues vivantes à l'école élémentaire : «*La prononciation des élèves n'est pas meilleure lorsque le maître est locuteur natif mais mauvais pédagogue [...]. Le simple exemple ne peut pas suffire à obtenir des résultats satisfaisants ; pour ce faire il existe des connaissances et des techniques qui doivent être présentées en formation*», p. 149.

lent/long. Encore faut-il que ces mots soient abordés en contexte de façon à ce que l'opposition de son corresponde à des usages effectifs.

– L'approche verbo-tonale et les contextes facilitants : lorsque l'élève est confronté à des sons qui n'existent pas dans sa langue maternelle, des contextes facilitants en français permettent à l'élève de produire plus aisément ces sons.
Il faut signaler là encore que certaines techniques propres à l'art théâtral peuvent aussi être mobilisées.

Quelques recommandations générales

– Dans la relation oral/écrit, sans adopter le principe strict d'un oral qui doit strictement précéder l'écrit, on veillera à ne pas trop tarder à faire ce travail sur la phonétique pour éviter la création de mauvaises habitudes génératrices de fossilisation qui se révèlent très difficiles à corriger par la suite.
– Distinguer les approches selon l'âge du public. La flexibilité auditive et phonologique du sujet n'est pas la même à 6 ans et à 16 ans, la capacité à s'imprégner, à réaliser non plus. Cette problématique est liée à celle de l'identité personnelle plus fortement installée à l'âge adolescent. Il est donc nécessaire de montrer à ces grands élèves que s'engager dans la différence ne porte pas forcément atteinte à l'identité de la personne.
– Tirer parti du contexte général d'apprentissage. Apprenant le français en France, les élèves vivent dans un environnement sonore riche (trop peut-être au début), diversifié, dont il faut savoir tirer parti. S'appuyer sur la musique de la langue, tenter de la faire imiter, sur le lien entre réalisation sonore globalement appréhendée et quelques hypothèses de sens.
– La compréhension orale (en conversation ou échange dialogué, en écoute d'une intervention monologuée) constitue l'aspect de la compétence le moins bien travaillé à l'heure actuelle dans les apprentissages des langues, alors même que cette compétence, pour des élèves néo-arrivants, est la condition de leur progressive intégration dans la communauté de discours qu'est l'école ou le collège.
– Sensibiliser les élèves à l'importance revêtue par une prononciation qui ne mobilise pas à l'excès l'effort de compréhension de l'interlocuteur, amener l'élève à considérer qu'une bonne prononciation est un facteur de réussite de l'échange.
– Partir des usages, des réalisations, appréhendés dans leur globalité avant d'aborder le détail des constituants phonologiques. Aller du flux verbal vers les constituants, avant de traiter des régularités.

– À chaque fois que cela se révèle possible, adopter une démarche par résolution de problème. Émettre des hypothèses sur le sens possible, sur les régularités repérées ; exploiter les indices contextuels quand ils existent (gestuelles, mimiques, positions réciproques des interlocuteurs, images d'accompagnement, etc.)

– Procéder à un travail de systématisation sur des propriétés particulières, dès lors qu'elles ont été appréhendées en contexte, dans leur fonctions, dans le sens général de l'échange.

– Développer la compétence de compréhension à l'oral autrement par des questions de vérification portant sur le sens global de l'échange ou de l'intervention.

– Favoriser de façon générale une écoute active dans laquelle l'effort de compréhension est associé au repérage et à l'analyse des constituants sonores de l'échange.

– Une démarche centrée sur la communication doit prendre en compte la dimension prosodique / suprasegmentale. La prosodie est un indicateur premier d'accès au sens.

– Dans les phases initiales de l'apprentissage, favoriser l'écoute, écoute qui sera d'autant plus attentive que l'élève ne sera pas soumis d'emblée à la nécessité d'avoir à s'engager dans un échange.

– Pratique des jeux d'écoute pour les jeunes enfants, utilité de créer dans la classe des coins d'écoute (avec lecteurs de CD, DVD, MP3, IPod, etc.), sur des supports variés : journaux télévisés, journaux d'information radiophoniques, documentaires, extraits de films, de pièces de théâtre, contes enregistrés, etc.), avec fiches d'écoute, en mettant à chaque fois l'accent sur un objectif phonétique et de compréhension particulier.

– Prendre en compte la relation phonie-graphie, l'orthographe française étant de nature essentiellement phonographique (même si la notation de la dimension morphologique du signe y revêt une place importante).

Les genres et l'organisation de l'interaction orale

L'oral, c'est aussi une façon d'entrer en relation avec les autres, c'est un mode de communication qui s'inscrit dans une certaine logique d'organisation et prend place dans un répertoire de genres, de la même façon que l'écrit.

L'oral est intrinsèquement lié à la notion d'interaction. Il n'y a d'oral que dans l'échange entre locuteurs co-présents, même quand il s'agit d'une prise de parole devant un auditoire. L'oral en situation s'inscrit dans des formes d'échange plus ou moins ritualisées, cadres qui organisent pour partie les conduites verbales des locuteurs. L'interaction entre locuteurs remplira donc, en FL2, une double fonction : constituer d'abord un vecteur d'apprentissage. On apprend une langue par l'usage et la prise de parole, l'échange en situation permettra à l'élève d'intérioriser un certain nombre de formes de la langue. Ensuite, l'interaction orale, en dépit du désordre apparent qui la caractérise, obéit à un certain nombre de règles, elles-mêmes régies par un certain nombre de conventions d'ordre socioculturel, dans la relation de l'enfant à l'adulte, de l'élève au professeur, d'une relation entre familiers ou d'une relation formelle. Ces rituels jouent un rôle important dans la légitimation et le positionnement réciproque des locuteurs. Dans le monde arabe, dans les différentes civilisations asiatiques, ces cadres organisateurs de l'échange ne sont pas identiques à ceux qui règlent la prise de parole en français. Même si les ENA apprennent d'abord le français comme langue de scolarisation, ils en font aussi usage dans leur relation avec les différents locuteurs de la communauté éducative et de façon plus générale dans la vie sociale en dehors de l'école.

Il convient donc d'examiner très rapidement cet univers des interactions orales, dans la mesure où dans les premières étapes de l'apprentissage, il est souvent d'usage que le professeur s'appuie sur des méthodes de FLE qui organisent l'apprentissage à partir de dialogues, dialogues qui permettent de découvrir tout à la fois les logiques de l'échange en français et de travailler sur la matière sonore constitutive de cet échange (aspects segmentaux et suprasegmentaux).

Le dialogue pédagogique

Support privilégié (mais non exclusif) des apprentissages en FLE, le dialogue permet de mettre les formes de la langue en situation et de se servir des éléments de la situation comme support d'inférence pour accéder à un premier niveau de compréhension des énoncés. Support plurifonctionnel dans les apprentissages, il permet de travailler sur un certain nombre de formes de l'oral, sur des éléments propres à la matière sonore, d'approcher un certain nombre de formes de langue liées à la situation d'échange, enfin de travailler sur un certain nombre de composantes culturelles de l'échange.

DIALOGUE

Extrait de *Alter ego 1 (A1)*, Hachette, 2006

Dialogue	Observations
– Allô, Tania? C'est Chloé. – Chloé, comment tu vas? – Bien, dis-moi tu es libre mercredi? ou jeudi? Une soirée karaoké avec les copines, ça te dit? – Jeudi, c'est impossible pour moi, je ne suis pas libre. – Alors mercredi? – Ok, pour mercredi, on se retrouve où? – Au Baratin, tu sais, le petit bar sympa. – Oui, oui, je connais. – Alors à 7 heures pour prendre un verre et après on va au restau chinois. Le karaoké commence à 10 heures. – J'arrive à 8 heures, je dois passer chez ma mère avant. – C'est pas grave, on t'attend. Salut! (Leçon 3, dossier 3)	• Deux participants : amies • 11 répliques, brèves • Aspect fonctionnel : fixer un rendez-vous, – formulation de la date, du lieu, de l'heure • Objet de l'échange : une négociation – ouverture, répliques 1 et 2, avec salutations familières et termes d'adresse – négociation (répliques 3 à 8), avec désaccord et résolution – clôture (réplique 9, vœux et salutations) • Traits de l'oralité : «*comment tu vas?*» etc. • Schémas intonatifs (montants, descendants) • Accents de groupe («*comment tu vas?* etc.), pauses («*jeudi, c'est impossible pour moi, je ne suis pas libre*») • Phonétique : les nasales • Situer dans le temps et dans l'espace • Usage et valeurs de «*on*» «*je*», «*tu*» Etc.

Comme on peut le constater, ce bref dialogue (fiche 3) offre de nombreuses pistes d'exploitation dans la mesure où tout dialogue est un outil pluridimensionnel d'apprentissage. Il appartient au professeur d'apprécier les choix à effectuer en matière de points à exploiter. Mais quand bien même il n'en sélectionnerait qu'un, les autres dimensions de l'échange sont toujours présentes, dimensions dont l'élève, par un biais ou par une autre, s'imprégnera.

La conversation

Mais s'agissant de la nature même de l'interaction, en adoptant les démarches des analyses conversationnelles[1], on peut aussi faire surgir, au-delà de la succession apparemment imprévisible des répliques, une certaine logique d'organisation, selon qu'il s'agit :
- d'une conversation à bâtons rompus ;
- d'échanges ludiques (blagues, plaisanteries, etc.) ;
- de transaction ;
- de récit d'un événement, d'une anecdote ;
- d'argumentation ;
- de confidences ;
etc.

Pour résumer, toute interaction ou échange, implique :
- des participants ;
- un cadre ;
- un objectif ;
- un déroulement ou script ;
- une ouverture ;
- une négociation ;
- une clôture.

Chacune de ces composantes, selon la nature et le nombre des participants, selon la nature et l'importance de l'enjeu, selon le cadre dans lequel se déroule l'interaction, varie selon les cultures. Venant d'univers de relations dans lequel l'échange s'organise selon une certaine logique, l'apprentissage du français à l'oral sera l'occasion pour les ENA de se poser des questions sur la façon de prendre place dans un échange, de laisser son tour de parole, de saisir que de la conversion la plus banale, jusqu'à l'échange le plus élaboré, il y a là une dimension de la compétence particulièrement importante, très souvent lourde d'enjeux dans bien des aspects de la vie quotidienne (dans les relations interpersonnelles, dans tous les entretiens que l'on doit passer aujourd'hui, dans toutes les négociations que l'on doit savoir conduire). Une mauvaise gestion de la transaction et tout un projet peut échouer.

Le CECR répertorie ainsi les activités suivantes :

a) Interactions orales
- conversation courante ;
- discussion informelle (entre amis) ;

---

1. Pour une présentation très claire, voir V. Traverso (*op. cit.*).

– coopération à visée fonctionnelle (discussion sur un projet, une tâche à entreprendre, une action en cours);
– obtenir des biens et des services;
– échanger des informations;
– interviewer et être interviewé.

Dans les savoir-faire associés :
– savoir prendre son tour (gestion des tours de parole);
– coopérer (soutenir la conversation, relier son propos à celui des autres interlocuteurs;
– faire clarifier.

b) S'exprimer oralement en continu
– monologue suivi (annonce de nouvelle, rapporter un événement, une anecdote, exposer un projet, etc.);
– monologue en vue d'argumenter dans le cadre d'un exposé, d'un compte rendu, etc.;
– annonce publique.

c) Compréhension orale en continu
– écouter un cours, une conférence, une émission de radio, de télévision;
– écouter un spectacle (pièce de théâtre, film, récital de chansons, etc.);
– prendre des notes.

Le dialogue dans les œuvres de fiction

Les œuvres de fiction, et notamment le théâtre, font un très large usage du dialogue. Le cinéma, la télévision (dessins animés, feuilletons, sitcoms, etc.) fournissent en la matière une abondante ressource qui mériterait certainement d'être mieux exploitée, dans la mesure où, même si ces dialogues sont au départ écrits, le lien entre situation, contexte, relations entre personnages et réalisation langagière peut être plus aisément perceptible. En même temps, ces dialogues peuvent offrir une matière plus riche, plus motivante par rapport aux dialogues pédagogiques des méthodes de FLE qui se limitent à des transactions d'un intérêt souvent limité.

On fera écouter et observer certaines séquences, certaines scènes, on travaillera d'abord sur la compréhension de l'échange, son enjeu, sur la façon de parler des personnages, puis on fera reprendre ce dialogue sous forme improvisée par les élèves. On pourra encore faire voir la scène en coupant le son et en demandant aux élèves de reformuler ce que pouvaient dire les personnages. On pourra aussi faire voir un film (une scène) sous-titré dans une langue que connaissent les élèves (films de Bollywood, films chinois, etc.) et on demandera aux élèves natifs de la langue si tout a été traduit.

La compréhension de l'oral

La tradition dans l'enseignement des LVE a longtemps privilégié, notamment durant ces cinquante dernières années, les activités d'expression, pendant que les méthodologies plus conventionnelles, celles fondées sur les démarches de grammaire-traduction, privilégiaient la compréhension de l'écrit. Mais la compréhension de l'oral, dans l'interaction d'abord, puis dans le cadre d'un discours prononcé en continu, a rarement fait l'objet d'analyses et de recommandations, alors que pour les ENA cet aspect de la compétence est fondamental. Étant appelé à suivre des cours entre 24 et 28 heures par semaines, cours durant lesquels la parole du maître est prépondérante, les élèves, en tant qu'auditeurs, ont à fournir des efforts de compréhension particulièrement importants, par le moyen d'une attention constante donc génératrice de fatigue, une incompréhension, même partielle, de certaines interventions du professeur pouvant avoir des conséquences fort dommageables pour l'élève.

Nous reprendrons plus loin (voir le chapitre consacré aux DNL, p. 151) la question de l'intervention orale du professeur dans le cadre d'apprentissages spécialisés, notamment pour tout ce qui relève du repérage d'un certain nombre de signaux qui permettront à l'auditeur d'anticiper sur le déroulement du discours. Nous traiterons plutôt ici des aspects les plus généraux de la compréhension orale tels qu'ils peuvent faire l'objet d'activités d'apprentissage, la compétence à reconnaître dans le flux du discours oral des séquences intelligibles ne pouvant se fonder sur la seule compétence à produire de telles séquences (sachant par ailleurs que l'approche de la compréhension orale à 6 ans, à 10 ans, à 14 ans, ne peut s'envisager en des termes pédagogiquement identiques).

Plusieurs principes sont à la base de cette approche :
– récuser le principe d'un apprentissage qui consiste simplement à faire écouter un discours oral (écoute d'un enregistrement de conte par exemple), puis à poser des questions pour vérifier la compréhension. Une telle approche suppose résolue, par des voies ignorées, la question de la construction de cette compétence ;
– favoriser une approche fondée sur le repérage d'indices que l'on apprend à interpréter, et qui permettent d'élaborer une hypothèse globale de compréhension, condition pour tenter d'approcher le sens des énoncés dans le détail de leur réalisation ;
– un discours produit oralement est toujours quelque part accompagné de signaux complémentaires qui permettent de réduire, au moins partiellement, le caractère parfois énigmatique de

certaines réalisations sonores. Les élèves devront être habitués à gérer un système pluricodé et l'on veillera, au moins dans les premières phases de l'apprentissage, à proposer aux élèves des supports qui permettent d'opérer un certain nombre d'inférences ;
– pour autant, on ne s'en tiendra pas à une approche purement déductive des documents oraux, qui irait de l'ensemble au détail, on veillera à travailler sur ce qui relève d'un traitement systématique du détail de la réalisation sonore ;
– on comprend d'autant plus aisément une intervention orale qu'elle porte sur des domaines plus ou moins familiers à l'auditeur. Il peut de la sorte mobiliser ses connaissances au service de l'élucidation du sens des énoncés entendus.

Niveau d'approche	Indices
Compréhension globale	Le contexte de production : – identité du locuteur (adulte, enfant, homme, femme) ; – attitude du locuteur ; – ton ; – mimiques ; – gestuelle ; – musique d'accompagnement ; – bruits ; etc.
	L'objet du discours : – ouverture ; – annonces du thème, du plan ; – accès au lexique (mots clés) et reconnaissance des mots faisant partie du vocabulaire connu.
Compétence moyenne	L'articulation du discours : – l'annonce ; – les transitions ; – les récapitulations ; – avec des faits d'accentuation, de ralentissement ou d'accélération dans le débit.
Compréhension fine	– Reconnaître des sons. – Reconnaître des mots. – Reconnaître des groupes. – Identifier des pauses, des hésitations, des reprises, des ruptures de construction. – Reconnaître des schémas intonatifs et les interpréter.

Le débat

Le débat est une activité à laquelle l'école fait fréquemment référence, comme type de compétence à acquérir, activité qui permet d'assurer la confrontation d'idées, de points de vue, dans le respect des opinions de chacun. La difficulté qu'il y a à organiser un débat d'un point de vue pédagogique réside dans la nécessité de rompre avec les usages sociaux ordinaires, qui relèvent plus de la simple confrontation de points de vue que de l'articulation du propos d'un locuteur. Ce qui implique que ce débat soit organisé, contraint, pour que l'élève apprenne à articuler son propos sur le propos antérieur, sache concéder ce qu'il peut y avoir de recevable dans ce qui vient d'être dit (acceptable sous condition) et ce qui est contestable. Cela suppose que les élèves interviennent sur une problématique qu'ils connaissent, et s'ils ne la connaissent que de façon approximative, que l'on fasse un travail préparatoire pour établir une liste des points de vue, arguments, positions en présence.

Oraliser l'écrit

La compétence « S'exprimer oralement en continu » (voir CECR) a pris de l'importance dans les usages du français à l'école. La pratique fréquente de l'exposé dans les classes prend trop souvent la forme de la lecture publique d'un texte devant un auditoire, lecture mal adaptée à la situation d'échange.

Plusieurs démarches sont possibles :
– élaborer un canevas détaillé non rédigé, de façon à interdire une lecture en continu du texte ;
– réécrire/modifier un texte écrit de façon à en permettre l'oralisation, c'est-à-dire à en faciliter l'audition/compréhension par un groupe d'auditeur.

Pour ce faire, il est nécessaire de mettre en œuvre un certain nombre d'opérations :
– répartition de l'information : une information par phrase de façon à ce que le découpage de l'énoncé par le moyen de pauses, d'accents et selon un schéma intonatif spécifique, corresponde à une information spécifique ;
– répétition : mal perçue à l'écrit, au moins dans sa forme stricte, la répétition est un élément essentiel d'aide à la compréhension à l'oral, notamment pour éviter les ambiguïtés liées au repérage du référent ;
– mise en relief : par les procédés classiques d'extraction ou d'interrogation rhétorique, signaler à l'auditeur les points d'information les plus importants ;

– interaction : en situation d'oral, dans un face-à-face entre l'orateur et l'auditoire, nécessité de signaler l'interaction ainsi établie (implication de l'énonciateur, appel à l'auditoire).

L'oral dans le Socle commun de connaissances et de compétences

Pour conclure ce chapitre, on se reportera au Socle commun de connaissances et de compétences (www.educations.gouv.fr/cid2770/le-socle-commun-de-connaissances-et-de-competences.html).

On observera que les compétences ainsi définies dans le cadre scolaire ne correspondent nullement aux usages de l'échange oral dans la vie ordinaire (compétences qui sont acquises dans et par le milieu de vie de l'élève), alors même que les méthodes de FLE de niveau A1 ou A2 inscrivent leurs objectifs dans les pratiques d'oral qui sont celles de la vie sociale au quotidien. L'oral de/à l'école (voir *supra* p. 32) est un oral d'un type particulier, oral élaboré, fondé sur la capacité à prendre la parole en public ou à développer un exposé pour rendre compte d'un travail individuel ou collectif (présentation d'un rapport de stage, plus tard d'un travail de type TPE en classe de Première, et plus tard encore de satisfaire aux différentes épreuves orales qui jalonnent le parcours d'un élève ou d'un étudiant, à l'occasion du passage de différents examens et concours). C'est moins un oral de l'interaction fondé sur des réactions spontanées, dans le cadre d'une relation fondée sur la familiarité des locuteurs, qu'un oral réglé, c'est-à-dire obéissant à des règles précises d'organisation et de formulation, dans le cadre d'une relation impersonnelle.

5. Lire

La question de la place, de la nature et de la visée de l'apprentissage de la lecture en FLS se révèle d'une redoutable complexité. Il convient en effet de distinguer ce qui relève des problèmes spécifiques à un élève allophone, inscrit dans une classe française, qui va devoir découvrir une nouvelle langue dans ses caractéristiques sonores propres et un nouveau système d'écriture (une écriture alphabétique en caractères latins) dont la relation aux sons de la langue obéit à des conventions particulières d'une part, et les difficultés que tout enfant d'un âge donné rencontre dans la maîtrise de l'activité de lecture. Les élèves francophones natifs présentent des difficultés d'apprentissage à tous niveaux, qui ne peuvent être imputées au caractère « étranger » de la langue, mais au fait que l'activité de lecture est une conduite complexe, mettant en jeu des compétences nombreuses et variées, sur des matériaux élaborés, les textes, dont les variables d'organisation influent de façon évidente sur l'accomplissement de la tâche. L'élève à l'école ne peut être encore considéré comme un adulte expert, mais comme un novice dont il faudra accompagner le parcours pas à pas[1].

Cette problématique vaut tout aussi bien pour les élèves qui sont pris en charge dans les classes de l'école élémentaire que pour ceux qui le sont dans les classes du collège. Si bien que lorsque l'on consulte la littérature scientifique consacrée à l'acquisition du savoir-lire en FLE, on ne parvient pas toujours à distinguer très clairement ce qui relève d'analyses portant sur la conduite de lecture de façon générale et ce qui relève de l'appropriation d'une conduite portant sur un matériau

---

1. C'est une banalité que de rappeler combien la lecture dans son apprentissage et son exercice à l'école s'est considérablement modernisée ces vingt ou trente dernières années. Élargissement des dispositifs, de la classe vers les BCE et les CDI ; élargissement du répertoire des genres, des contes traditionnels à la presse écrite, des textes de fiction aux textes documentaires, élargissement des supports, du support papier traditionnel à l'écran d'ordinateur, élargissement des typologies. Bref des supports et usages de la lecture qui appellent de la part des élèves une grande flexibilité lectorale, flexibilité qui se construit sur des pratiques socialement déterminées, les élèves issus de milieux faiblement lecteurs ont plus de mal à circuler de la sorte et à convertir une lecture mosaïque, faite de bouts et de morceaux, lectures de survol et lectures approfondies, en une totalité de sens. Pour les ENA, la difficulté est de même nature.

graphique particulier qu'est un texte écrit en français. Ajoutons que la distinction FLE/FLS se révèle plus délicate encore à opérer. Nombre de travaux concernent des publics de FLE et le transfert à des publics de FLS ne relève nullement de l'évidence et ce qui est souvent abordé auprès de publics scolaires de FLS pourrait tout aussi bien concerner des élèves scolarisés en FLM.

Par ailleurs, la diversité des publics, des élèves dont les langues d'origine et les langues de scolarisation – qui ne sont pas toujours les mêmes – sont très souvent des langues distantes par rapport aux grandes familles des langues européennes, ajoute à la complexité de la situation. D'où ce sentiment de vertige que l'on peut éprouver parfois à établir le répertoire des variables d'intervention dans la classe. Qu'en est-il dans ces conditions du principe de transposition didactique ? Est-il possible de trouver des réponses pédagogiques correspondant à l'ensemble des variables ainsi identifiées alors même que l'acte d'enseigner dans la classe n'est envisageable que sur la base de réalisations somme toute relativement frustes au regard du très haut degré d'élaboration d'un certain nombre de principes d'analyse théoriques ? Toute activité de classe produit une multitude d'événements, directement perceptibles ou masqués, au milieu desquels le maître avance, porté par une logique d'action, compatible avec ce que sont les procédures ordinaires de travail de la classe. Le maître enseigne à des élèves, non au sujet apprenant théorique, tel qu'il est construit par le chercheur. Il enseigne souvent plus qu'il ne le pense explicitement, l'élève ayant la possibilité à partir de certains matériaux auxquels il est exposé, de situations créées par le maître, d'engager des processus d'apprentissage non prévus par le maître. L'apprentissage de la lecture est certainement celui qui doit couvrir un assez large empan pour permettre à tous les élèves, dans la diversité de leurs connaissances et de leurs savoir-faire initiaux, de s'approprier progressivement les conduites de lecture recherchées.

Rappelons enfin que l'approche de la lecture, avec des publics allophones, ne saurait s'envisager sans l'acquisition préalable par les élèves des formes et des usages de base du français, à l'oral. La pratique de l'échange en mode immédiat sera l'occasion de favoriser chez l'élève l'imprégnation d'un certain nombre de composantes d'ordre phonologique, éléments de prosodie et phonèmes, conditions pour assurer le passage à l'écrit. Les élèves francophones natifs disposent déjà de cette compétence, acquise dans l'environnement extra-scolaire, mais sans laquelle nul passage à l'écrit ne saurait être envisagé. Ce qui relève d'un apprentissage naturel dans ce dernier cas devra faire l'objet d'un apprentissage guidé avec les ENA, apprentissage qui leur permettra d'acquérir en même temps un minimum de bagage lexical, le vocabulaire oral en quelque sorte, vocabulaire que l'élève va retrouver à l'écrit, en même temps que les schémas syntaxiques de base du français.

Les situations d'apprentissage

Pour faire simple, si tant est que sur ce sujet cela soit possible, considérons que l'organisation de l'apprentissage de la lecture dépendra de deux grandes familles de facteurs :

– le niveau d'entrée dans le système éducatif, école ou collège, et dans chacun de ces deux niveaux, le cycle de référence. En effet, à chacun de ces cycles correspondent des objectifs d'apprentissage, communs à tous les élèves, allophones ou francophones natifs. L'ENA devra donc tout à la fois entreprendre les rattrapages nécessaires (s'il entre au cycle 3 de l'école primaire, il devra intégrer ce qui est théoriquement acquis dans les cycles 1 et 2 et travailler avec ses camarades de classe, dans sa classe d'inscription, sur ce qui est prévu au cycle 3) et entamer les nouvelles étapes de l'apprentissage. Il est évident que plus l'ENA entre à un niveau avancé dans le cursus de scolarisation, plus le travail de rattrapage à entreprendre est important. Aussi importe-t-il que tout enseignant de FLS, à quelque niveau d'intervention qu'il se situe, dispose d'une connaissance d'ensemble du parcours de formation prévu en lecture ;

– la compétence à l'écrit de l'élève dans sa langue d'origine/de scolarisation. Trois possibilités peuvent être envisagées.

• L'élève ne sait ni lire, ni écrire dans aucune langue, soit parce qu'il est encore très jeune, 5/6 ans, soit parce qu'il n'a jamais été scolarisé antérieurement, ce qui est le cas d'un certain nombre d'élèves, souvent âgés, 12/14 ans, et qui, bien qu'inscrits pour la forme au collège, ne peuvent dans l'immédiat trouver leur place dans les classes ordinaires de l'établissement, ce que l'on appelle les élèves NSA (non scolarisés antérieurement).

• L'élève sait lire et écrire, mais dans une écriture non alphabétique, écriture de type idéographique que l'on rencontre chez un certain nombre d'élèves originaires de pays asiatiques. Mais on ne confondra pas dans tous les cas l'élève non-lecteur en raison de son âge et l'élève non-lecteur parce que non scolarisé antérieurement. De même, l'ENA âgé de 5/6 ans devra d'abord être placé en CLIN pour acquérir les formes et usages de base du français à l'oral.

• L'élève sait lire et écrire dans une autre écriture alphabétique, ce qui rapproche du système des écritures latines. Mais on sera attentif au fait que l'écriture de l'arabe, si elle est bien de nature alphabétique, omet la notation des signes vocaliques, et est associée à des variations graphiques selon la position de la lettre dans le mot, en sachant par ailleurs que l'écriture sur la ligne se fait de droite à gauche. La transition vers l'écriture du français requiert dans ces conditions un effort non négligeable de la part de l'élève arabophone.

Le tableau ci-dessous présente les différentes situations que nous venons très rapidement d'évoquer.

Situations d'apprentissage			
Niveau d'accès	**Compétence à l'écrit dans la langue d'origine**		
	Ne sachant ni lire, ni écrire	**Sachant lire et écrire dans une écriture non alphabétique**	**Sachant lire et écrire dans une autre écriture alphabétique**
Cycle 1	• Découverte de l'écriture sous ses différents aspects		
Cycle 2	• Idem + automatisation des processus de reconnaissance et de compréhension des constituants du texte et des textes eux-mêmes	• Transposition en direction de l'appropriation du code alphabétique • Automatisation des processus de reconnaissance et de compréhension des constituants du texte et des textes eux-mêmes	• Transposition en direction de codes phonologiques distincts et d'une relation phonie-graphie différente • Automatisation des processus de reconnaissance et de compréhension des constituants du texte et des textes eux-mêmes
Cycle 3	• Idem + automatisation des processus de reconnaissance et de compréhension des constituants du texte et des textes eux-mêmes	• Transposition en direction de l'appropriation du code alphabétique • Automatisation des processus de reconnaissance et de compréhension des constituants du texte et des textes eux-mêmes	• Transposition en direction de codes phonologiques distincts et d'une relation phonie-graphie différente • Automatisation des processus de reconnaissance et de compréhension des constituants du texte et des textes eux-mêmes

(colonne verticale à gauche : École)

Collège	**Cycle d'adaptation**	• Approches de type alpha-FLE	• Idem + compréhension des textes de longueur variée (lecture d'extraits, œuvres intégrales) et de nature variée (textes littéraires, textes documentaires)	• Idem + compréhension des textes de longueur variée (lecture d'extraits, œuvres intégrales) et de nature variée (textes littéraires, textes documentaires)
	Cycle central	• Approches de type alpha-FLE	• Idem + compréhension des textes de longueur variée (lecture d'extraits, œuvres intégrales) et de nature variée (textes littéraires, textes documentaires)	• Idem + compréhension des textes de longueur variée (lecture d'extraits, œuvres intégrales) et de nature variée (textes littéraires, textes documentaires)
	Cycle d'orientation	• Approches de type alpha-FLE	• Idem + compréhension des textes de longueur variée (lecture d'extraits, œuvres intégrales) et de nature variées (textes littéraires, textes documentaires)	• Idem + compréhension des textes de longueur variée (lecture d'extraits, œuvres intégrales) et de nature variée (textes littéraires, textes documentaires)
Lycée	**Module Seconde**			

Pour l'instant, nous définirons les grandes dominantes d'un apprentissage correspondant aux trois grandes familles d'élèves.

Élève ne sachant ni lire ni écrire dans sa langue d'origine

– S'imprégner des caractéristiques sonores du français, mais veiller autant que faire se peut à ce que l'élève puisse opérer un travail identique sur sa langue maternelle. On sait en effet que la conscience phonologique, c'est-à-dire la capacité de l'individu à distinguer les sons de la langue est la condition d'accès à l'écrit (voir José Morais, 1999), mais que cette capacité d'analyse phonologique dépend de la capacité de l'enfant à engager ce travail sur sa propre langue. Aussi importe-t-il qu'il soit possible, par le moyen de comptines, de jeux de langue, de lecture à haute voix d'albums, dans la langue maternelle de l'élève, de favoriser l'émergence de cette conscience phonologique qui à son tour retentira favorablement sur l'analyse du français, par le moyen d'intervenants extérieurs si c'est nécessaire.

– Acquisition du principe alphabétique. L'élève prend conscience que le mot, à l'oral et à l'écrit, est constitué d'unités et que chacune des unités a une correspondance dans l'autre ordre. Chaque lettre code un élément du mot oral. C'est le moyen d'établir un premier type de relation entre l'écrit et l'oral, tout ceci s'effectuant à partir de phrases et de mots dont la signification est connue. L'élève est en contact avec des textes variés.

– On apprend à connaître des lettres de l'alphabet. On constitue un capital de mots.

– Arrivé en cycle 2 ou 3, l'élève ayant acquis le principe alphabétique travaillera sur le code alphabétique proprement dit et sur le jeu des correspondances phonème-graphème. On travaillera sur l'automatisation du déchiffrage, sur le repérage de marques orthographiques et grammaticales. Si l'élève entre au cycle 3, il devra faire l'objet d'une prise en charge spécifique pour travailler, de manière accélérée – plus âgé, il dispose de capacités d'analyse plus étendues, une attitude réflexive plus affirmée – sur les activités mentionnées au cycle 1 et 2.

– Les élèves pris en charge au collège et relevant de ce profil feront l'objet d'une approche de type alpha-FLE qui correspond mieux à leur âge et à l'urgence d'une intervention aussi lourde.

Élève sachant lire et écrire dans une écriture non alphabétique

L'élève a déjà acquis un certain nombre de stratégies de lecture dans sa langue d'origine/maternelle. Il apprendra à distinguer les modes de gestion d'une écriture idéographique et d'une écriture alphabétique. Il sait déjà que l'oral et l'écrit sont de toutes les façons liés et que les signes écrits sont porteurs de sens. Il doit acquérir le principe et le code alphabétiques et être progressivement capable d'analyser le mot en phonèmes. Il sera nécessaire de développer la connaissance de l'alphabet français, avec un travail sur les correspondances phonèmes-graphèmes. Un travail indispensable devra être effectué sur le mouvement des yeux et sur le suivi des lignes sur la page. L'acquisition des automatismes constitue un aspect important de l'apprentissage.

Élève sachant lire et écrire dans une écriture alphabétique

Les transferts de compétence sont ici plus aisés à mettre en œuvre, particulièrement avec les élèves venant de langues dont l'écriture est organisée en caractère latin, moins avec des écritures fondées sur d'autres caractères (alphabet cyrillique, alphabet arabe, par exemple).

Dans les trois catégories de publics, les phonèmes qui n'appartiennent pas à la langue de l'élève feront l'objet d'un traitement particulier. Le soutien auprès des élèves variera selon que les automatismes sont ou non installés dans la langue maternelle.

Les niveaux et les domaines d'apprentissage

La lecture, nous le savons, est une conduite complexe qui se situe à trois niveaux de compétence, niveaux qui dans l'ordinaire de la lecture chez un lecteur expert sont étroitement associés, mais qui, en vue d'organiser l'apprentissage auprès de publics d'ENA, demandent à être distingués. Lire, en effet, ne se limite pas aux capacités de déchiffrement d'une écriture de type alphabétique comme le français. La lecture appelle aussi la mise en œuvre d'activités de compréhension, les mots reconnus permettent de construire une information à partir de données lexicales et syntaxiques, cette information, intégrée aux informations déjà anciennes, mise en relation avec les connaissances antérieures du lecteur, permettant de construire un modèle de situation : « *Le modèle de situation est défini comme la représentation cognitive des événements, des actions, des personnages et plus généralement de la situation qu'évoque le texte* »[1]. Mais en même temps, une telle activité ne saurait trouver sa pleine efficacité si elle n'était pas reliée à une culture de l'écrit, c'est-à-dire à l'ensemble de ce qui constitue l'expérience du lecteur en matière de formes et d'usages de l'écrit dans une sphère sociale et culturelle donnée. Une notice de montage, un formulaire administratif, un conte, un roman policier, un journal quotidien, pour ne prendre ici que quelques exemples, seront d'autant plus aisés à lire que le lecteur est capable d'en reconnaître les conventions organisatrices et les référents culturels qui y trouvent place.

Ces trois grandes dimensions de l'apprentissage concernent l'ensemble des publics d'élèves, francophones natifs et ENA, à l'école et au collège et demandent à être approchées tout à la fois dans une perspective commune à tous les élèves et dans celle qui concerne plus directement les ENA.

Précisons cependant que les processus ainsi décrits sont distingués pour les commodités de la présentation. Dans la réalité de l'acte de

---

1. P. Coirier *et al.*, 1996, p. 118, modèle qui résulte de l'activité du lecteur qui analyse les informations provenant du texte à partir de ses connaissances.

lire, ils sont en interaction permanente. D'un point de vue pédagogique, et pour éviter de saturer les capacités d'attention des élèves, il conviendra à certains moments de prévoir des activités centrées sur la maîtrise de chacun des processus ainsi approchés.

Approche de la langue écrite

Domaine d'apprentissage	
Commun à tous les élèves	Spécifique aux ENA
– Découverte du principe alphabétique – Capacité à identifier les lettres ou les groupes de lettres – Établissement des correspondances phonèmes-graphèmes – Familiarisation avec les lettres de l'alphabet et avec l'alphabet – Reconnaissance des phonèmes réalisés dans un énoncé – Entraînement au code phonologique – Identification des mots écrits – Découverte du code orthographique – Prise en compte de la dimension morphologique de l'orthographe du mot – Capacité à identifier les marques typographiques de la phrase – Accéder à la reconnaissance automatique des mots (voie directe, voie indirecte)	– Un certain nombre de compétences langagières devront être préalablement exercées à l'oral : • se familiariser avec la dimension sonore du français (sons, prosodie) • établir un lien entre l'enveloppe sonore du message et sa nature • être capable d'identifier les phonèmes et de les restituer • apprendre à organiser le flux oral en groupes (groupes de souffle, mots, syllabes) • sensibiliser les élèves au profil orthographique du français (suites probables de lettres) • acquérir un bagage lexical suffisamment développé pour que les mots sur lesquels on travaille fassent sens et puissent être associés à une information phonologique déjà disponible

(Première colonne : Approche de la langue écrite)

Les activités spécifiques aux ENA s'ajoutent à celles qui concernent l'ensemble des élèves. Elles en constituent la phase préalable et peuvent faire l'objet d'interventions spécifiques, en appui, tout au long des apprentissages, même à un niveau plus avancé. Ces activités porteront sur de courts textes faisant référence à des sujets ou thèmes déjà abordés dans la classe à d'autres moments de l'apprentissage.

Les activités de déchiffrement constituent le cœur même de l'activité de lecture, mais ne s'y limitent pas, loin s'en faut. La maîtrise du code écrit et de ses différentes propriétés et réalisations est la condition nécessaire à toute activité de compréhension. Automatisée chez le lecteur expert ou simplement le lecteur plus avancé, cette maîtrise passe souvent inaperçue à l'attention du lecteur, mais elle est toujours présente. Son efficacité provient de sa bonne articulation à d'autres processus qui font appel à d'autres ressources.

La compréhension

	Domaine d'apprentissage	
	Commun à tous les élèves	Spécifique aux ENA
La compréhension	• *Le traitement du lexique* (étendue et connaissance du vocabulaire et compréhension) – Lire et apprendre le lexique – Apprendre le vocabulaire	• *Le traitement du lexique* – Accroître le vocabulaire disponible à l'oral – Se familiariser avec les mots les plus fréquents, dans des activités de production écrite notamment – Apprendre à reconnaître les mots irréguliers – Découvrir des familles de mots et les systèmes de dérivation
	• *La morphologie* – Dérivations – Flexions en genre et en nombre – Flexion des verbes, temps, mode et personne	• *La morphologie* – Développer la vigilance des élèves à l'égard des marques morphologiques (à l'oral d'abord, ce qui s'entend), avant de passer à l'identification des marques à l'écrit (qui souvent en français sont muettes -s, -nt, -e) – Pour les élèves provenant de langues à flexion (voir p. 134), montrer que les marques ne renvoient pas à la fonction, mais que celle-ci dépend de la position du mot dans la phrase et de l'accompagnement de certains mots-outils (prépositions par exemple). À l'opposé, pour des élèves provenant de langues isolantes (langues asiatiques par exemple), importance

<table>
<tr><td rowspan="2">La compréhension</td><td></td><td>des marques de genre, de nombre, voire de personne, communes à l'ensemble des mots prenant place dans un groupe fonctionnel
– Nécessaire mémorisation du système flexionnel du français</td></tr>
<tr><td>• La syntaxe
– Ordre des mots
– Groupes fonctionnels et segmentation de la phrase
– Construction passive
– Phrase avec relative
– Phrase complexe
– Ponctuation</td><td>• La syntaxe
– Sensibiliser les élèves à la question de l'ordre des mots, dans l'ordre prototypique SVO, mais apprendre à distinguer l'ordre en usage à l'oral et celui qui prévaut à l'écrit. Activités d'imprégnation associées à des moments de prise d'attention
– Apprendre à identifier les groupes fonctionnels (à partir d'indices portant sur des accords communs), l'ordre des mots dans les groupes (place des adjectifs qualificatifs par exemple), accord entre groupe sujet et verbe, place des groupes dans la phrase, avec des activités d'expansion et de réduction de phrase</td></tr>
<tr><td></td><td>• L'organisation du texte
– Traitement des inférences
– Traitement des anaphores
– Traitement des connecteurs
– Schémas textuels
– Découpage en paragraphes</td><td>• L'organisation du texte
– Le traitement des inférences est en grande partie lié aux savoirs préalables du lecteur. Avant toute lecture, établir oralement un état des connaissances relatives au thème du texte.

Dans le cours de la lecture, demander aux élèves de retrouver les idées implicites. Apprendre aux élèves à faire la distinction entre information littérale, telle qu'elle est présentée dans le texte et information implicite.</td></tr>
</table>

La compréhension		– Le traitement des continuités anaphoriques doit systématiquement prendre place dans toute activité de lecture (pronoms personnels d'abord, reprises nominales, anaphores conceptuelles[1] par la suite).

La compréhension se fonde sur l'usage que fait le lecteur des éléments lexicaux et syntaxiques dans son avancée dans le texte. Les informations de nature lexicale, telles qu'elles sont organisées en phrase vont permettre au lecteur de construire un modèle mental de situation. Si je lis une notice de montage, je vais élaborer une représentation des opérations que j'ai à entreprendre, si je lis un récit, je vais tenter de représenter de façon figurative les éléments d'une situation dans laquelle interviennent des personnages, dans un lieu, pour des intérêts particuliers, etc. Ce qui conduit d'ailleurs C. Golder et D. Gaonac'h à poser la question essentielle : « *Où le texte se trouve-t-il ? Sur le papier ou dans la tête du sujet ?* »[2].

Qu'en est-il de la place de la compréhension dans l'activité de lecture ? Si l'on considère que la compréhension est une composante de l'intelligence de façon plus générale, elle ne se limite pas à la seule activité de lecture et M. Fayol signale que, chez certaines populations de lecteurs, on note des difficultés de compréhension en lecture, mais non en audition de textes[3]. Cela signifie qu'une maîtrise insuffisante des traitements de bas niveau (décodage des mots, difficulté de traitement du matériau graphique) peut entraver la mise en œuvre de processus de compréhension.

Qu'en est-il avec les élèves de langue seconde ? Ils disposent déjà, à partir des compétences acquises dans leur culture d'origine, de capacités générales de compréhension qui peuvent leur permettre d'établir des inférences et de s'engager dans un certain nombre d'interprétations possibles des situations représentées. Mais ces capacités ne sont transférables, semble-t-il, que si l'attention de l'apprenti-lecteur

---

1. Par anaphore conceptuelle, on entend tout phénomène de reprise qui ne se fonde pas sur un rappel formellement reconnaissable d'un élément antérieurement énoncé, mais qui reprend un ensemble d'informations sous une forme distincte : « *Il refusa de les rejoindre. Sa décision était définitive* ». « *Sa décision* » reprend l'ensemble de la phrase antérieure.
2. C. Golder et D. Gaonac'h (1998), p. 84.
3. M. Fayol (1996), p. 87.

en L2 n'est pas mobilisée à l'excès par le traitement des unités de plus bas niveau dans le texte. Le contrôle attentionnel ainsi engagé se paie d'un coût cognitif suffisamment élevé, au détriment des activités de plus haut niveau. Aussi la notion d'automatisation des traitements dans les processus de bas niveau importe-t-elle au plus haut point, si l'on veut progressivement mettre les élèves de L2 à niveau de compétence par rapport à leurs camarades francophones natifs qu'ils retrouveront dans leur classe d'inscription.

Cela implique que l'apprentissage de la lecture avec les ENA est plus directement associé aux activités de langage, aux activités grammaticales et aux activités orthographiques. L'élève francophone natif a intériorisé la grammaire du français et peut faire implicitement usage des ressources ainsi disponibles (même si les choses ne sont pas toujours aussi simples)[1]. L'ENA doit, en ce qui le concerne, faire l'objet d'un accompagnement plus attentif. Son lexique mental est plus réduit, sa capacité à faire fonctionner la combinatoire du système syntaxique du français moindre.

On veillera encore à exploiter les connaissances des élèves dans leur culture/langue d'origine, les schémas d'action ou scénarios qui définissent un certain nombre de situations types. Si l'on doit faire lire un texte fondé sur la mise en œuvre d'un scénario de vengeance ou d'un affrontement du faible au fort, on demandera aux élèves, en français, d'énoncer ce qu'ils connaissent dans leur littérature, de rassembler ainsi le vocabulaire correspondant, d'esquisser un scénario de base, avec les personnages en présence et de passer après au texte français, dans lequel on pourra retrouver un certain nombre de ces éléments, mais avec des décalages possibles (propres à tout changement de culture), des développements plus ou moins importants selon les endroits.

Faut-il comme nous y invite D. Gaonac'h[2] envisager une lecture en deux temps des textes ? Une première phase qui serait en quelque sorte consacrée à l'approche du texte dans sa dimension graphique, au repérage des niveaux d'organisation de base, une seconde, qui

---

1. « *On est là sur un point important de la différence entre langue maternelle et langue seconde : de nombreux apprentissages précoces en langue maternelle restent implicites, et il s'agit notamment d'apprentissages qui concernent les stratégies cognitives de régulation du traitement de l'input. Les apprentissages de ce type relèvent d'une exposition répétée et régulière à la langue, ce qui n'est que très rarement le cas en langue seconde. Ces connaissances implicites ont un impact, tout autant sinon plus que la connaissance explicite des formes et structures de la langue, sur l'utilisation efficace de la langue dans des activités complexes.* » D. Gaonac'h (2000), p. 5.
2. D. Gaonac'h (*ibid.*)

porterait sur l'analyse du sens même du texte, selon un axe de lecture déterminé. Cette logique de dissociation peut se révéler pertinente dans les phases initiales d'apprentissage.

Mais, il est essentiel que les élèves puissent acquérir la maîtrise des processus de base, maîtrise qui ne peut provenir que d'une exposition intense aux différents éléments de la langue. Exposition qui en même temps portera sur des échantillons de la langue et qui par une certaine régularité des formes retenues facilitera pour l'élève le travail d'induction indispensable à la maîtrise de conduites appropriées aux textes écrits en français.

Des interventions didactiques nombreuses et continues sont nécessaires dans des domaines de compétence que le FLM ne traite pas toujours sous forme d'activités de lecture identifiées comme telles. Le plus généralement, la compétence de lecture s'inscrit dans des pratiques de lecture diversifiées, en français ou dans les différentes activités disciplinaires et se construit de façon le plus souvent empirique. Les ENA ont besoin d'un soutien constant à partir de textes qui contiennent un éventail de difficultés telles qu'elles se caractérisent par une récurrence suffisamment élevée.

Qu'en est-il de la lecture à haute voix ? Nous sommes ici en présence d'une activité d'oralisation d'un texte écrit qui présente des difficultés particulières, y compris avec les élèves francophones natifs. On sait combien l'école, à tous les niveaux, est sensible à cette notion de lecture expressive, à condition cependant de la travailler de façon plus délibérée. Respect des pauses, débit plus ou moins rapide, plus ou moins lent, selon la nature des énoncés, choix des schémas intonatifs en fonction de l'organisation de la phrase et de la nature des phrases. À quoi il faut associer (voir le chapitre 4 « L'oral ») le respect des groupes de souffle et celui de l'accentuation. On pourra habituer les élèves, sur des textes repris sur double interligne, à y apporter des marques d'oralisation, double barre pour les pauses plus longues, barre simple pour les pauses brèves. Traits horizontaux sur les segments de phrase pour marquer le schéma intonatif, accent sur les syllabes qui marquent la fin d'un groupe. Les élèves liront le texte ainsi habillé comme le musicien interprète sa partition. De telles pratiques seront en usage régulièrement, mais non continûment.

La culture de l'écrit

La culture de l'écrit permet à l'activité de compréhension de trouver sa pleine signification par rapport à des usages socialement et culturellement marqués. Si les pratiques d'écrit sont quasi universelles (même les civilisations africaines inscrites dans l'oralité connaissaient cependant l'existence des pratiques d'écriture et en faisaient parfois un usage ponctuel), les usages qui les légitiment varient en revanche d'une aire culturelle à une autre, l'intensité des pratiques peut aussi varier et les finalités qui lui sont assignées dans l'action éducative doivent à chaque fois être précisées. Que ce soit à l'école ou au collège, cette dimension de la lecture est constamment présente dans les apprentissages auprès des élèves francophones natifs, les ENA doivent pouvoir s'y initier.

	Domaine d'apprentissage	
	Commun à tous les élèves	**Spécifique aux ENA**
La culture de l'écrit	• Les fonctions de l'écrit dans la vie scolaire, dans la vie sociale • Les lieux de dépôt de l'écrit : la bibliothèque (BCD, CDI), la librairie, la maison de la presse, etc. • Les supports de l'écrit (presse, revues, livres, écrans d'ordinateurs, photocopies, etc.) • Usages typographiques : titres, sommaires, chapitres, paragraphes, etc. • La mise en page : la relation texte/illustration, les schémas, les légendes, les encadrés, etc. • Les genres de l'écrit : fictionnel, factuel ; contes, fables, romans, nouvelles, poésie, etc. • Le littéraire : le mouvement littéraire, le siècle, l'auteur, le genre, l'histoire, la rhétorique, etc. • Les constituants de l'œuvre (histoire, personnages, lieu de l'action, enjeux, etc.) • Les constituants du texte (narration, description, dialogues, argumentation, explication) • Lecture analytique, lecture cursive	• Entreprendre l'inventaire des formes et supports de l'écrit présents dans l'établissement, dans le quartier (affiches, enseignes de magasins, signalétique, etc.). Noter les constructions, mots-phrases, usage ou non des articles, etc. • S'initier à l'organisation de la BCD et du CDI. Travail sur les classifications, les listes, l'ordre alphabétique, les hiérarchisations lexicales, les titres et leur syntaxe. Usage des moteurs de recherche en TICE • Étudier l'image des textes selon la nature des supports (presse, affiches, ouvrages documentaires, BD, albums, romans (avec ou sans illustrations), manuels et les parcours de lecture impliqués • L'appareil de présentation des livres, avec les différents niveaux de reformulation lexicale (du titre de l'ouvrage aux titres des différentes parties ou chapitres, des titres de chapitres aux textes proprement dits) • Écoute de textes lus par le maître, avec ou sans appui d'images. L'élève reformule oralement le contenu de l'histoire ou de l'information rapportée

La culture de l'écrit	• Activités de tris de livres et de textes pour découvrir des similarités ou des différences, dans la visée, dans l'organisation. Constituer un répertoire des genres, comparaison avec les usages dans l'univers de l'écrit de l'élève dans sa langue d'origine • Approche des références culturelles : celles de la culture d'origine de l'élève, celle en usage dans le monde des médias (dessins animés, jeux vidéo), celle propre à la culture française (personnages de contes et de fables, personnages de la mythologie, héros du Moyen Âge, les figures de l'enfant, les bestiaires, le roman familial, les passions et les sentiments, etc.) • S'engager dans la lecture de textes longs, à partir d'éditions bilingues (langue de l'élève-français), puis d'ouvrages de littérature de la jeunesse – Apprendre à dégager les idées essentielles, à résumer l'extrait ou l'œuvre lu(e) oralement d'abord, à l'écrit ensuite

Dans le système éducatif français, et par tradition, l'école élémentaire a pendant longtemps consacré l'essentiel de ses activités à l'apprentissage de la langue écrite et à la maîtrise des mécanismes de la compréhension, tout ce qui relève de la culture de l'écrit, notamment au sens de mise en place de références et d'une mémoire culturelle(s) étant confié au collège, et plus tard, au lycée. Mais les pratiques ont considérablement évolué. L'école élémentaire inclut désormais la littérature dans ses programmes et le collège est très souvent appelé à reprendre des apprentissages portant sur les bases de la compréhension écrite. Il ne s'agit donc pas de s'en tenir à un traitement qui ne serait que successif de ces différentes étapes, mais de les concevoir comme des processus en interaction, notamment avec les publics d'ENA qui peuvent arriver à tous les niveaux de l'école ou du collège. Supposons que nous ayons à accueillir un ENA en classe de 4ᵉ, un parcours de formation qui conduirait des premières approches de l'écrit à l'appropriation d'une culture d'écrit serait fort long à entreprendre et certainement peu motivant pour l'élève. On aura donc intérêt à combiner deux parcours :

	Parcours 1	Parcours 2
1.	Appropriation d'une culture de l'écrit	1. Approche de la langue écrite
2.	Compréhension	2. Compréhension
3.	Approche de la langue écrite	3. Appropriation d'une culture de l'écrit

Dans la première approche, l'élève découvre l'écrit sous ses différentes formes, dans ses différentes fonctions et formes. Il écoute des textes lus, se pose des questions sur l'organisation générale du texte, en observe l'appareil de présentation, découvre certains mots-clés, s'engage dans un travail de décodage, puis remonte à nouveau dans des niveaux plus complexes d'organisation et ainsi de suite tout au long de la période passée dans la CLA.

Comprendre les textes

À titre d'exemple, trois approches de la lecture sont proposées dans des textes de fiction, l'une plutôt orientée vers l'école élémentaire, les deux autres plutôt vers le collège.

✓ Exploitation d'un album

L'album présente cette commodité de raconter une histoire à deux niveaux d'expression : la succession des images d'une part, le texte par ailleurs, l'un faisant écho à l'autre. On part du principe que le langage des images, plus largement partagé, permet à l'élève d'entrer plus commodément dans les particularités du langage verbal. L'image correspond à une représentation parallèle de l'histoire racontée par le moyen d'un langage écrit (dès lors que l'articulation texte/image est convenablement organisée. Les figures et les objets qui la constituent (dès lors qu'il s'agit d'images figuratives, car certains albums sont organisés à partir d'images abstraites, plus ouvertes donc dans leur signification, mais peut-être plus difficiles à être exploitées) aideront à mettre en place le vocabulaire de référence que l'on retrouvera sous forme écrite dans le texte.

L'usage d'éditions bilingues peut d'ailleurs dans ce domaine se révéler fructueux dans la mesure où les élèves n'ont pas à aborder simultanément un nouvel imaginaire et une nouvelle langue, mais dans un premier temps une nouvelle langue seulement.

• Avec des élèves non-lecteurs

Première approche de l'album, ouverte, orale à partir de la succession des images. Image de la couverture, images du récit. On identifie ainsi les personnages, les lieux, les actions. On fait parler les élèves sur les images. On vérifie la capacité des élèves à proposer des hypothèses de sens, on les aide à les verbaliser. Sous la dictée des élèves, le professeur peut écrire au tableau quelques énoncés correspondant à certaines images de l'album.

Quand les élèves commencent à disposer des premiers repères graphiques, on va établir une relation entre l'image et le mot oral, puis entre le mot oral et le mot écrit, en s'appuyant sur le vocabulaire le plus important.

On s'interrogera sur l'image des principaux personnages, sur les connotations qui leur sont attachées. On demandera aux élèves s'ils connaissent des histoires analogues à celles rencontrées dans des albums dans leur culture.

• Avec les élèves lecteurs

On travaillera, après la lecture des images et le repérage des mots-clés dans leur reprise stricte, sur les éléments de reprise et de continuité.

On cherchera les verbes qui vont avec chacun des noms se rapportant aux personnages, la succession des verbes définissant l'espace d'action de chacun des personnages ; les noms de lieux et leur évolution dans l'histoire ; les changements d'états, depuis la situation initiale, jusqu'à la situation finale.

On s'interrogera sur le sens de l'histoire.

On demandera aux élèves de la classe de signaler si, dans les contes, récits relevant de leur univers de référence culturelle, ils connaissent de telles histoires.

✓ Lecture en succession

D. Gaonac'h (2000, *op. cit.*) signalait qu'une des grandes difficultés à laquelle se heurtaient les apprentis lecteurs en FLE/FL2 tenait à cette nécessité dans laquelle sont les élèves de devoir tout à la fois gérer les problèmes de reconnaissance des éléments graphiques du texte et les problèmes de compréhension qui, eux-mêmes en retour, réagissent sur le pilotage des opérations de reconnaissance formelle. Il suggérait donc, même si la proposition peut paraître peu orthodoxe, d'engager la lecture en deux étapes : « *Avec effet immédiat, on peut penser que la double lecture systématique des textes est une technique qui doit permettre l'exercice séparé des processus de bas niveau, dont la mise en œuvre en première lecture serait susceptible de libérer les ressources cognitives suffisantes pour la mise en œuvre efficace des processus de haut niveau en seconde lecture. On est là dans une logique de dissociation des difficultés potentielles rencontrées par l'apprenant de langue seconde.* »

À TITRE DE SIMPLE ILLUSTRATION, UN TEXTE EXTRAIT D'UN PETIT LIVRE POUR LA JEUNESSE

« Soudain, Alan aperçoit un petit corps noir et gluant battant maladroitement des ailes. Il attend que les vagues déposent l'animal sur le sable pour se poster entre lui et l'océan. Ça marche. L'oiseau a peur de l'enfant et s'éloigne en direction des dunes. Le fioul visqueux qui recouvre son corps l'empêche de marcher normalement. Il titube et tombe la tête en avant. Alan s'approche doucement. L'animal n'est plus qu'à un mètre. Il essaie de se redresser... en vain.

Alan réussit à lancer le grand chiffon sur lui. Puis il soulève doucement le tissu et observe l'oiseau. Ses petits yeux sont à peine visibles à travers le mazout. Il doit souffrir atrocement.

Comment a-t-il pu atteindre la côte dans cet état ? Il ferme ses paupières de temps en temps, comme s'il voulait dormir... Il veut peut-être se laisser mourir ?

Au fond de lui, Alan prie pour que l'oiseau ne meure pas. L'animal fixe alors le visage de l'enfant... »

Dans la réalité de la classe, le texte est bien évidemment contextualisé pour donner sens à l'épisode proposé en lecture analytique. L'histoire reprend celle de la catastrophe du pétrolier Erika qui couvrit les côtes bretonnes d'une quantité gigantesque de fuel lourd et tua des milliers d'oiseaux. Alan, enfant autiste, va être le héros d'une histoire de sauvetage.

(*Je te sauverai !* d'Éric Simard et Vincent Dutrait, Magnard Jeunesse, 2002)

• Première lecture : l'identification des constituants du texte

– Repérage des mots sens plein (du vocabulaire) qui doit constituer la première étape. Ce sont les acteurs de l'histoire qui dans leurs attributs et dans les actions qu'ils engagent ou dont ils sont l'objet vont donner lieu à un scénario, lequel scénario prendra place dans une histoire (schéma narratif) :

- *Alan* et les termes de reprise, *l'enfant, il*;
- *un petit corps noir, l'animal, il* (et noter l'évolution du vocabulaire, depuis un indéterminé «*petit corps noir gluant*», jusqu'à «*l'oiseau*») et les termes associés: *corps, ailes, tête, yeux, paupières*;
– les verbes associés à chacun des acteurs: pour Alan, *apercevoir, attendre, s'approcher, réussir à, soulever, observer, prier*, et pour l'oiseau: *battre des ailes, avoir peur de, s'éloigner, tituber, tomber, essayer de se redresser, souffrir, fermer ses paupières, fixer le visage*.
– On peut distinguer les phrases selon leur sujet: *Alan* ou *l'oiseau* et faire le décompte de celles qui ont Alan pour sujet et celles qui ont l'oiseau pour sujet. Se poser la question de la nature des verbes, verbes d'action avec l'oiseau pour objet s'agissant d'Alan, plutôt verbes d'état pour l'oiseau: *avoir peur, souffrir* ou verbes d'action sans objet: *tituber, tomber, se redresser*. Alan intervient pour attraper l'oiseau, l'oiseau en revanche n'entreprend aucune action si ce n'est celle de tenter de fuir.
– Quelques phrases avec un autre sujet: le *fioul, ses petits yeux*, qui indiquent un changement de thème, mais qui se rapporte toujours à l'oiseau.
– Compter les phrases selon qu'elles ont *Alan* pour sujet ou *l'oiseau*. Prépondérance des phrases dont le thème est l'oiseau.
– Des phrases qui s'écartent des deux thèmes dominants, Alan et l'oiseau, «*Il doit souffrir atrocement*», «*Comment a-t-il pu atteindre la côte?*», «*Il veut peut-être se laisser mourir?*», qui renvoient à des remarques dont la source n'est pas identifiable. Narrateur ou commentaire intérieur d'Alan?
– On compare la première phrase et la dernière de l'extrait: «*Soudain, Alan aperçoit un petit corps noir et gluant battant maladroitement des ailes*» et «*L'animal fixe alors le visage de l'enfant*». On s'interroge sur les transformations lexicales et la construction de la phrase. Inversion des fonctions, *Alan* dans la première, *l'oiseau* dans la dernière, les verbes *apercevoir* et *fixer le visage*, de la distance à la proximité, du spectacle indéterminé à la relation forte.

Un épisode, celui de la première rencontre.

Bien évidemment, dans le déroulement de la classe, cet accompagnement, fondé sur un repérage lexical et grammatical, et conduit par le professeur, avec explication du sens des mots, permet, étape par étape de donner une armature textuelle un peu plus élaborée à ce qui ne serait sinon qu'une suite informe de mots.

• Deuxième lecture : l'interprétation du texte
– Comment interpréter les choix en matière de construction de phrase et les choix statistiques ? Pourquoi y a-t-il plus de phrases consacrées à l'oiseau qu'à Alan ? Qui fait l'objet d'une description plus détaillée ?
– Les actions entreprises par l'oiseau : quel effet recherché sur le lecteur ? La description de l'animal doit éveiller quel type de réaction chez le lecteur ?
– Les actions conduites par Alan : que dénotent-elles de la part de l'enfant ?
– Quelles suites possibles de l'histoire entre l'animal et l'enfant ? (On peut le faire à l'oral ou demander aux élèves de raconter cette suite par écrit.)

✓ Lecture et inférences

Les lectures précédentes étaient des lectures dans lesquelles les élèves étaient accompagnés pas à pas dans l'identification des constituants du texte. À une étape ultérieure, il faudra apprendre aux élèves à pratiquer la lecture des textes sous l'angle de l'inférence, ce qui constitue de tous les aspects de cette compétence celui qui est le plus difficile à maîtriser.

Fiche 5

MAIS OÙ SOMMES-NOUS ? QUE S'EST-IL PASSÉ ?

L'auteur plonge souvent le lecteur au cœur de l'action sans préciser d'emblée le cadre dans lequel elle prend place, sans informer le lecteur sur ce qui a pu se produire avant que l'action ne soit entamée.

Ainsi de ce début de roman :

« Quand une voix annonça l'arrivée prochaine à Paris- Gare de Lyon, il éprouva une sorte de soulagement. Il allait rompre le lien avec le sud. Partir le plus loin possible au bout du monde pour mettre de l'ordre dans sa peur.

Certitude passagère.

Le train n'était pas encore immobilisé que Marc sautait sur le quai. Déjà il savait vers où se diriger. La tentation de faire demi-tour, de retourner chez ses parents le tenailla. Il avouerait tout. Sa mère pleurerait avant de se répandre en conseils. Son père crierait. C'était sa façon à lui de se décharger d'une émotion trop forte et de cacher son incapacité à affronter un problème. Il les laisserait pleurer et crier. Après, tous deux l'accableraient d'affection, de soins mêlés de lamentations maîtrisées aussitôt qu'exprimées et qui reviendraient encore jusqu'à la fatigue douloureuse après que toutes les issues auraient été envisagées. Mon pauvre petit ! Répèterait sa mère avec d'autres larmes.

> *Le père s'enfermerait dans un silence. C'était sa façon suivante de repousser le moment de prendre une décision.*
>
> *Lui, la prendrait, la décision ; Il irait à la gendarmerie. Il dirait tout et ... Un frisson le parcourut. Il sortit de la gare. L'aube se levait à peine, en cette fin d'octobre. Un jour entier avant le souci anxieux de savoir où passer la nuit.*
>
> *Au bout du pont d'Austerlitz, présentait l'immense photographie d'une côte rocheuse battue par la tempête. Au bas de l'affiche, Marc lut : "Ouessant, la pointe extrême de l'Europe".»*
>
> (Jean-Côme Noguès, Piège au bout du monde, éd. du Laquet)

De quels éléments d'information dispose-t-on pour localiser l'action ? Que doit-on inférer des éléments ainsi présentés ? Que s'est-il passé avant que le récit ne débute ? À partir de quels détails fournis par l'auteur ? Par exemple s'interroger sur ce fameux «*tout*» qui intervient à deux reprises dans le texte. Mais nous fournit-il toutes les informations nécessaires ? Pourquoi l'auteur procède-t-il ainsi ?

Cette activité s'adresse à des élèves qui ont déjà bien avancé en français, qui disposent d'une compétence dans leur langue d'origine telle qu'ils ont pu déjà affronter ce type de problème. D'où une activité qui va consister, phrase après phrase, à faire la distinction entre ce que l'on sait de façon explicite, ce que le lecteur doit inférer et ce que le lecteur doit formuler comme hypothèse.

Par exemple :

Phrase	Ce qui est dit explicitement	Ce qui doit être inféré	Ce qui peut être envisagé comme hypothèse
Quand une voix annonça l'arrivée prochaine à Paris- Gare de Lyon, il éprouva une sorte de soulagement	Paris-Gare de Lyon (nous sommes à Paris) Arrivée d'un voyage en train (passé simple, vision de l'événement accompli)	«*Il*» (garçon ? homme ? quel âge ?) «*il*» était inquiet	Inquiétude liée à une fuite ? la peur d'être en retard ? mais par rapport à quoi ?

Il allait rompre le lien avec le sud. Partir le plus loin possible au bout du monde pour mettre de l'ordre dans sa peur.	*Le sud* («*il*» vient de loin, Paris étant dans le nord de la France) «*Rompre le lien*», donc départ définitif. Imparfait à valeur explicative. «*Partir le plus loin possible au bout du monde*» = fuite «*sa peur*» (à relier à sorte de soulagement)	«*il*» a quitté le sud (le Midi (?) de la France suite à une rupture, mais avec qui ? «*de l'ordre dans sa peur*» personnage saisi de panique, mais à la suite de quoi ?	Un événement grave a dû se passer. Le personnage, dans sa peur, fuit (des gens qui le poursuivent, une faute grave commise ?)
Etc.			

On peut constater combien chacun des mots du texte compte dans l'effet que le narrateur veut produire sur le lecteur, le laisser en suspens, en ne lui fournissant qu'une partie de l'information nécessaire. Mais ces inférences ne peuvent être opérées qu'à partir d'une lecture de détail du texte. Le personnage dans sa première occurrence est simplement désigné par un pronom personnel sujet, terme sémantiquement vide (ou presque, on peut simplement inférer qu'il s'agit d'un sujet humain masculin). Importance de cette capacité à produire des inférences qui présupposent de la part du lecteur un savoir sur le monde représenté dans le texte, sachant justement que les ENA, sur ce monde, sont dans sa connaissance en difficulté, au moins partielle. Cette difficulté vaut aussi pour les élèves francophones natifs, les mauvais résultats constatés en lecture aux épreuves de l'*Évaluation Entrée 6e* pouvant être imputés à cette difficulté à engager des inférences. Un texte ne dit pas tout, le narrateur présuppose de la part du lecteur des connaissances que ce dernier n'a peut-être pas ou du moins qu'il ne sait pas mobiliser. Apprendre à lire, c'est aussi apprendre inférer.

Mots les plus fréquents

On trouvera dans Jacqueline Picoche (1993) une liste des mots français par fréquence décroissante (770 mots) établie à partir du corpus provenant du *Trésor de la langue française*.

Les inventaires fréquentiels présentent cet avantage de fournir une liste de verbes que les élèves ont théoriquement le plus de chance de rencontrer dans des textes. Toutefois, on ne manquera pas de signaler que ces verbes, lorsqu'il s'agit d'apprendre à lire, ne présentent pas forcément les propriétés phono/orthographiques qui en feraient de bons candidats dans l'élaboration de textes d'apprentissage. Mais en même temps, ces listes montrent bien, ce que les verbes du *Français fondamental 1er degré* avaient montré depuis longtemps, que les verbes les plus fréquents sont des verbes, plus ou moins, irréguliers et non les verbes du premier groupe, qui sont certes les plus nombreux. Mais effectif et fréquence ne sauraient se confondre[1].

Le lexique des manuels de collège

	6ᵉ		5ᵉ		4ᵉ		3ᵉ	
	Total manuel	Acquis (estimé)	Total manuel	Acquis (estimé)	Total manuel	Acquis (estimé)	Total manuel	Acquis (estimé)
Français	1 989	537	2 622	1 373	5 379	3 771	7 049	4 934
Histoire-Géographie	1 912	760	4 211	2 357	5 893	3 311	6 722	5 041
Éducation civique	872	357	421	240	1 646	1 136	2 917	2 159
Anglais	716	443	1164	768	2 354	1 601	2 272	1 159
Biologie	402	120	776	388	1099	617	2 456	1 817
Physique			212	110	1 131	701	2 133	1 642
Mathématiques	167	88	203	124	571	388	440	286

(Alain Lieury, 1997)

---

1. On ne manquera pas cependant de citer ce passage d'une étude entreprise par Colette Noyau, sur l'acquisition du français par les enfants togolais, donc dans un contexte différent de celui qui nous intéresse ici prioritairement, mais qui demande cependant à être médité : «*En ce qui concerne notre situation didactique [Togo], on doit conclure que l'acquisition du lexique verbal est fondamental, un processus autonome auquel les maîtres et les tâches d'enseignement n'accordent pas d'attention (ni les élèves), et qu'il s'agit d'une acquisition incidente, où le matériel lexical en provenance de séquences des matières autres que le «langage» fournit un apport prédominant [....]. On peut estimer en effet que les disciplines non linguistiques font beaucoup plus pour l'appropriation du lexique verbal que les leçons de 'Langage'.*» (2008, p. 97)

La lecture dans le Socle commun de connaissances et de compétences

Nous retrouvons ici les connaissances et les capacités communes à l'ensemble des élèves. À ce titre, les ENA, quand ils prennent place dans un niveau donné, doivent pouvoir progressivement maîtriser les connaissances et les capacités ainsi définies, connaissances et capacités qui intègrent celles figurant dans les niveaux inférieurs. Cette grille de référence peut ainsi aider les différents professeurs intervenant dans la classe (professeur de FL2, professeur de FLM et professeurs des différentes disciplines scolaires) à définir en commun des domaines de compétence partagés et à élaborer, pour chacun d'entre eux, les activités d'apprentissage appropriées. En ligne, figurent les niveaux d'intervention à l'école et au collège, en colonne les éléments constitutifs de la compétence globale du lire, consultable sur le site du ministère de l'Éducation nationale : www.education.gouv.fr/cid2770/le-socle-commun-de-connaissances-et-de-competences.html

Pour conclure

La tendance pédagogique dominante, ces vingt dernières années, a porté prioritairement sur la reconnaissance des superstructures textuelles, essentiellement associées à la reconnaissance de l'appartenance générique du texte. L'intérêt d'une telle approche résidait dans le fait qu'elle permettait de rompre avec une lecture au mot à mot ou phrase par phrase. Toutefois, si ces approches ont permis de marquer une avancée incontestable, elles présentent cependant cette limite de ramener tous les textes, dans la variété des mondes représentés et dans la diversité des traitements énonciatifs, au même schéma de base. Or savoir lire, si c'est bien être capable dans la diversité des écritures de reconnaître un certain nombre d'invariants – c'est même là la condition de base du savoir lire –, c'est aussi pouvoir l'associer à la singularité de l'histoire ainsi rapportée. Seul le travail sur le lexique et sur sa reconnaissance permettra au lecteur de procéder au rappel de connaissances nécessaires pour donner sens à la situation représentée et en inférer le scénario probable. Scénario qui pourra alors faire l'objet d'une mise en forme narrative, avec ou sans insertion de descriptions, avec ou non intervention du narrateur.

Or, changer de culture, comme il en va pour nos ENA, ce n'est pas seulement changer de langue, c'est aussi changer la signification des mondes représentés, engager d'autres types d'inférences. Le professeur doit donc leur apprendre : a) à élaborer le scénario à partir des mots de sens plein, de ce qui constitue le lexique central du texte ; b) à rétablir l'information implicite ; c) à confirmer les inférences ainsi établies avec les éléments de suite du texte ; d) à situer le scénario dans un schéma narratif d'ensemble (c'est à ce moment qu'il prend toute son importance) ; e) à entreprendre alors une lecture au pas à pas, en s'aidant de la syntaxe, de la morphologie, de l'orthographe, de la ponctuation, c'est-à-dire de l'ensemble des indices graphiques, pour aller dans le détail de l'information et sa représentation.

Lecture attentive, lecture accompagnée, lecture qui place le lexique au centre de ses activités. La langue est au service de l'accès au sens, mais la lecture de la sorte renforce les éléments de maîtrise de la langue.

Il existe de très nombreux logiciels d'aide à la lecture qui peuvent, dans une approche différenciée, permettre aux élèves de s'entraîner sur des points particuliers en matière de conduite de lecture. Mais on veillera, dans le choix de ces didacticiels, à retenir ceux qui dépassent le stade du simple QCM ou ceux qui procèdent par le simple recours d'un exercice à trou. Le savoir lire demande plus, surtout auprès des ENA.

6. Écrire

L'activité de production écrite de texte est certainement une des plus complexes à maîtriser, de la part de l'apprenti scripteur, comme une des plus difficiles à analyser pour le chercheur et une des plus délicates à piloter pour l'enseignant. Aucun modèle de mise en œuvre d'un processus rédactionnel, en LM comme en L2, ne peut être considéré comme pleinement satisfaisant. Enfin, pour l'enseignant, la formation des élèves dans la maîtrise de la production écrite est toujours décevante dans ses résultats. Les productions sont souvent fautives ou, à tout le moins approximatives, à tous les niveaux, y compris en LM (voir les résultats de l'*Évaluation Entrée 6ᵉ*, dans lesquels les activités de production de texte sont celles qui affichent le plus faible taux de réussite) et jusque dans les niveaux les plus avancés (en dissertation de philosophie ou de français aux épreuves du baccalauréat).

Pour ce qui est du FL2 proprement dit et des ENA, la difficulté à écrire (mais différemment distribuée selon les individus) tient à l'interaction de plusieurs facteurs :
– l'apprenant n'est pas un adulte expert dans sa langue d'origine qui pourrait transférer plus ou moins aisément en L2 les compétences rédactionnelles ainsi acquises. L'apprenant est un novice, plus ou moins complet, dans sa langue d'origine et ne peut donc que transférer une partie limitée de sa compétence rédactionnelle d'origine ;
– l'apprenant est un enfant ou un adolescent, non un adulte. À ce titre, sa compétence rédactionnelle est une compétence en cours d'acquisition, c'est-à-dire placée sous la dépendance de facteurs développementaux (la capacité, essentielle en production d'écrit, à se projeter dans le point de vue de l'autre, évolue avec l'âge de l'enfant). Il importe donc de pouvoir distinguer, dans l'ensemble des difficultés rencontrées par l'élève, ce qui relève de facteurs proprement linguistiques (écrire en L2, avec les limitations qu'impose le fait d'écrire dans une langue que l'on ne maîtrise pas très bien) et ce qui dépend de facteurs proprement développementaux ou psycholinguistiques et qui est en partage avec tous les enfants qui ont le même âge, en LM ou en L2 ;
– la capacité à écrire, si elle requiert la maîtrise des codes graphiques de base, souvent distincts de ceux en usage dans la langue d'origine

de l'élève (cas de l'élève scolarisé au départ dans un pays arabe ou dans un des pays d'Asie qui font usage d'une écriture idéographique), requiert un seuil de compétence minimum dans la L2, d'un point de vue lexical, syntaxique, discursif, pour autoriser une mise en œuvre convenable des processus rédactionnels appropriés. L'installation d'une compétence suffisante à l'oral est la condition nécessaire en L2 au passage à l'écrit (question qui se pose moins en LM dans la mesure où les élèves ont acquis, en dehors de l'école, les bases linguistiques nécessaires à la maîtrise des automatismes langagiers) ;

– par ailleurs, la production de texte, nous le verrons un peu plus loin de façon plus détaillée, s'organise à partir de la mise en œuvre simultanée d'un assez grand nombre d'opérations. C'est une conduite cognitive complexe et il n'est pas possible, nous l'avons vu pour la lecture, à un individu d'accorder à chacune des opérations la même part d'attention. Pour bien écrire, il faut pouvoir automatiser certaines opérations et l'on sait que chez le scripteur en LM, les opérations de base, celles qui concernent la mise en mots et la réalisation graphique, sont pour partie, ou pour totalité, automatisées. Or l'élève en FL2 se heurte, au moins dans les premières phases d'apprentissage (mais en va-t-il différemment avec certains élèves en LM ?) à cette nécessité de devoir accorder une part importante de son attention à ces niveaux de réalisation et donc de ne pouvoir gérer convenablement les opérations qui portent sur la réalisation du texte dans sa conception et sa cohérence d'ensemble ;

– on pourrait encore ajouter d'autres considérations liées à l'incidence du milieu social d'origine des élèves[1] dans la réussite ou l'échec des pratiques d'écrit. Dans des milieux où la relation au langage est d'abord orale, dans une approche essentiellement pragmatique (et dans laquelle le français n'a pas sa place), la transition vers un travail écrit tel qu'il est engagé à l'école (mise à distance, appel à la réflexivité, mise en suspens de l'attention accordée aux contenus et finalités de l'échange au profit de différentes sortes de calculs et d'arbitrages langagiers) peut se révéler particulièrement difficile à gérer[2]. Ce n'est pas là une question de nature de la langue, LM ou L2, mais de relation au langage. Or, dans le système éducatif français, la compétence d'écrit est une compétence essentielle, particulièrement discriminante à l'égard notamment des publics issus de milieux peu favorisés.

Comme il aisé de le constater, l'élève en FL2 doit tout à la fois acquérir les formes et les usages d'une nouvelle langue, le français,

---

1. Voir *supra* p. 15, sur les origines sociales des ENA dans les CLIN et les CLA.
2. Sur cette question, voir B. Lahire (1993).

mais en même temps découvrir les principes d'organisation de l'écriture à partir des étapes de son développement intellectuel[1]. Toutes les difficultés qui seront rencontrées ne peuvent être imputées au seul passage à une L2 comme le français. Elles sont présentes, avec la même intensité, dans la langue d'origine des élèves.

La production écrite : modèles et opérations

Le code écrit en français

L'acquisition de l'écriture par l'enfant n'a pas donné lieu à des débats théoriques aussi vifs et nombreux que ceux qui portent sur la lecture. Comme si l'écriture était un sous-produit de l'apprentissage de la lecture et qu'à ce titre tout apprentissage en lecture générait une compétence équivalente en écriture. Or rien n'est moins sûr, les deux compétences étant pour partie déliées (on peut apprendre à lire sans savoir écrire), et l'apprenti-scripteur doit résoudre des problèmes qui n'ont pas leur solution directe dans un savoir-lire correspondant.

Peut-on définir pour l'écriture des étapes dans l'acquisition correspondant aux stades identifiés en lecture (stade logographique, stade alphabétique, stade orthographique) ? Emilia Ferreiro[2] distinguait, en bonne piagétienne, trois stades principaux :
– une étape présyllabique, dans laquelle l'enfant cherche à distinguer l'écriture du dessin, selon des tracés arbitraires qui peuvent simuler l'écriture ;
– une étape syllabique, dans laquelle la lettre note une syllabe d'un mot entendu. L'enfant tente d'approcher une relation entre la forme sonore du mot et une représentation graphique ;
– une étape alphabétique. L'enfant saisit que la lettre représente un phonème de la langue et que l'ordre de l'écriture correspond à l'ordre de l'oral.

L'acquisition du principe alphabétique et du code correspondant est au cœur de la maîtrise du code écrit, acquisition qui joue un

---

1. Il ne s'agit pas de vouloir ici reprendre les perspectives strictement piagétiennes en matière de développement du langage, mais de rappeler que l'enfant est un être dont les facultés évoluent tout au long de la scolarité, au moins jusqu'à l'âge de 15/16 ans et que, dans un éclairage piagétien, plutôt négligé ces dernières années, l'acquisition des compétences linguistiques dans une L2 ne peut faire l'économie d'une telle approche, même si cela doit concourir à rendre le traitement des problèmes pédagogiques plus complexe.
2. On trouvera une bonne présentation de ces recherches, chez J.C. Rafoni (2007), pp. 109-116.

rôle d'autant plus important que cela concerne des enfants issus de cultures scolaires dont l'écriture ne relève pas du principe alphabétique ou selon des particularités qui l'éloigne de l'écriture alphabétique latine.

À ces apprentissages doit être associé tout ce qui relève de l'acquisition de la motricité fine (savoir former des lettres, savoir lier une lettre à l'autre, maîtriser la trajectoire de l'écriture). Cette capacité doit être automatisée, de manière à ce que l'apprenti scripteur atteigne assez rapidement une vitesse convenable dans l'écriture des mots et des mots dans les phrases.

Arrivé à ce stade, l'élève va devoir affronter un autre problème, et il lui faudra de très nombreuses années de pratique et d'apprentissage pour y parvenir, celui de l'orthographe. Les travaux portant sur cette question en français sont surabondants, traduisant plus une crispation d'ordre à la fois social et culturel qu'une approche qui se voudrait apaisée, et technique, d'un problème d'apprentissage qui trouve sa solution ailleurs que dans la pratique de la seule dictée.

L'élève va très rapidement découvrir que si tout l'oral est dans l'écrit, en revanche l'écrit note un certain nombre de données qui ne sont pas dans l'oral. L'écriture du français est bien une écriture fondamentalement phonographique, mais elle n'est pas que cela.

Les travaux de Nina Catach[1], sur le système graphique du français, présentent tout à la fois ce caractère de rigueur scientifique (et loin des complaisances pour tout le lot d'exceptions qui font les délices des auteurs de dictées-exploits, à commencer par celle de Prosper Mérimée) nécessaire à la connaissance des principes d'organisation de ce système et cet éclairage qui permet d'approcher l'apprentissage de l'orthographe de façon progressive et raisonnée.

Nina Catach a mis en évidence le caractère polyvalent du système écrit français. Il comprend :
– des phonogrammes, c'est-à-dire des graphèmes à fonction phonologiques ;
– des morphogrammes, c'est-à-dire des lettres à fonction grammaticale, flexions, désinences, etc.
– des logogrammes, c'est-à-dire de mots très fréquents, souvent monsyllabiques, qui distinguent des homophones : cygne/signe, cou/coup, etc.

---

1. Notamment, N. Catach, 1978 et 1980.

Les formes graphiques

L'écriture du français s'organise à partir d'un nombre très restreint de signes, 26 lettres + 6 signes marques diacritiques qui, par leur combinaison, nous donnent 36 graphèmes. Si l'élève, dans ce système, ne doit mémoriser qu'un nombre limité de signes, à la différence des élèves qui écrivent dans des systèmes d'écriture syllabique ou idéographiques, en revanche il doit apprendre et gérer une combinatoire beaucoup plus complexe de signes, aux deux niveaux d'articulation de la langue, ces unités nouvellement constituées, les mots, entrant dans des relations nouvelles par le moyen de la syntaxe.

L'écriture du français, la chose est assurée, est une écriture de type alphabétique. En cela elle se distingue des écritures à dominante sémiographique (voir J.P. Jaffré, notamment 2008) dans lesquelles la forme et la spatialité du signe font sens. Mais, il existe bien, dans l'écriture du français, comme dans les écritures de même origine, une dimension sémio-graphique qui ne peut être pleinement négligée ; l'existence des blancs graphiques, par exemple, qui imposent des démarcations entre signes, selon des logiques distinctes selon les langues. Le français isole le mot avec lequel sont fusionnés toute une série de signes morphémiques (marque du genre, du nombre, par exemple), mais on y distingue les articles alors que dans d'autres langues ils sont fusionnés avec le nom et que, dans d'autres langues, ces marques morphémiques peuvent être dissociées. On ne saurait donc négliger des données qui donnent à une écriture comme celle du français un profil visuel particulier et fait obligation pour l'apprenti scripteur de respecter cette image de l'écriture. Il suffit à cet effet de comparer l'écriture du français à celle d'autres langues, sur un texte bien connu. Nous allons prendre comme exemple celui dans lequel est présenté le fameux village de Babaorum, dans les aventures d'Astérix (fiche 6).

Fiche 6

COMPARAISON ENTRE L'ÉCRITURE DU FRANÇAIS ET CELLE D'AUTRES LANGUES

Polonais

Jest rok 50 przed narodzeniem Chrystusa. Cała Galia jest podbita przez Rzymian… Cała ? Nie! Jedna, jedyna osada, zamieszkała przez nieugiętych Galów wciąż stawia opór najeźdźcom i uprzykrza życie legionom rzymskim stacjonującym w obozach Relanium, Geranium, Delirium i Tremens…

Roumain

Suntem în anul 50 înainte de Christos. Toată Gallia a fost cucerită de romani.. Toată ? Nu! Un sat populat de gali nesupuşi, încă mai rezistă invadatorilor. Şi viaţa legionarilor romani din castrele fortificate de la Babaorum, Aquarium, Laudanum şi Parvibonum nu e deloc uşoară…

Hongrois

Krisztus előtt 50-ben járunk és a térképen egy legyőzött galliát látunk. Gyenge mint a harmat, ezért rómi gyarmat. Az egész? Nem! Tán beteg a római farkas, kibabrál vele néhány gall talpas. À közeli helyőrségekben (Lorum, Decorum, Portoricorum, Aquarium) bizony az élet nem habostorta.

Flamand

We schrijven 50 v. Kr. Gallië is helemaal bezet door de Romeinen... Helemaal? Nee! In één dorpje blijven onversaagde Galliërs zich tegen de invallers verzetten. En de legioensoldaten die gelegerd zijn in de versterkte kampen Babaorum, Aquarium, Laudanum en Petitbonum, maken ze het leven zuur.

Galicien

Estamos no ano 50 antes de Xesucristo. Toda a Galia está ocupada polos romanos... ¿Toda? ¡Non! Unha aldea poboada por irreductibles galos resiste aínda e decote ó invasor. E a vida non é doada para as gornicións de lexionarios romanos dos campamentos fortificados de Babaorum, Aquarium, Laudanum e Petitbonum...

Vietnamien

Năm 50 trước Công Nguyên. Toàn bộ xứ Gaule (tiền thân của nước Pháp · ND) bị quân La Mã chiếm đóng... Toàn bộ ư? Không đâu! Một ngôi làng với những người dân Gaulois bất khuất vẫn kháng chiến chống lại quân xâm lược. Và cuộc sống của những đội quân La Mã đồn trú trong các trại Babaorum, Aquarium, Laudanum và Petitbonum

không hề được yên...

Turc

Milattan Önce 50 yılı. Galya tamamen Romalilarin işgali altındadır... Hemen Hemen... Yenilmez galyalıların yaşadığı küçük bir köy, işgalcilere hâlâ kafa tutmaktadir. Totoryum, Akvaryum, Toplantıyum ve Laudanyum garnizonlarında görev yapan Romalı lejyonerler için hayat hiç de kolay değildir.

Les modèles de production

Différents modèles ont été élaborés pour rendre compte des conditions de genèse du texte écrit[1]. Comme tout modèle, ils sont des reconstructions *a posteriori* de conduites à partir de traces et d'observations de tâches engagées par le scripteur. Chacun des modèles prend place dans une perspective théorique particulière et ne correspond pas forcément à l'idée que le pédagogue, lui, dans la continuité de son travail de formation peut se faire de l'activité de l'élève.

Le modèle de Hayes et Flower (fiche 7) est l'un des plus régulièrement cités, très certainement parce qu'il correspond le mieux aux usages en matière d'enseignement de l'écriture. Les trois étapes iden-

---

1. Pour une présentation, voir M. Fayol, 1997, chapitre III.

tifiées, recherche des idées, mise en texte et révision, ne manquent pas de faire songer aux traditions rhétoriques les plus anciennes: recherche des idées = *inventio*, planification = *dispositio*, mise en texte = *elocutio*.

L'intérêt d'un modèle tient au fait qu'il permet de situer l'ensemble des activités dans un système de relation, de nature séquentielle, des opérations qui se succèdent dans un certain ordre et interactive, certaines opérations pouvant avoir un effet en retour sur des opérations déjà engagées.

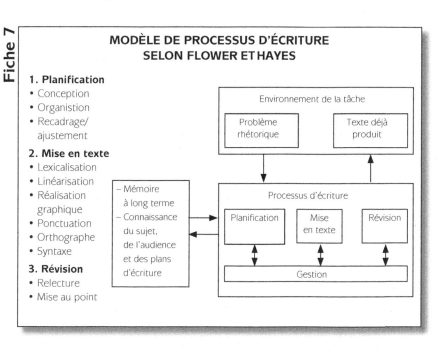

L'intérêt d'un tel modèle, au-delà des nombreuses discussions qu'il peut susciter, est de faire apparaître que le scripteur doit gérer des opérations de nature très différentes (opérations de nature pragmatique: qui s'adresse à qui, avec quelle visée? en adoptant quelle stratégie?; opérations de nature sémantique: quels contenus? quelles informations sélectionner? selon quelle perspective? opérations de nature textuelle: comment organiser le texte? comment organiser la succession des phrases, des groupes fonctionnels, des mots? comment gérer le travail de mise en mots: contraintes orthographiques, réalisation graphique; enfin opération de révision: de chacun des éléments par rapport aux différentes opérations). Et à ce titre, on peut penser que le pilotage simultané de ces différentes opérations a un coût cognitif très élevé et que l'on ne peut pas forcément accorder à chacune d'entre elles la part de contrôle attentionnel nécessaire. Il faut donc envisager le fait que le scripteur doit tout à la fois être capable d'automatiser un certain nombre d'entre elles et que, selon les moments, il aura à arbitrer entre ces différentes opérations, entre contrôle explicite et automatisation.

On sait par ailleurs que le scripteur novice, notamment l'élève jeune, rédige les informations au fur et à mesure qu'il les récupère en mémoire, ce qui correspond à une gestion au coup par coup et produit des textes qui souffrent d'un manque de perspective, insuffisamment planifiés faute de ce travail de réorganisation des connaissances. Cette particularité, commune à tous les enfants, devrait aussi se retrouver chez les ENA. Cela signifie que certaines difficultés constatées relèvent moins du fait que les élèves doivent rédiger dans une langue qu'ils maîtrisent mal, que d'un niveau de compétence lié à l'âge des élèves et qui peut se manifester, en des termes identiques, dans leur langue d'origine. On peut penser qu'une des pistes de travail possible en ce domaine consisterait, non pas à faire écrire les élèves à partir de leur répertoire propre de connaissances qu'ils auraient à chercher dans leur mémoire à long terme, mais à partir de tableaux, de listes dans lesquelles les informations seraient présentées de façon non linéaire, le travail d'écriture consistant à organiser et à linéariser ces informations. Ainsi les élèves n'ont pas à gérer simultanément niveau conceptuel et niveau linguistique, leur attention pouvant se concentrer sur cette seconde étape.

Nombreux sont les élèves qui, faute d'appui, de connaissances et de pratiques d'écriture nécessaires – ce sont elles qui permettent de construire des habitudes–, sont très rapidement débordés. On peut imaginer que les ENA dont les habitudes d'écriture en français sont très limitées, dont la maîtrise de formes de la langue est incertaine, seront plus que d'autres en difficulté. Nous y reviendrons un peu plus loin.

La question du locuteur absent

La question du locuteur en travail d'écriture mérite un traitement à part car, avec les publics scolaires, elle constitue une source majeure de difficultés, qui passe souvent inaperçue au regard de l'enseignant.

La réussite, au moins relative, des interactions à l'oral, nous l'avons vu plus haut, tient au caractère de coprésence des locuteurs. Dialoguer, c'est parvenir, à deux ou à plusieurs, à construire en commun un objet d'échange, par régulation progressive, par ajustements dans le détail de la réalisation linguistique des interventions, par des demandes de précision sur tel ou tel point d'information. Le dialogue oral est à la fois échange d'informations, négociation et régulation. Or, l'écrit s'inscrit dans une relation de nature fondamentalement différente. Philippe Hamon avait qualifié le processus d'écriture de « carrefour d'absences », absence du lecteur quand le locuteur écrit, absence du scripteur quand l'interlocuteur lit, absence du référent dans la mesure où le discours écrit est hors situation. Écrire, c'est donc élaborer différentes hypothèses, sur l'intérêt que le lecteur pourra porter à son propos (critères de reportabilité), sur les besoins d'information du lecteur (que sait-il, que ne sait-il pas sur cette question ?), sur le niveau d'intelligibilité de son propos (trop simple, le lecteur s'ennuie, trop élaboré, le lecteur est perdu).

Dans la relation orale, même lorsqu'il s'agit d'une prise de parole publique, l'interaction, c'est-à-dire la relation que le locuteur établit avec son auditoire, facilite la compréhension et permet de lever quelques malentendus, de maintenir éveillée l'attention des auditeurs, bref d'organiser une relation qui est la condition d'une bonne transmission du message. À l'écrit, cette relation, qui doit exister, prend une forme différente, plus complexe à gérer, dans une relation du sujet énonciateur à ce qu'il dit et à son interlocuteur différemment pilotée. Enfin, ajoutons que le message écrit, plus qu'à l'oral encore, fonde sa bonne transmission sur le respect d'un certain nombre de conventions d'écriture (le genre, lettre familière ou lettre administrative par exemple, l'organisation textuelle, les conventions orthographiques), sous peine de brouiller la réception du message. L'absence des locuteurs ne permet pas à ce moment-là de lever les ambiguïtés ou les incertitudes.

Enfin peut-être conviendrait-il de dire deux mots de ce locuteur qui est moins absent qu'invisible, celui de tous les textes, et ils sont fort nombreux, que doivent écrire les élèves. Nous avions évoqué plus haut, la question du locuteur générique, lecteur fantomatique des rédactions de français, d'histoire, de tous les résumés d'activités notés dans les cahiers. L'élève, habitué à l'échange oral interindividuel, est en grande difficulté devant ces écrits dont la nature incertaine du locuteur empêche d'adopter une stratégie claire en matière de communication écrite. Cette question sera reprise un peu plus loin dans la partie de l'ouvrage consacrée aux DNL.

Savoir écrire, c'est donc être capable de sortir de son point de vue propre (ce que je sais n'est pas forcément connu de mon interlocuteur et je devrai donc le mentionner explicitement dans mon texte), je devrai être capable de poser des repères situationnels objectifs (l'usage des déictiques vaut d'abord à l'oral ou dans des situations écrites à forte interactivité), être capable d'appréhender le point de vue propre de mon interlocuteur sur telle ou telle question. Et cette capacité à se projeter hors de son propre système de référence est une compétence dont l'enfant jusqu'à l'âge de 11 ans n'a pas la pleine maîtrise et qui devrait normalement être pleinement installée vers 16/17 ans environ. Tous les élèves ont à affronter cette difficulté, à commencer par tous les élèves natifs dans la langue de scolarisation, mais aussi les ENA, non parce qu'ils sont ENA, mais parce qu'ils sont enfants, pré-adolescents ou adolescents. L'interférence de facteurs à la fois d'ordre génétique (c'est-à-dire liés au développement de l'élève) et d'ordre linguistique (leur maîtrise du français est encore partielle) constitue la matière, éminemment complexe, de ce qu'est l'acquisition du savoir-écrire en FL2.

Comment dans ces conditions permettre aux ENA de surmonter cette difficulté du locuteur absent et simultanément d'automatiser les opérations qui sont la condition de la bonne réalisation graphique du texte ? Tel sera l'enjeu d'une pédagogie de l'écriture en FL2.

Produire un texte écrit en L2 : quelles particularités ?

La production d'un texte en L2 peut être envisagée selon deux grandes familles d'hypothèses[1]. On peut considérer que se met en place, à partir de la L1, une compétence rédactionnelle sous-jacente commune qui sera utilisée, quelle que soit la langue en usage. Les stratégies disponibles en L1 devraient pouvoir être réutilisées en L2, dès lors que les scripteurs atteignent un seuil de compétence en L2, condition du transfert de ces stratégies. Un vocabulaire insuffisant, une syntaxe mal maîtrisée peuvent intervenir comme autant de facteurs limitants dans les opérations de transfert.

Mais on observe aussi que certains scripteurs choisissent d'organiser leurs idées en L1 avant de les traduire en L2 avec le double risque, soit de produire des textes plus courts, comportant moins d'information, formulés en une L2 correcte, soit de s'accommoder d'une moins bonne syntaxe et d'un moins bon vocabulaire. Pour beaucoup de scripteurs, les problèmes de formulation mobilisent une attention importante aux

---

1. Pour une revue des travaux sur l'écriture en L2, auprès de scripteurs adultes, voir M-L. Barbier, 2003.

dépens des questions de planification et d'organisation textuelle. Par ailleurs, il semble que les épisodes de révision occupent une place plus importante qu'en L1, ce qui traduit l'importance des préoccupations dans ce domaine. Enfin, on observe une plus grande fragmentation des productions, pauses, interruptions, situées de façon irrégulière, liées aux opérations de contrôle des traitements lexicaux, syntaxiques et morpho-syntaxiques. Fragmentation qui traduit certainement la surcharge de la mémoire de travail. Certains travaux néanmoins mettent en évidence le fait que L1 et L2 peuvent intervenir conjointement dans l'exécution des différentes tâches. Génération d'idées, organisation peuvent être effectuées en L1, alors que la génération du texte renvoie à la L2. De même, tout ce qui relève de la sollicitation de la mémoire à long terme relève plutôt de la L1. Mais il semble bien que les tentatives de rédaction en L1, suivies de traduction en L2, soient particulièrement minoritaires.

On observera que ces travaux concernent avant tout des rédacteurs adultes, en L2, c'est-à-dire ici, pour reprendre les terminologies habituelles, en LE, des travaux d'écriture dont l'ampleur et la portée ne sont certainement pas celles qui caractérisent les travaux d'ENA dans le système scolaire français, ou à la française. Nos publics sont des publics d'élèves enfants et adolescents dont la compétence d'écriture dans leur langue d'origine ne saurait être comparable à celle d'un adulte éduqué.

Pour autant, il est possible, avec toutes les précautions d'usage, de tirer de cette revue de travaux un certain nombre de conclusions :
– écrire en L2 ne peut s'assimiler à la simple conversion, dans un code graphique différent, de compétences disponibles dans la L1. Travailler en L2 conduit à gérer différemment les opérations de planification, de mise en texte et de révision. Autrement dit, écrire en L2 n'est pas traduire de la L1 purement et simplement ;
– écrire en L2 peut être assimilé à une activité bilingue dans la mesure où les deux langues sont sollicitées dans le traitement des données ;
– écrire en L2 mobilise un contrôle attentionnel important sur les opérations de gestion du code linguistique, au détriment de la gestion des opérations de plus haut niveau, et nous retrouvons là des phénomènes observés à propos de la lecture ;
– écrire en L2, ce n'est pas seulement faire usage d'un vocabulaire et d'une syntaxe différents, c'est aussi s'inscrire dans une rhétorique particulière ;
– écrire en L2 peut avoir un effet en retour sur les compétences acquises en L1, ce qui n'est pas neutre dans les apprentissages et filières bilingues.

On mesure mieux à ce niveau la complexité du processus d'écriture qui est à la fois changement de code et appropriation d'une mise en discours différente.

Piloter l'apprentissage

Deux modes de pilotage de l'apprentissage peuvent être associés. Il faut en effet tenir compte du niveau d'entrée des élèves dans l'école, niveau qui déterminera les objectifs à ce moment de la scolarisation. Et les catégories de l'évaluation proposées dans le cadre du *Socle commun de compétences et de connaissances* (eduscol.education.fr/ soclecommun) peuvent constituer un instrument de référence utile. Les catégories du Socle se référant à la maîtrise de la langue française ne sont pas spécifiques à la seule discipline du français, mais s'appliquent à l'ensemble des usages du français dans la diversité des apprentissages. Comme on peut le constater, la compétence d'écrit est organisée en cinq sous-compétences, depuis les premières approches, sous forme de copie de texte, puis par une montée progressive en complexité, fondée sur les compétences suivantes : copier un texte sans erreur, écrire lisiblement et correctement un texte sous la dictée, rédiger un texte bref écrit dans une langue correcte (organisation des phrases, orthographe, conjugaison des verbes), rédiger un texte cohérent d'au moins trois paragraphes, adapté à son destinaire et à l'effet recherché (récit, compte rendu, lettre, description, explication, argumentation), en achevant par le résumé de texte qui implique tout à la fois la capacité à lire un texte et à le reformuler par le moyen d'une écriture abréviative. Comme pour la lecture, les niveaux du Socle donnent au professeur de FL2 les objectifs à atteindre pour les élèves admis à un niveau donné, objectifs qui sont ceux communs à l'ensemble des élèves de la classe dans laquelle est inscrit l'ENA.

Toutefois les niveaux de compétence du socle, s'ils peuvent constituer un horizon d'action pour ce qui est de l'organisation des apprentissages à un niveau donné, ne permettent pas de définir les conditions d'accès à ce niveau. Aussi faut-il prendre en compte les niveaux de réalisation et les types d'opération qui vont permettre de construire cette compétence d'écrit, ces niveaux de réalisation pouvant s'appliquer à un quelconque niveau d'entrée de l'ENA dans le système éducatif.

PRODUIRE DE L'ÉCRIT

Niveau de réalisation	Opérations	Observations	Problèmes communs à l'ensemble des élèves	Problèmes qui concernent plus particuliérement les ENA
	Prise en compte du destinataire	Le fait de devoir s'adresser à un locuteur absent et de prendre en compte le destinataire dans l'élaboration du message constitue une faiblesse constatée chez l'ensemble des apprenants, mais plus marquée encore chez les enfants et adolescents.	+	
	Implication de l'énonciateur	Deux grandes variables : implication ou distanciation de l'énonciateur par rapport à son propos.	+	
Situation énonciative et pilotage de la communication	Évaluer les besoins d'information de son lecteur	Cet aspect de la communication écrite est un des plus difficiles à maîtriser par les élèves. Nécessité de s'interroger sur ce point avant de commencer à écrire. Que présuppose-t-on sur les connaissances possibles du lecteur ? Qu'est-ce qui peut rester implicite, qu'est-ce qui demande à être explicité ?	+	
	S'interroger sur l'intérêt des informations sélectionnées par rapport au destinataire	Question que souvent les élèves ont du mal à gérer convenablement. Très souvent, les élèves s'en tiennent à une pratique de cumul de toutes les informations présentes en mémoire de travail. L'écrit ne doit pas forcément faire état des connaissances du rédacteur. Un travail sur la matière du texte et sur sa mise en ordre est souvent nécessaire.	+	
	Maintenir la relation avec le lecteur, tenir son attention éveillée	Même si le lecteur est physiquement absent au moment de la production du texte, la nécessité s'impose au rédacteur de gérer l'interaction avec son interlocuteur, si limitée que soit cette relation. S'interroger dans certains cas sur le choix d'une relation établie sur le mode familier ou sur le mode distant.	+	

PRODUIRE DE L'ÉCRIT

Niveau de réalisation	Opérations	Observations	Problèmes communs à l'ensemble des élèves	Problèmes qui concernent plus particuliérement les ENA
	Poser des repères internes propres au texte	Le texte écrit peut s'inscrire dans une situation d'énonciation partagée avec le lecteur (messages écrits entre co-énonciateurs). Mais dans un très grand nombre de cas, le texte écrit s'inscrit dans une situation non actualisée, ce qui place le rédacteur dans l'obligation de poser des repères qui fondent l'origine de l'action (références temporelles, spatiales, actancielles). De nombreux élèves, y compris les francophones natifs, sont souvent en difficulté pour comprendre la nécessité de poser de tels repères.	+	
	Faciliter le travail de compréhension du lecteur	Il importe d'établir un niveau d'intelligibilité du texte adapté aux connaissances présupposées du lecteur. Lecteur familier du domaine ou au contraire ignorant de la question.	+	
	Sélectionner le niveau de formulation approprié au destinataire	Selon que l'on s'adresse à un lecteur savant (c'est-à-dire connaissant la problématique du domaine) ou à un lecteur sans connaissances particulières, on utilisera un vocabulaire différent.	+	
Élaboration du thème	Rassembler les connaissances relatives au domaine concerné	Très souvent les élèves rassemblent les connaissances au fur et à mesure qu'ils les retrouvent en mémoire, produisant un texte qui prend la forme d'une liste de données plus que d'une...	+	
	Mettre les connaissances en perspective selon la visée du texte	... nécessité de mettre les connaissances en forme de telle manière qu'elles se situent dans la perspective du lecteur.	+	

PRODUIRE DE L'ÉCRIT

Niveau de réalisation	Opérations	Observations	Problèmes communs à l'ensemble des élèves	Problèmes qui concernent plus particuliérement les ENA
	Rechercher/ rassembler le vocabulaire correspondant (mots-clés)	Le fait de disposer d'un répertoire lexical suffisamment développé (au moins par rapport au niveau de scolarisation retenu) est pour l'ENA la condition première, nécessaire, de bonne réalisation d'un texte. C'est autour de cette structure lexicale de référence que pourra s'organiser tout à la fois le travail de mise en texte et de prise en charge énonciative.	+	+
	Rédiger une première série de notes écrites	Étape qui précède la rédaction du texte, et que les élèves, le plus souvent, ont tendance à sauter.	+	+
	Sélectionner le genre de texte approprié	La question du choix du genre est en fait rarement laissée à l'initiative de l'élève et ne se pose guère dans les premières étapes de l'apprentissage. Mais on peut se poser la question de savoir s'il s'agit de rapporter un événement, de le décrire, d'en expliquer les origines et de donner un point de vue sur les origines de cet événement.	+	
Mise en texte	Connaître les caractéristiques formelles du genre	La narration, la description, l'explication, l'argumentation, catégories fréquemment en usage dans les programmes, ne sont pas des genres. Ce sont des modes généraux de traitement de l'information qui prendront place à l'intérieur de genres selon des équilibres propres. Le guide touristique et la notice de montage sont des genres dans lesquels la description occupe des places différentes sur des finalités variées.	+	

PRODUIRE DE L'ÉCRIT

Niveau de réalisation	Opérations	Observations	Problèmes communs à l'ensemble des élèves	Problèmes qui concernent plus particuliérement les ENA
	S'assurer du maintien de la chaîne de référence	Aspect de la compétence qui est source de difficulté pour les élèves jusqu'à la fin de l'école élémentaire, qui appelle par ailleurs pour les ENA une bonne maîtrise des pronoms et la disposition d'un minimum de ressources lexicales pour l'usage des reprises nominales.	+	
	Être capable d'apporter tout au long du texte des informations nouvelles et pouvoir les mettre en relation avec les informations déjà énoncées	C'est retrouver ici la problématique de ce que l'on peut appeler la dynamique de l'information dans la phrase. Toute phrase doit apporter des informations nouvelles, sinon elle serait strictement redondante par rapport à la précédente, mais en même temps faire référence à des informations déjà énoncées, pour assurer la continuité sémantique du texte. Cet apprentissage est difficile à formaliser, mais on peut attirer l'attention des élèves sur ce point, dans un repérage dans la phrase d'une alternance nouveau/connu.	+	
	Organiser le texte en paragraphes	Le découpage d'un texte en paragraphe relève plus de l'expérience du rédacteur au contact de modèles de référence, des remarques de l'enseignant que d'un enseignement explicite. Il importe cependant de sensibiliser les élèves, qui peuvent former des textes rédigés en blocs très longs, d'effectuer une découpe qui signalera au lecteur que l'on passe à un autre point.	+	

PRODUIRE DE L'ÉCRIT

Niveau de réalisation	Opérations	Observations	Problèmes communs à l'ensemble des élèves	Problèmes qui concernent plus particuliérement les ENA
	Répartir l'information en phrases distinctes	La répartition de l'information en phrases distinctes constitue une compétence qu'il est difficile de formaliser dans la mesure où elle renvoie pour partie à l'intuition du rédacteur. Mais elle peut être envisagée dans la perspective du lecteur et en tenant compte d'un certain confort de réception du texte.	+	
	Faire usage de la ponctuation	La ponctuation sert à répartir l'information en blocs de façon à en faciliter le traitement par le lecteur. Apprentissage progressif, complexe, qui s'articule par rapport à celui de la syntaxe de la phrase.	+	+
	Respecter l'ordre des mots dans le groupe fonctionnel et dans la phrase	L'ordre des mots dans la phrase, nous l'avons déjà signalé varie d'une langue à l'autre. L'ordre SVO en français prédomine sans être exclusif. L'ordre des mots à l'intérieur du groupe fonctionnel (adjectifs épithètes et nom) n'obéit pas à des règles parfaitement explicitées ou explicitables à un niveau donné. Importance des activités d'imprégnation.	+	+
Mise en mot	Organiser et accorder les mots à l'intérieur des groupes fonctionnels	Le français est une langue à morphologie redondante. Quand un groupe est au pluriel ou au féminin, tous les éléments du groupe doivent porter les marques du pluriel ou du féminin. Dans certaines langues, une telle obligation n'existe pas. Nécessité de rappeler la chose aux élèves et de signaler que cette redondance constitue un élément facilitateur d'identification visuelle des groupes dans la phrase.	+	+

Écrire 113

PRODUIRE DE L'ÉCRIT

Niveau de réalisation	Opérations	Observations	Problèmes communs à l'ensemble des élèves	Problèmes qui concernent plus particuliérement les ENA
	Accorder les groupes fonctionnels entre eux	L'accord entre le GS et le verbe est assez aisé à gérer, mais la relation du complément au verbe est souvent plus délicate à organiser, le complément peut faire partie du groupe verbal, dans d'autre cas d'un groupe circonstanciel, selon des procédures d'articulation relevant de solutions syntaxiques très variées.	+	+
	Respecter les contraintes orthographiques	En travail de lecture, les élèves ont commencé à être sensibilisés au profil orthographique du français. Les probabilités d'apparition d'une suite de lettres ne sont pas identiques d'une langue à l'autre. Le travail d'écriture sera l'occasion de reprendre cette dimension de l'apprentissage. Rappeler en même temps que le respect de l'orthographe facilite l'identification visuelle des mots, de même que l'usage des « morphogrammes » facilite, pour le lecteur, les regroupements de mots à l'intérieur de groupes de sens (groupe nominal par exemple).	+	+
	Respecter la segmentation en mots conformément aux normes du français	La segmentation des mots varie considérablement d'une langue à l'autre. Certaines marques morphologiques peuvent être fusionnées, juxtaposées au mot, omises (le pronom personnel sujet par exemple) ou au contraire dissociées. Un morphème de genre ou de nombre peut être dans certaines langues dissocié du mot auquel il se rapporte. Les usages et règles propres au français peuvent être revus à cette occasion.	+	+

PRODUIRE DE L'ÉCRIT				
Niveau de réalisation	Opérations	Observations	Problèmes communs à l'ensemble des élèves	Problèmes qui concernent plus particuliérement les ENA
	Former les lettres et les relier entre elles	Capacité qui relève de la motricité fine et demande à être entraînée régulièrement, si l'on veut que les élèves, notamment ceux venant d'autres systèmes d'écriture, ne soient pas obligés de concentrer leur attention à l'excès sur la formation et l'enchaînement des lettres.	+	+
	Écrire à un rythme normal, correspondant au niveau de la classe d'inscription	L'acquisition d'une vitesse convenable d'écriture fait aussi partie des objectifs à atteindre dans la mesure où les apprentissages, notamment dans les DNL, sont organisés de telle manière que tous les élèves sont supposés pouvoir recopier un texte écrit au tableau ou prendre quelques notes dans le cahier à un rythme suffisamment rapide.	+	+
Révision	Vérifier l'orientation générale du texte par rapport au projet initial Vérifier la correction des formes syntaxiques, morphologiques, orthographiques	Les élèves se livrent rarement à des opérations de révision de façon spontanée, opérations qui généralement sont dotées d'un faible pouvoir d'efficacité. Elles sont attestées de façon plus évidente chez des rédacteurs experts. On peut estimer que les ENA, en situation de plus grande approximation linguistique, auront du mal à exploiter au mieux cette phase de contrôle.	+	+

Ce tableau détaille les différentes opérations qui interviennent dans un processus de production de texte[1]. Cette présentation, séquentielle, qui va des opérations de plus haut niveau de conception du texte aux opérations portant sur la maîtrise du détail de la réalisation linguistique et graphique, ne doit pas masquer le fait que, dans la réalité de sa mise en œuvre, le processus rédactionnel est de nature

---

1. Il ne s'agira pas pour l'enseignant de vouloir intervenir sur chacune des opérations ainsi identifiées. Selon ses publics, selon les difficultés perçues chez les élèves, l'enseignant pourra reprendre tel ou tel point signalé ici.

largement interactive, c'est-à-dire que les différentes opérations n'interviennent pas successivement, mais simultanément, selon des procédures d'arbitrage qui peuvent varier d'un rédacteur à l'autre, mais à l'intérieur même de l'épisode de rédaction, selon les passages du texte sur lesquels on travaille.

Cette présentation permet simplement de définir des formes et des niveaux d'intervention pédagogique que l'enseignant, selon son public, selon les profils d'élèves et de compétence initiale, distribuera différemment dans le parcours d'apprentissage proposé. À chacun des niveaux ainsi identifiés, il est possible de faire correspondre des activités de sensibilisation, puis d'entraînement qui devraient permettre aux élèves d'acquérir les automatismes indispensables à la production écrite d'un texte convenablement formé.

Cela étant, on doit noter que l'ENA aura à affronter et à résoudre tous les problèmes que pose la mise en écriture d'un texte auprès d'un francophone natif. En revanche, et faute d'une expérience suffisante du français, il aura à accorder une attention plus grande à ce qui relève plus particulièrement de la mise en mot et de la réalisation graphique, avec le risque de ne pouvoir accorder la même attention aux opérations qui portent sur le projet d'écriture et le pilotage du texte dans son avancée et dans sa cohérence. Aussi conviendra-t-il, en sus des autres niveaux de réalisation qui devront eux aussi faire l'objet d'un traitement pédagogique spécifique, d'accorder une attention plus particulière à tout ce qui relève du détail de la réalisation linguistique.

Aspects pédagogiques

Comme nous l'avons déjà noté à plusieurs reprises, une pédagogie du français approché comme langue seconde part du principe que les élèves, à la différence des élèves francophones natifs ne disposent que d'une connaissance approximative du français, ne sont capables d'en automatiser que partiellement l'usage et ne sont jamais parfaitement assurés que les choix qu'ils opèrent en matière de forme retenue sont pertinents. Aussi les ENA ont-ils besoin d'une aide plus importante qui leur permettra de soulager à un moment leur mémoire de travail, de pouvoir concentrer leur attention sur une opération particulière pour en acquérir progressivement la maîtrise. En même temps, il convient de respecter une certaine progression dans l'approche des difficultés, progression qui tiendra tout à la fois compte des compétences de départ des élèves et de la nature même des opérations à gérer.

L'écrit avant l'écrit

Quand l'élève ne sait pas encore écrire, ou qu'il ne connaît pas encore le système d'écriture du français, la dictée à l'adulte sera l'exercice qui va aider l'élève, sans avoir à gérer des compétences graphiques (formation des lettres, gestion des choix orthographiques), à consacrer son attention à l'écrit dans ses aspects les plus généraux. Le maître est le scribe de la classe, mais non pas un scribe passif qui enregistre tout ce qu'on lui dit, mais un scribe qui intervient pour refuser certaines formulations qui ne correspondent pas à la logique de l'écrit (dans l'ordre des mots par exemple). L'élève produit un texte oralement, en veillant à respecter un certain nombre de contraintes syntaxiques, à dicter en étant attentif à ralentir son débit pour que le scribe puisse prendre note convenablement.

Cette dictée peut trouver son origine dans un récit en images qui va d'abord être oralisé, puis écrit au tableau. À cet effet le maître peut soit écrire au feutre sur un tableau blanc, soit écrire sur ordinateur avec vidéoprojecteur. Le texte est projeté au fur et à mesure qu'il est écrit et qu'il est corrigé dans le détail de la succession des mots. Le texte pourra alors faire l'objet d'un travail de mise en forme approprié (paragraphes, notation des parties dialoguées, etc.).

Le maître relit le texte ainsi produit et commente avec les élèves les choix effectués, pour opérer des modifications ou apporter des ajouts à certains endroits.

Activités préparatoires à l'écriture cursive

Avant que l'automatisation ne soit assurée, il faut que l'élève satisfasse à l'exigence de qualité graphique (les lettres doivent pouvoir être reconnues visuellement par le lecteur) et fasse preuve d'aisance dans la réalisation des lettres. Les trois domaines majeurs d'intervention sont la forme de la lettre, la liaison des lettres entre elles et la trajectoire de l'écriture par l'enchaînement des mots, par la pratique de nombreux exercices graphiques. (Graphismes, enroulements, disposition des mots de gauche à droite et des lignes de haut en bas de la page.)

L'usage du clavier, avec le traitement de texte, permet de soulager certaines opérations liées à la formation des lettres et de permettre à l'attention de se concentrer plus aisément sur la question de succession des lettres et des mots.

Le fonctionnement du code écrit

On pourra écrire son prénom, copier des mots, faire une dictée de mots appris, étudier les différentes graphies d'un même phonème, copier des mots, des listes, des phrases, réaliser des dictées de phrases simples avec modifications grammaticales simples.

Découper les mots, découper le texte

On peut proposer une scripta continua et demander aux élèves de segmenter les suites de lettres en mots. On peut découper un texte sans paragraphe en paragraphes distincts, remplacer des paragraphes sans titre par des paragraphes avec titres.

Copier un texte

Copier un texte lu, copier un texte sous dictée, à l'ordinateur, manuellement.

Élaborer un texte

En respectant des niveaux de difficultés dans la tâche, depuis des interventions ponctuelles, jusqu'à l'élaboration quasi complète d'un texte :
– à partir d'un texte à trous ;
– à partir d'un texte puzzle ;
– à partir d'un canevas ;
– à partir d'un récit en images.

Il s'agira ici d'apprendre à transcrire pour restituer en travaillant sur l'opposition oral/écrit. Transcrire, c'est-à-dire non pas élaborer de toutes pièces une histoire à écrire, mais partir d'une histoire présentée oralement, dans la tradition des contes racontés autrefois à la veillée ou dans les foires et marchés par des bateleurs variés (chantefables ou récits extraordinaires présentés sur de grands tableaux illustrés que l'on déroulait devant le public et que le conteur commentait).

Dans sa logique fondamentale, l'activité consiste tout d'abord à exploiter oralement en classe une de ces histoires présentée en image, à en verbaliser les contenus, à la commenter, face aux autres auditeurs que sont les élèves, puis dans une seconde étape à la transcrire à destination de lecteurs qui, n'étant pas là, devront disposer d'informations complémentaires, d'éléments d'élucidation pour éviter tout malentendu ou toute ambiguïté dans la réception du texte.

On sait en effet que, jusqu'au seuil de l'adolescence, les élèves éprouvent souvent la plus grande difficulté pour sortir de leur point de vue propre, estimant de la sorte que tout ce qu'ils connaissent est connu de l'autre et qu'à ce titre il n'est nullement besoin d'expliciter un certain nombre de détails (souvent essentiels) qui leur paraissent bien connus. D'où de nombreuses discontinuités dans le récit, des ruptures thématiques, des changements de points de vue inopinés qui, dans une relation en face à face, passent sans trop de difficultés grâce au questionnement catégoriel de l'interlocuteur, mais qui à l'écrit, faute de ce retour possible, sont source de confusion.

✓ Présentation orale

Trois groupes d'élèves:
– 1 groupe chargé de la présentation orale. Lecture de la bande dessinée, travail sur le vocabulaire (nommer les personnages, les verbes d'action, les liens logiques pour expliquer l'enchaînement des actions, situer les actions dans le temps et dans l'espace). Ce groupe pourra aussi s'interroger sur la nécessité, pour rendre le récit attrayant, de dramatiser certains passages, d'interpeller son public, d'appeler son attention sur certains points, d'anticiper, de récapituler, par le moyen d'intonations variées, de pauses judicieusement distribuées, etc., bref de faire tout ce qui rend une présentation orale d'un récit agréable à écouter;
– 1 groupe d'écoute chargé, s'il ne comprend pas certains points, de demander des précisions, des explicitations;
– 1 groupe chargé de prendre des notes, sur les points qui semblent importants, en vue de préparer une transcription.

✓ Transcription

Avant d'écrire, on repère, grâce aux notes prises par le groupe précédent, les zones qui peuvent présenter une difficulté pour un lecteur. On va se poser la question:
– de ce que peut savoir le lecteur et qu'il n'est peut-être pas nécessaire de pleinement expliciter;
– de ce que ne sait pas forcément le lecteur et qu'il est nécessaire d'expliciter (sur la situation de l'endroit, sur les personnages, etc.);
– des repères spatio-temporels à installer dans le texte, ce dernier n'étant pas forcément lu au moment où il est écrit;
– du rendu de ce qui pouvait relever d'un travail d'expressivité porté par le groupe précédent (suspense, dramatisation, etc.). Comment préserver cette dimension, cette relation au lecteur?
– comment maintenir éveillée de bout en bout l'attention du lecteur?
– comment veiller à convenablement assurer la continuité thématique du texte?
– de la nécessité de veiller au respect d'un certain nombre de conventions qui préservent la lisibilité du texte (respect du fameux schéma narratif, etc.).

L'histoire va donc être reprise, transcrite par rapport à un lecteur potentiel absent. On va tenter en quelque sorte d'anticiper sur ses besoins d'information.

Variations structurelles

– L'amplification. Travailler avec les élèves sur la prolifération descriptive, descriptions qui paralysent l'avancée du récit, par la multiplication des détails, à partir de listes lexicales.
Détailler un épisode en détaillant chacun des moments de l'action.
– La réduction. Parvenir à un récit sec, minimaliste, en abolissant progressivement les détails descriptifs, en condensant le détail des épisodes.
– La prolongation. Grand classique des exercices d'écriture. À partir d'un segment inducteur quelles suites possibles sont compatibles avec la logique d'action ainsi entamée ?
– L'ellipse. Partir d'un épisode détaillé et sauter certains moments essentiels de l'action. Réécrire les passages ultérieurs pour permettre au lecteur de reconstituer l'épisode manquant, par exemple à partir d'un texte autobiographique, d'un épisode d'un petit récit policier.

Le brouillon

Les enseignants ont toujours voulu que les élèves, avant de rédiger leur texte dans sa forme définitive, fassent usage du brouillon, c'est-à-dire produisent une sorte de pré-texte considéré comme une étape intermédiaire entre le rappel des connaissances et la mise en écriture proprement dite du texte. Trop souvent les enseignants déplorent, et cela jusqu'au niveau du baccalauréat, que les élèves ne fassent qu'un usage fort limité de cet outil ou que, lorsqu'ils en font usage, la différence de forme entre le brouillon et le texte définitif soit quasi inexistante, une activité de copie plus que de réorganisation des données. Sur ce point, il conviendra certainement de distinguer les pratiques en usage en LM[1] et celles qui peuvent se révéler bénéfiques auprès d'ENA. Ces derniers, nous le savons, ont à résoudre, avec un supplément de ressource attentionnelle à engager, la mise en texte proprement dite. Il semble peu vraisemblable qu'ils puissent s'engager dans une écriture quasi directe de leur texte, à la fois parce que la récupération des données en mémoire et leur lexicalisation en français requièrent une attention particulièrement importante et que le travail de réalisation graphique est source de nombreuses interrogations. Il semble que le brouillon puisse revêtir deux formes, et deux fonctions, la première portant sur les éléments de contenus qui vont constituer la matière du

---

1. Voir M. Alcorta, 2001. L'auteur de cette étude distingue en effet deux types de brouillon, le brouillon linéaire qui offre peu de différences avec le texte final et le brouillon instrumental qui perd cet aspect linéaire au profit d'une présentation plus ouverte dans l'espace (regroupements de mots, fléchages variés, etc., graphique, listes de mots)..

texte, la seconde consistant en une première conversion de ces données en un texte continu, avec vérification de la pertinence du texte, tout à la fois dans sa cohérence et dans sa cohésion formelle. L'élève aura donc le sentiment que la réalisation d'un produit fini qui serait le moins imparfait possible, ce qui peut être source d'inquiétude pour un ENA, importe moins que la possibilité ainsi offerte de s'entraîner, de tâtonner, selon des modes appropriés à chacun.

L'outil informatique peut, selon des voies diverses, favoriser ce travail de mise en forme progressive du texte, en gardant en mémoire différentes étapes de rédaction, le professeur pouvant intervenir lui-même sur le texte proposé et signaler, par la fonction « Commentaires » ou par une couleur différente dans la police des caractères, la nature de ses interventions.

Pour conclure

Le savoir écrire chez les élèves nous est mieux connu aujourd'hui et les composantes de la compétence sont mieux identifiées. Pour autant leur traduction en activités pédagogiques est loin d'aller de soi sachant que le temps d'enseignement est un temps compté et que l'élève n'est pas un didacticien au petit pied qui transposera avec toute l'application nécessaire les outils de savoir mis à jour par les chercheurs. En même temps, on ne peut pas faire comme si toutes ces choses étaient ignorées et s'en remettre aux habitudes, aux modes d'intervention pédagogique validés par la tradition et les habitudes. Le savoir écrire est une activité multifactorielle qui, pour l'essentiel, est gérée intuitivement par l'apprenti scripteur. Toutefois, des mises au point se révèlent indispensables, des interventions ponctuelles sont souvent nécessaires, de même que des cadrages plus larges. Ce qui explique pourquoi l'enseignant doit connaître l'ensemble des facteurs intervenant dans la mise en œuvre de la compétence de façon à pouvoir arbitrer entre un apprentissage à certains moments guidé, de nature réflexive, et des pratiques organisées de telle manière qu'elles favorisent un travail d'imprégnation et d'intériorisation chez l'élève. L'enseignant dans sa classe aura toujours le dernier mot.

Enfin, si pour les commodités de la présentation, nous avons dissocié les savoir-faire en compétences distinctes, on se rend compte que le savoir écrire est indissolublement lié aux activités d'oral, de lecture et de maîtrise de la langue. Une approche par compétences dissociées à l'école n'aurait pas grand sens.

7. Apprentissage
et maîtrise de la langue

Les façons qu'a un individu d'apprendre une langue sont nombreuses, depuis les apprentissages naturels en situation d'usage, par le jeu des interactions et des tâtonnements, des ajustements progressifs, sur la base de modes opératoires non réfléchis, jusqu'aux apprentissages guidés fondés sur des formes d'exposition à la langue-cible, et à leur exploitation, qui s'inscrivent dans des orientations méthodologiques extrêmement variées[1]. Les envisager toutes ici nous écarterait du propos de l'ouvrage qui est d'éclairer le choix des possibles dans un répertoire donné de solutions. Selon les publics, selon les époques, selon les usages façonnés par les cultures éducatives, selon les théories de référence, les modes d'intervention pédagogique pourront revêtir des formes particulières. Nous voudrions ici envisager celles qui ont leur place dans ce type d'apprentissage.

Les objectifs

Rappelons ce que peuvent être les objectifs, du point de vue de la maîtrise de la langue, d'activités d'apprentissage appropriées :
– si l'on exclut un apprentissage qui serait fondé sur un usage explicite de la grammaire dans le cadre d'une démarche de traduction, le premier objectif à atteindre est de donner à l'élève le moyen de produire des phrases correctes[2] ;
– produire des phrases correctes suppose que l'apprenant ait intériorisé les règles de base de formation de ces phrases (et du lexique qui va avec) de façon à ce qu'il acquière d'abord une intuition linguistique qui lui permettra de porter des jugements d'acceptabilité sur les phrases produites. Et qu'il soit de la sorte capable de produire des

---

1. Nous renvoyons ici à l'ouvrage, toujours d'actualité, d'H. Besse, 1984.
2. Ce qui doit être distingué de la capacité à produire des énoncés appropriés à l'enjeu de la communication dans un espace de relation donné. L'un n'est pas le garant de l'autre. Mais réciproquement, une communication fondée sur l'usage récurrent de phrases incorrectes sera très rapidement peu aisée à suivre, notamment si cet échange porte sur des points qui méritent une explicitation claire, et finalement n'atteindra pas les objectifs visés dans cet échange.

phrases qu'il n'aurait jamais entendues par la mise en application des règles ainsi acquises ;

– respecter les règles, respecter la norme, quelle différence ? Une règle, par principe, ne souffre pas d'aménagements particuliers. Un adjectif de couleur en fonction d'épithète est toujours postposé « une veste marron » et non « une marron veste ». De même s'agissant de l'ordre des mots dans la phrase suivante : « *Il n'a pas pu le lui dire* » et non « *Il n'a pas pu le dire lui* ». Ce sont là des règles, dont l'explicitation n'est pas toujours aisée à entreprendre et que les francophones natifs ont appris à maîtriser par l'usage. Mais l'application de la règle s'impose. La norme relève en revanche de choix qui respectent les règles de la langue mais dans des réalisations langagières qui sont en écart par rapport aux normes du français standard ou du français élaboré : « *Complètement fêlé, le mec !* » est en écart (mais la chose demanderait à être vérifiée par rapport à la situation d'énonciation. Si je suis au volant de ma voiture et qu'un autre conducteur me double dans des conditions approximatives, voire dangereuses, j'aurais beau appartenir à l'Académie française, un tel énoncé n'aura rien d'illégitime) par rapport à l'énoncé de base : « *Ce mec est complètement fêlé* », le dispositif d'extraction groupe adjectival est parfaitement régulier et cette phrase, avec élision du verbe, du point de vue grammatical peut être considérée comme correcte[1] ;

---

1. Cette distinction norme/règle est essentielle pour rendre compte d'une autre population d'élèves qui fait usage de ce que l'on appelle le «langage des cités» et qui, à l'école comme au collège, pose de nombreux problèmes aux professeurs, le professeur de français se sentant plus d'autres directement atteint. Aussi, devant les écarts aussi importants que l'on peut noter entre le français standard de l'école et le français des élèves, certains enseignants en viennent à demander que l'on apprenne à ces élèves le français comme langue seconde. Il y a là une erreur d'appréciation complète. L'ENA doit découvrir le français comme langue qui lui est étrangère dans la totalité de ses aspects. L'élève scolarisé dans ces zones difficiles, longtemps appelées ZEP, a appris le français par l'usage, en étant régulièrement exposé à des échantillons de langue qui certes sont en écart par rapport à la norme, mais qui sont acceptables du point de vue de la mise en application. Le pronom personnel sujet est toujours antéposé au verbe, par exemple, alors que cette règle ne va nullement de soi pour un ENA qui peut considérer ce pronom comme inutile, il l'élude ou bien le considère comme affixé au verbe par des voies qui seraient celles de sa langue d'origine. Apprendre le français comme L2 aux élèves de ZEP de ce point de vue n'a aucun sens. En revanche, il faut organiser un apprentissage à partir de paraphrases, de reformulations pour habituer les élèves à faire jouer de façon plus délibérée la combinatoire de la langue, à explorer les potentialités d'un système qui trop souvent reste confiné dans des pratiques à amplitude limitée.Cette pédagogie de la reformulation sera associée à des variations dans l'espace des relations et dans le répertoire des locuteurs, de façon à faire circuler les élèves sur le continuum discursif selon les interlocuteurs, les enjeux de l'échange. Et dans la prise en compte du point de vue de ces élèves sur les événements, objets de pensée soumis à leur appréciation. Cette pédagogie est encore à inventer.

– l'élève doit pouvoir très rapidement acquérir les automatismes langagiers nécessaires pour ne pas avoir à réfléchir constamment à ses choix, réflexion qui a pour effet le plus évident de rompre la continuité de la phrase et, de façon plus générale, du discours. Les conditions d'acquisition des automatismes langagiers sont liées à un usage régulier des formes de la langue et à des possibilités de correction, soit engagées par l'apprenant lui-même (autocorrection), soit par l'intervention du professeur qui signale, fait reprendre, reformuler, sans se limiter à la répétition stricte. Mais il faudra réfléchir aussi à la place de la systématisation des formes. Il ne suffit pas en effet d'en avoir saisi le sens de l'organisation, il faut aussi en mémoriser l'usage. La procédure de l'exercice, nous y reviendrons plus loin, pouvant servir à cet effet ;

– être capable, au bout d'un certain temps, et quand les élèves disposent d'un bagage linguistique et lexical, de se mettre à distance de ses propres pratiques pour commencer à les analyser, par des procédures de nature épilinguistique d'abord, métalinguistique par la suite.

On sait par ailleurs combien la grammaire, comme domaine propre à l'enseignement du français, occupe dans la tradition pédagogique française une place importante et que maîtrise de la langue – au sens de capacité à faire un usage spontané convenable de la langue – et connaissance grammaticale ne sauraient se confondre. L'ENA devra être capable, dans un premier temps, de maîtriser la langue dans la diversité de ses usages, puis en classe de français, mais cette fois-ci s'agissant du français enseigné comme LM, d'acquérir les connaissances grammaticales considérées comme nécessaires à la maîtrise du français dans sa variété élaborée. Aussi ne pourra-t-on s'en tenir à une simple activité de systématisation au service de l'expression, mais à la référence à des descriptions grammaticales destinées à éclairer les usages et à leur donner sens.

Les grammaires dans l'apprentissage

Nous avions déjà signalé, dans un précédent ouvrage (Vigner, 2003) combien il fallait être attentif à l'usage du mot *grammaire* tant sa polysémie est grande. Il entre en combinaison avec différents lexèmes pour désigner :

– un champ d'application : grammaire du discours, grammaire de l'énonciation, grammaire du texte, grammaire de la phrase ;
– une théorie de référence : grammaire traditionnelle, grammaire structurale, grammaire notionnelle, etc.

– un mode d'appropriation, celui que nous allons examiner : grammaire intériorisée, grammaire implicite, grammaire explicite ;
– une finalité : grammaire descriptive, grammaire d'apprentissage ;
– un mode d'insertion : grammaire en phase de découverte, grammaire en phase de consolidation, grammaire en phase de perfectionnement.

On peut dans ces conditions comprendre combien la référence au mot *grammaire* peut engendrer de malentendus, sachant que dans toutes les significations ainsi, et très rapidement, listées sont associées celles liées à l'appréhension et à la mise en œuvre de régularités, d'invariants, se rapportant au code de la langue. Vieux rêve des pédagogues, depuis les temps les plus anciens, que celui de mettre en évidence auprès des apprenants des règles qui, en nombre limité, permettraient de produire un nombre infini de phrases correctes. À ceci près cependant, que la capacité des spécialistes (grammairiens, linguistes) à mettre à jour ces règles est loin de pouvoir rendre compte de l'ensemble des processus de production de phrases correctes, dans une langue donnée. Le pédagogue, nous y reviendrons, doit se satisfaire de cette incomplétude et accepter que l'élève n'apprendra certainement pas la grammaire du français par les seuls moyens d'un enseignement explicite des règles. Mais alors comment s'y prend-il ?

L'encadré ci-après synthétise les trois grands modes d'appropriation que la tradition de l'enseignement des langues a mis en œuvre, selon les époques, selon les publics, selon les sensibilités pédagogiques du moment. La maîtrise de la langue peut s'opérer de trois façons différentes :
– par intériorisation des règles de la langue, dans le cadre d'interactions qui permettent la mise en œuvre des formes correspondantes ;
– par travail de systématisation, c'est-à-dire de mémorisation des formes dans leur usage en vue de créer les automatismes langagiers nécessaires à un usage spontané pertinent de la langue ; systématisation qui apparemment fait l'économie d'un traitement réflexif sur la langue puisque les exercices (exercices structuraux pour l'essentiel) se fondent sur des reprises, des transformations, des variations de forme, plus ou moins contextualisées (voir *infra* p. 139). Pour autant, il conviendrait de se poser la question de savoir si la création d'automatismes trouve son origine dans ce travail de systématisation ou si elle est plutôt liée à l'intériorisation des formes à partir d'expositions variées à la langue et à des situations d'usage diversifiées ;
– par explicitation d'un certain nombre de règles de fonctionnement, explicitations fondées sur un certain nombre de descriptions gramma-

ticales. Expliciter, c'est proposer une hypothèse explicative quant à la façon dont une langue organise par exemple la succession des mots dans une phrase, le regroupement des mots et proposer une dénomination stable quant aux catégories utilisées pour rendre compte des éléments et propriétés de la langue.

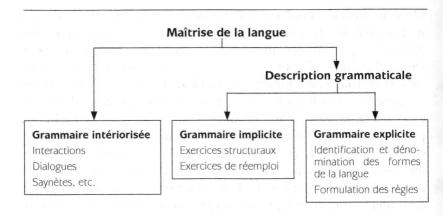

Maîtrise de la langue

Description grammaticale

Grammaire intériorisée	**Grammaire implicite**	**Grammaire explicite**
Interactions	Exercices structuraux	Identification et dénomination des formes de la langue
Dialogues	Exercices de réemploi	
Saynètes, etc.		Formulation des règles

Se rapporter à la notion de « description grammaticale » veut dire que les catégories en usage pour décrire la langue ne résultent pas de la lecture des propriétés qui, en quelque sorte, seraient inscrites dans la substance même de la langue, mais d'une tradition grammaticale qui peut changer, selon les époques, selon les écoles grammaticales et linguistiques.

Ce qui signifie que ces catégories ne sont pas universelles et que, d'un pays à l'autre, d'une langue à l'autre, d'autres modes de description et d'explicitation peuvent exister. La proposition relative, le passé simple, l'article partitif ne sont pas des catégories universelles et cela d'autant moins que leur existence n'est pas attestée dans toutes les langues. L'enseignement du français comme LM est fondé sur une très longue tradition grammaticalisante, mais selon des modes d'approche très variés. La grammaire de l'école primaire a pendant longtemps servi à l'acquisition de l'orthographe[1] et celle de l'enseignement secondaire à traduire le latin. Aussi ces descriptions étaient-elles différentes de celles en usage aujourd'hui qui sont plutôt au service des logiques textuelles, le savoir lire et le savoir écrire en français, comme éléments d'une compétence de communication. À chaque

---

1. Voir A. Chervel, 1977.

public, à chaque finalité, un outil grammatical particulier. S'agissant de nos ENA, nous devons nous poser la question de l'intérêt qu'il y a à développer une compétence fondée sur la connaissance des règles et sur le moment opportun d'introduction d'une telle approche. Il faut d'abord distinguer dans un apprentissage ce qui relève d'une capacité immédiate d'application et ce qui doit être généralisé. On peut penser qu'un travail d'explicitation peut, fondé sur un usage préalable stabilisé, aider à opérer les généralisations pertinentes, au-delà en somme d'un apprentissage au coup par coup. Par ailleurs, l'apprenant sera souvent conduit à prononcer des jugements d'acceptabilité sur ses propres productions. Soit il peut se fonder sur son intuition linguistique quand celle-ci est adossée à une certaine expérience de la langue, soit recourir à une connaissance explicite quand celle-ci notamment porte sur des particularités d'usage, des points complexes qui ne peuvent être résolus par le recours à la simple automatisation. Autrement dit, une capacité à s'auto-corriger. On gardera encore en mémoire que le français est une langue savante, c'est-à-dire une langue qui n'est pas dérivée d'un dialecte dont elle serait l'héritière anoblie, mais une langue écrite, d'emblée, porteuse d'une organisation qui, tant dans la syntaxe que dans la morpho-syntaxe, s'organise selon une logique élaborée[1]. Si l'on ajoute à tout cela une tradition graphique qui, à partir du XIXe siècle, va faire de l'orthographe un axe majeur d'exigence, on comprendra qu'un apprentissage qui ne sera fondé que sur des automatismes, des habitudes non réfléchies, pourra engendrer de nombreuses approximations dans l'expression. Aussi un traitement explicite d'un certain nombre de ses propriétés est la condition de leur bonne maîtrise. Et enfin, et non le moindre des arguments, nos ENA, dans leur classe d'inscription, suivront des cours de FLM dans lesquels les traitements métalinguistiques sont constants[2].

Comme il est aisé de le constater, la maîtrise de la langue résulte de la combinaison, dans des proportions variées, de ces trois approches. L'apprentissage naturel d'une LM se construit à partir de l'intériorisa-

---

1. Voir B. Cerquiglini (1991) et S. Lusignan (2004).
2. Concluons sur ce point pour noter un fait qui passe souvent inaperçu : la totalité des éléments et des formes d'agencement de la langue sont acquises par intériorisation des formes. Le travail de systématisation par l'exercice ne concerne qu'une toute petite partie des formes intériorisées. Et les points de langue qui font l'objet d'une description ne constituent à leur tour qu'une faible partie des éléments systématisés. La maîtrise de la langue ne passe donc que pour partie, et très petite partie, par les voies d'un traitement grammatical délibéré. L'essentiel se passe donc ailleurs, par la parole échangée dans la classe, par la multiplicité des échantillons de langue auxquels l'élève est confronté.

tion de la grammaire de la langue à laquelle l'enfant est régulièrement exposé. Cette intériorisation peut aussi être mise en œuvre, en dehors même de l'action délibérée de l'enseignant, en FLE, toutes les formes de la langue présente dans les dialogues, dans les textes et documents divers proposés, ne faisant pas l'objet d'une exploitation. Mais exposé à cet usage, l'élève peut, de façon inconsciente, intérioriser certaines règles d'usage. L'enseignement de FLM ne se soucie pas de gérer cette phase de l'apprentissage. L'élève doit arriver en classe porteur de cette compétence. L'enseignant de FLM ne se souciera que faiblement d'engager un travail de systématisation dans les usages (par des exercices appropriés par exemple), la grammaire abordée explicitement étant supposée apporter les correctifs nécessaires. Le professeur de FLE se souciera de systématiser les usages, sans pour autant passer à la phase d'explicitation, même si l'on constate aujourd'hui une évolution des pratiques par l'introduction, souvent mal organisée, d'un traitement explicité sur certains points. Le français enseigné comme FL2 devra parcourir l'ensemble du dispositif pour les raisons que nous venons d'exposer. Ce qui contribuera à complexifier le parcours d'apprentissage proposé aux élèves.

On veillera, bien évidemment, dans le choix des domaines à expliciter à se situer par rapport aux exigences des programmes de l'école élémentaire ou du collège. Un enfant de 8 ans, qu'il soit d'origine kurde ou péruvienne, dispose de capacités d'analyse qui sont celles de tous les enfants de 8 ans. Il en va de même pour les adolescents.

Les contenus grammaticaux

Nous signalerons brièvement ici quelles sont les grandes catégories grammaticales auxquelles il est possible de faire référence, pour nous poser par la suite la question de leur articulation réciproque dans le cadre d'une approche intégrée du français.

Grammaire de l'énonciation

L'énonciation est le fait pour un locuteur de prendre place dans une situation d'échange et de produire un énoncé qui porte trace de cette relation de soi à l'autre, de la relation du locuteur à son propos, en termes de distance ou d'implication, d'expression d'un point de vue par rapport à ce que l'on dit. Une grammaire de l'énonciation a pour objectif d'examiner l'usage des formes de la langue qui manifestent cette insertion de l'énoncé dans un échange entre locuteurs. On peut distinguer les différents types de grammaire suivants.

– Les déictiques dont l'usage et le sens impliquent un renvoi à la situation d'énonciation :
  • les pronoms personnels ;
  • certains déterminants et démonstratifs ;
  • les indications de temps et d'espace ;
  • l'usage des temps de verbes.
– La relation à l'autre : interrogation, injonction, suggestion, requête, etc.
– La modalisation : la relation du locuteur à son propos :
  • doute, éventualité, probabilité, vérité, etc.
  • le lexique évaluatif, affectif.
– Le dédoublement de l'énonciation : le discours rapporté.

Cette grammaire de l'énonciation ne fera pas l'objet de leçons ou de descriptions plus ou moins abstraites, mais sera abordée en situation, à l'occasion de dialogues, de situations d'échanges approchées en classe, ou de lectures de textes dans lesquels figurent des éléments de discours rapporté.

Grammaire du discours

Le discours est considéré comme la langue en situation. *« Le discours conçu comme une activité de langage individuelle réalisée en situation, déterminée par des codes et comportant une visée. »* (Doc. d'accompagnement, Classe de Seconde et de Première) selon trois composantes majeures :
– la dimension personnelle, la part prise par l'énonciateur dans l'élaboration et le pilotage de son propos ;
– la dimension interpersonnelle, une énonciation en direction de l'autre, par la présence de l'autre dans le discours ;
– la dimension interpersonnelle[1], ce qui s'impose de l'extérieur aux deux locuteurs, l'ensemble des codes, des conventions qui régissent l'échange, la part du collectif dans l'individuel (les genres littéraires, les genres propres à l'univers des médias, les genres de l'épistolaire dans le domaine des affaires, les genres de l'oralité universitaire, les genres de l'oralité judiciaire, mais aussi la logique des échanges conversationnels, etc.)

Deux grandes catégories de locuteurs peuvent être distinguées selon la nature de l'échange :
– dans la dimension sociale, entre locuteurs individualisés ;

---

1. Nous empruntons ces distinctions à Denis Bertrand qui en fait usage dans différents documents de présentation de la réforme des collèges de 1996.

– dans la dimension heuristique, culturelle, entre locuteurs génériques (ceux qui s'expriment au nom de...)

S'intéresser au discours, c'est envisager les usages de la langue dans la relation établie entre les locuteurs, dans les visées de l'échange, c'est examiner dans quelle mesure les locuteurs s'inscrivent dans le jeu des contraintes/conventions d'un échange réglé par les usages.

Il est par ailleurs d'usage, dans les programmes actuels, de distinguer un certain nombre de grandes fonctions ou dimensions du discours:
– dimension narrative (représenter des actions, un événement, un phénomène);
– dimension descriptive (représenter des figures, des objets);
– dimension explicative (mettre en évidence la relation logique entre actions, acteurs, événements, etc.);
– dimension argumentative (faire changer son interlocuteur d'avis, modifier son jugement).

Discours et énonciation sont dans une relation directe d'usage.

Aussi ces deux grandes catégories seront-elles abordées en situation, dans la diversité des échanges, des lectures, des travaux d'écriture, comme repère régulièrement évoqué, sans descriptions explicitées particulières.

Grammaire de textes

Le texte comme ensemble organisé de phrases. À quelles conditions cet ensemble de phrase peut-il accéder au statut de texte ? Le propre des grammaires textuelles est d'étudier la nature des liens, sémantiques et formels, entre les phrases, qui fondent la cohésion/cohérence du texte.

La cohérence du texte se fonde sur la référence à un univers dans lequel faits représentés, points de vue prennent place dans un monde organisé selon une logique partagée par une communauté de lecteurs/auditeurs (scénarios d'actions, structure d'objet, logiques argumentatives, etc.).

La cohésion se fonde sur l'établissement de liens formellement repérables entre les phrases du texte. Les grandes catégories liées à ce domaine sont:
– le système des anaphores (comment de phrase en phrase on rappelle, on renvoie à un déjà dit, par des reprises lexicales, par l'usage de pronoms personnels, etc.);
– le mode de progression dans la présentation de l'information de phrase en phrase (le rappel dans chaque phrase de ce qui a déjà été dit, thème, et de ce que l'on dit de nouveau, propos) et la façon dont s'opèrent les enchaînements (progressions thématiques);

– les marqueurs d'organisation (les éléments de segmentation, les logiques de segmentation, l'expression de l'organisation) ;
– les connecteurs (temporels, logiques).

Les formes associées à ce que l'on appelle la grammaire des textes le seront dans le cadre de travaux de lecture ou d'écriture dont ils conditionnent la bonne maîtrise. En revanche certaines de ces formes peuvent être reprises en éléments de grammaires descriptives (les pronoms personnels par exemple), dans un cadre plus large que celui de la phrase, de façon à associer activités de compréhension écrite et maîtrise du détail des formes de la langue.

Grammaire de la phrase

La phrase est considérée comme unité générale d'analyse. Qui connaît les règles de production/organisation de la phrase pourra donc produire toutes sortes de phrases correctes. Principe d'économie pédagogique : produire un nombre infini de phrases correctes/acceptables avec un nombre fini de règles.

✓ Domaines ordinaires d'analyse

– la syntaxe (les relations que chacun des mots ou groupes de mots de la phrase entretiennent avec les autres mots ou groupes de mots de la phrase ;
– la morphologie, les variations qui affectent un certain nombre de mots en fonction de catégories diverses (genre, nombre, personne, etc.).

✓ Différents plans d'analyse

On distingue différents plans d'analyse et plus fréquemment :
– les constituants de la phrase ou groupes fonctionnels ;
– les fonctions, c'est-à-dire les relations syntaxiques ;
– les types de phrase.

✓ Niveaux d'organisation

Enfin, on peut distinguer les niveaux d'organisation : phrase simple et phrase complexe.

• La phrase simple

– Groupe nominal : les déterminants ; le nom ; le groupe nominal ; les substituts.
– Groupe verbal : les constructions du verbe ; les différents types de complément ; le verbe (morphologie, mode, temps, emplois).
– Groupe adjectival : types d'adjectifs ; morphologie ; les degrés (intensité, comparaison) ; le groupe adjectival (adverbe et complément).
– Groupe prépositionnel : les prépositions ; les groupes prépositionnels ; les types de phrase.

- La phrase complexe
— Les relatives.
— Les complétives.
— Les circonstancielles.

On ne peut qu'être frappé par le caractère largement hétérogène des catégories ainsi convoquées et s'interroger sur leur degré d'accessibilité auprès des élèves. En même temps, toutes sont légitimes pour rendre compte de la compétence à intervenir, à l'oral ou à l'écrit, dans toutes sortes de situations de communication. Théoriciens de la langue et pédagogues rêvent tous de pouvoir articuler le travail en langue avec la pratique de la parole, c'est-à-dire syntaxe traditionnelle et énonciation, phrase et texte, énoncé et discours. Ces points d'articulation existent, mais relèvent encore d'analyses théoriques non achevées et quand bien même ces analyses le seraient-elles, leur pédagogisation[1] ferait largement problème, notamment si cette pédagogisation prend la forme de descriptions grammaticales que l'on assènerait aux élèves.

Aussi convient-il, plutôt que de tenter une approche intégrée actuellement hors de portée, de se poser la question des contextes d'intervention dans la classe propices à l'appropriation des régularités de la langue (mais aussi du discours), en traitement implicite ou en traitement métalinguistique ou explicite. De la sorte il est possible de distinguer ce qui s'apprend de ce qui s'enseigne.

De la langue de l'élève au français

On n'apprend jamais une autre langue que par rapport à sa propre langue. Il ne saurait y avoir une grammaire générale du français (c'est-à-dire fondée sur des catégories universelles de la langue), mais des traitements grammaticaux particuliers, parcellaires, en fonction de la relation que les élèves établissent avec le français à partir de leur propre intuition linguistique ou de leurs connaissances grammaticales. On sait que les catégories descriptives dont nous faisons usage ne valent que pour une certaine approche du français. La notion de nombre en français se distingue en singulier et pluriel. Mais il existe de

---

1. Par pédagogisation nous entendons l'ensemble des processus par lesquels les enseignants tentent de mettre à portée des élèves l'appropriation et la description de formes de la langue. Tout fait de langue décrit en grammaire savante ne peut pas forcément donner lieu à une pédagogisation. Et bien souvent les pédagogues, faute de descriptions qui leur paraissaient accessibles, ont élaboré pour leur propre compte des descriptions grammaticales pédagogiquement pertinentes (mais scientifiquement contestables), ce que l'on a appelé les grammaires scolaires.

nombreuses langues qui font usage du duel, c'est-à-dire d'un système propre de marques pour catégoriser le nombre «deux», alors que le français, qui n'ignore pas la notion, la lexicalisera de façon très diversifée. Les marques du nombre, le fameux «s» français ou «-aux», peuvent revêtir des formes extrêmement variées selon les langues. Certaines langues ne font pas usage d'une marque morphologique du nombre, d'autres l'antéposent par suffixation, d'autres prévoient une désinence, et bien d'autres solutions encore. Un ENA peut donc être locuteur d'une langue dans laquelle les marques du nombre sont de nature tout à fait différentes et pour lequel le fameux «s» du pluriel, pour tout ce qui est au-delà de un peut passer pour une étrangeté. Les conditions d'appropriation des marques du pluriel (qui par ailleurs concernent la totalité du groupe nominal par des faits de redondance qui surprennent bien des élèves allophones – et désespèrent bien des élèves francophones natifs) ne seront donc pas les mêmes pour un élève d'origine chinoise, venant d'une langue très faiblement morphologisée, et un élève venant d'une langue à flexion dans laquelle les marques du nombre s'organisent selon une autre logique.

Une approche comparative des langues (mais prudente avec de jeunes élèves qui ne sont nullement habités par l'ambition d'être des comparatistes au petit pied) serait idéale. Mais comment raisonnablement demander à un professeur de français qui ne connaît qu'un nombre limité de langues étrangères et probablement pas les langues en usage dans l'Inde du Sud ou chez les populations indiennes des Andes (aymara ou quechua) d'aborder les langues dans cette perspective ? Le plus raisonnable sera d'avoir quelque notion de ce que peuvent être quelques grandes familles de langue, langues isolantes, langues flexionnelles, langues agglutinantes, dans leurs implications didactiques.

Type de langue	Particularités dans l'approche du français, points à développer
Langue isolante Langue constituée de lexèmes invariables, mono- ou polysyllabiques, sans système de marques, sans morphologie, l'actualisation du sens étant rendue par la syntaxe et un jeu de particules variées. Importance du contexte et de la syntaxe. Langue isolante : le chinois, le birman, par exemple.	– Importance de l'appareil morphologique – Caractère redondant de la grammaire du français – Notion de marque – Notion de groupe fonctionnel avec accords internes – La relation sujet-verbe

Langue flexionnelle	– L'ordre des mots et la fonction
Langue dans laquelle la fonction du mot est indiquée par des morphèmes qui s'inscrivent dans des paradigmes plus ou moins développés. On parle aussi de langue synthétique. Langue flexionnelle : le hongrois, l'albanais, etc.	– L'importance des contraintes positionnelles – L'appareil prépositionnel – Le sens des mots
Langue agglutinante Langue qui se caractérise par l'accumulation autour du radical d'affixes distincts qui indiquent les rapports grammaticaux. Langue synthétique. Langue agglutinante : le turc, le finnois, par exemple.	– L'externalisation des marques par des mots autonomes (prépositions, pronoms, déterminants divers, etc.) – Le système d'affixation en français – Le vocabulaire

Typologie qui sous cette forme se présente de façon extrêmement réductrice. D'autres catégories existent. Dans la réalité du mode d'existence des langues, nombreuses sont celles qui empruntent des traits à plusieurs types. Il ne s'agit ici que de distinguer quelques grandes propriétés qui se situent en contraste avec certaines propriétés du français. Par exemple, pour une description aisément accessible des langues de l'Europe dans leurs particularités syntaxiques et morphologiques, voir J. Allières (2000).

Activités de systématisation

Si une bonne partie des apprentissages s'effectue par intériorisation d'un certain nombre de composantes de la grammaire du français, on ne peut cependant se limiter à ce qui ne serait qu'un apprentissage livré aux aléas des pratiques de langue en usage en classe. Ce serait sinon s'en remettre aux pratiques immersives, avec les risques de fossilisation de formes inappropriées. Le passage par une consolidation des mécanismes implicites qui ont permis la maîtrise de langue sous certains aspects s'impose et ceci d'autant plus que la langue apprise en contexte scolaire, en dépit de l'intensité des usages, ne l'est pas à partir d'interactions sociales spontanées, celles qui offre une possibilité d'exposition plus riche et plus diversifiée que celles proposées par le professeur, forcément plus restreintes dans leur champ d'usage et constamment associées à des remarques d'ordre métalinguistique (ou au moins s'appuyant sur les activités épilinguistiques de l'apprenant).

La systématisation revient, en contexte proprement scolaire, à faire apparaître le système des règles qui sous-tend l'organisation de la phrase (ou de l'énoncé) et à en favoriser la mémorisation par un dispositif de reprise de la même forme dans différents contextes. Il s'agit bien là de l'exercice, c'est-à-dire une procédure d'apprentissage fondée sur la rationalisation et la systématisation des constructions de la langue par réitération de la performance.

Toutefois, et il importe d'y être attentif en apprentissage du FL2 dont la proximité avec le FLM est grande, la systématisation peut revêtir des formes distinctes. Si nous reprenons, par exemple, les programmes de l'école primaire (9 juin 2008, *BO* Hors Série n° 3 du 19 juin 2008), il est significatif, s'agissant des programmes de grammaire de relever les verbes qui définissent les compétences : *identifier, distinguer, approcher, comprendre, connaître, repérer, reconnaître,* verbes qui ont tous en commun de définir une conduite liée à l'analyse, à la connaissance. Peu de verbes en revanche (en fréquence d'usage) liés à une capacité à faire fonctionner la langue : *transformer* (une phrase), *manipuler* (l'adjectif…), *conjuguer, construire* (correctement des phrases exclamatives). Nous sommes bien dans un programme de type FLM pour lequel la grammaire est d'abord une activité de connaissance de la langue qui présuppose que les usages et la capacité à produire des phrases « correctes » sont installés ailleurs que dans le cadre scolaire.

Et si l'on examine, dans un manuel de français de 6ᵉ, le langage des consignes, il est aisé de constater que ces consignes s'inscrivent bien dans une approche de type métalinguistique (à partir ici d'une leçon sur les noms et les déterminants : « *relevez chaque groupe nominal, relevez les déterminants dans ce texte, relevez les déterminants dans les groupes nominaux en italique, relevez les articles, remplacez les noms en italique par le masculin. Écrivez les phrases obtenues. Que constatez-vous pour les articles ?, écrivez les groupes nominaux suivants au pluriel, dans un registre de langue soutenu* » (Français 6ᵉ, Texto collège, 2005). On systématise bien ici aussi, mais on systématise l'usage de connaissances et leur mémorisation par des activités de manipulation sur la langue qui, dans tous les cas, présupposent que les élèves disposent d'une capacité spontanée satisfaisante à faire usage des déterminants.

Systématiser en FL2 revient à organiser un parcours qui aille de l'usage construit et maîtrisé à une analyse des constructions ainsi obtenues, dans leur signification et dans les règles qui en gouvernent l'usage. L'exemple suivant, élaboré à cette fin, veut montrer comment un parcours, lié à la maîtrise de la composante formelle de la langue, passera par deux grandes phases, une phrase de pratique systématisée, une phase d'analyse ; toutes deux devant être précédées par une phase de pratique en situation permettant une première approche de la notion de condition en français.

Avant de passer à l'analyse de cet exemple, on se posera cependant la question de savoir si systématisation et création des automatismes langagiers ont partie liée. On le sait, il n'y a pas de maîtrise réussie d'une langue aussi longtemps que l'apprenant ne sera pas capable de produire des énoncés, à la fois corrects du point de vue de la forme et pertinents du point de vue de la visée de communication, de façon quasi automatique, c'est-à-dire sans passer par une phase d'analyse, de comparaison des formes, de référence à des règles. Sinon, toute formulation d'énoncé sera très rapidement impossible à engager. Ainsi je puis raconter une suite d'événements passés tels que je les ai vécus en faisant usage sans difficulté du passé composé, en respectant l'ordre des mots dans la phrase, etc. Je n'ai nul besoin de connaître les éléments de la langue, de les nommer, de connaître leur mode d'agencement, les automatismes sont là. Mais ces automatismes se construisent par un contact répété avec la langue, en interaction, ce qui correspond à ce que l'on appelle les apprentissages naturels et que l'on retrouve dans les apprentissages de la LM chez l'enfant au contact de ses parents. Nulle leçon de grammaire auprès d'un enfant de deux ou trois ans, mais l'usage, les faits de reprises. Nous savons que dans les apprentissages guidés de la langue (par opposition aux apprentissages naturels), même si le professeur pense que toutes les acquisitions s'organisent à partir d'activités systématisées ou réfléchies, une grande partie des apprentissages se fonde sur ces processus d'intériorisation et sur l'automatisation des formes ainsi acquises.

L'activité de systématisation, qui le plus souvent s'organise par le moyen de la procédure d'exercice, participe à la consolidation de ces automatismes, elle ne les crée pas. Systématiser, c'est faire s'approprier les caractéristiques d'un système ou d'un élément du système, et l'exercice de type structural par exemple contribue à la systématisation des constructions dont la complexité rend l'automatisation parfois difficile. Ainsi un exercice portant sur les constructions comparatives permettra à l'élève de concentrer son attention sur des modes d'organisation qui peuvent se distinguer radicalement de ce qui est en usage dans sa langue maternelle. L'élève pourra retrouver les usages de la comparaison en mathématique, en EPS, en SVT et s'imprégner de ses propriétés structurelles, imprégnation que des exercices permettront de consolider avec un retour sur les pratiques qui de la sorte seront mieux automatisées. Ce serait donc un processus interactif et non successif qui ferait de la maîtrise préalable des faits de langue la condition de leur usage.

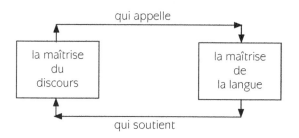

L'exercice intervient dans une fonction de consolidation et de perfectionnement.

Pour mieux mettre en évidence les variétés d'intervention pédagogique dans le domaine de la maîtrise de la langue, nous avons choisi de proposer ici un parcours grammatical qui va d'activités de systématisation, abordées par le moyen d'exercices en situation, à l'explicitation des mécanismes en usage et à la formulation des règles.

Quelques exemples d'activités spécifiques sont présentés fiches 8 et 9.

Fiche 8

PRATIQUE DE LA LANGUE
Éventualité, possibilité
Usage et systématisation

– Trouver le chemin de la maison n'est pas très difficile, mais…
   … si tu n'arrives pas à trouver le chemin de la maison, n'hésite pas à m'appeler. Je viendrai te chercher.
– Résoudre ce problème de mathématique n'est pas très difficile, mais…
   … si tu…
– Je pense que dimanche tu iras te promener avec tes parents, mais…
   … si tu…
– Le temps ne va certainement pas s'améliorer, nous resterons à la maison, mais…
   … si…
– Bernard nous a dit qu'il pourra participer au match de dimanche, mais…
   … si …
– Passe me voir demain en fin d'après-midi, mais …
   … si …

FORMES DE LA LANGUE : ANALYSE

L'éventuel

Binbin dit à ses amis :

– *Dimanche, il fera beau, nous irons pique-niquer au bord de la rivière.*

C'est décidé, c'est sûr. Il fera beau, ils iront pique-niquer au bord de la rivière. La phrase prend la forme d'une phrase déclarative. Mais si Binbin dit à ses amis :

– *Dimanche, s'il fait beau, nous irons pique-niquer au bord de la rivière.*

La réalisation du projet «*aller au bord de la rivière*» est soumise à une condition : «*s'il fait beau*». C'est possible, c'est une **éventualité**, qui dépend du temps qu'il fera. Pour cela, Binbin utilise une subordonnée introduite par «*si*». Le verbe de la proposition subordonnée est au présent de l'indicatif, la verbe de la proposition principale est au futur de l'indicatif.

L'irréel

Martin dit à Aziz :
– *J'ai 18 ans et je peux passer le permis de conduire.*
Kevin n'a que 16 ans. Il ne peut pas passer le permis de conduire. Il aimerait bien conduire. Que va-t-il dire ?
– *Si j'avais 18 ans, je pourrais passer le permis de conduire.*

Actuellement, Kevin n'a pas 18 ans, ce qui annule pour lui la possibilité de passer le permis de conduire. C'est une pure hypothèse. Nous sommes dans l'irréel. La proposition introduite par «*si*» exprime cette hypothèse, le verbe est à l'imparfait de l'indicatif, dans la proposition principale qui souligne le caractère irréel de l'action envisagée, le verbe est à un mode spécifique : le conditionnel présent.

Si j'avais de l'argent, je pourrais prendre des leçons de conduite

Nous sommes dans l'époque présente. C'est un irréel du présent : «*En ce moment, je n'ai pas d'argent*». Mais si Kevin envisage cette hypothèse dans une époque passée, il dira :

– *Si j'avais eu de l'argent, j'aurais pu prendre des leçons de conduite.* (mais à ce moment là, je n'en avais pas).

Nous sommes dans l'irréel du passé. La proposition introduite par «*si*» est au plus-que-parfait de l'indicatif, le proposition principale au conditionnel passé.

La fiche 10 propose un mode différencié d'élaboration d'exercice en distinguant dans la partie gauche tout ce qui relève de l'élaboration d'un exercice de manipulation sur la langue, par reprise des formes et dans la partie droite ce qui relève d'un exercice de reconnaissance.

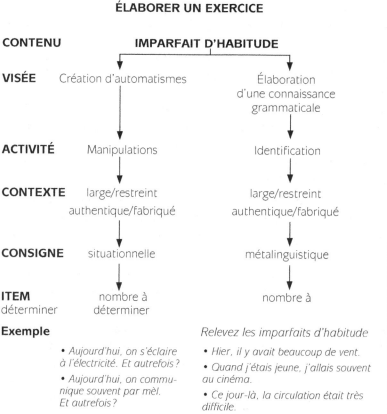

Fiche 10

ÉLABORER UN EXERCICE

CONTENU — IMPARFAIT D'HABITUDE

VISÉE	Création d'automatismes	Élaboration d'une connaissance grammaticale
ACTIVITÉ	Manipulations	Identification
CONTEXTE	large/restreint authentique/fabriqué	large/restreint authentique/fabriqué
CONSIGNE	situationnelle	métalinguistique
ITEM déterminer	nombre à déterminer	nombre à

Exemple

Relevez les imparfaits d'habitude

- *Aujourd'hui, on s'éclaire à l'électricité. Et autrefois?*
- *Aujourd'hui, on communique souvent par mèl. Et autrefois?*

- *Hier, il y avait beaucoup de vent.*
- *Quand j'étais jeune, j'allais souvent au cinéma.*
- *Ce jour-là, la circulation était très difficile.*

Approche de la langue et progression

Les logiques d'apprentissage de la langue comme celle de maîtrise du discours, c'est-à-dire comme capacité à réagir de façon pertinente dans un certain nombre de situations de communication en mobilisant les formes de la langue nécessaires à la réalisation de ces fonctions, et comme maîtrise de la langue, c'est-à-dire la capacité à combiner, conformément aux règles de la langue, les formes disponibles, à en appréhender les restrictions d'usage (la règle, mais aussi les exceptions, ceci pour éviter les surgénéralisations), à en automatiser la mise en œuvre, entrent en choc frontal. Ces deux logiques appellent des progressions spécifiques, dont aucune envisagée séparément n'est pleinement satisfaisante et dont la combinaison se révèle fort délicate à organiser.

Compte tenu du profil particulier des ENA, nous devons envisager le traitement de la langue dans une double perspective. Dans un premier axe, la langue est articulée au discours dans le cadre de séquences, sachant par ailleurs qu'il n'existe pas de relations biunivoques entre faits de discours et faits de langue chargés de les actualiser. Mais pour autant l'arbitraire dans cette relation ne règne pas. Il existe des fonctions discursives identifiables et il est possible de réfléchir à des probabilités d'apparition des formes. Ou réciproquement se poser la question de la rentabilité fonctionnelle des formes. Quelles sont les probabilités d'apparition du subjonctif, à quelles grandes fonctions du discours peut-il être associé ?

On peut aussi proposer aux élèves des tâches de dénombrement, avec les DNL par exemple, qui leur permettront de se familiariser avec le répertoire des formes disponibles et avec leur usage, selon les valeurs de sens qui leur sont affectées.

Mais il conviendra, à un moment donné, de renverser l'approche et de travailler sur les formes de la langue, en tant que telles, articles, définis et indéfinis, adjectifs indéfinis, etc.

Dans un second axe, on respectera le décalage nécessaire entre découverte de la langue et travail de systématisation en apprentissage guidé, une progression centrée sur les propriétés de la langue, en soi, en dehors de la variété des usages (autrement dit, deux entrées dans la langue, une par association avec le discours, l'autre selon les catégories descriptives de la grammaire). Le tableau présenté ci-après ne l'est qu'à titre indicatif. Il présente une logique d'organisation, il ne la décrit pas dans sa totalité. Ce travail doit être accompli par les équipes pédagogiques sur la base des publics accueillis et de leur profil de départ.

	Discours		Langue
Fonctions		Formes de la langue	Catégories
Parler à	Relations sociales Relations amicales	Par exemple : – les faits d'énonciation – l'adresse à l'autre (l'interpellation, l'injonction, la suggestion, l'interrogation, etc.) – les modalisations le discours rapporté etc.	La phrase simple – groupe nominal – groupe verbal etc.
Parler de	Raconter	– les acteurs (substantifs et déterminants) – la qualification (adjectif épithète, etc.) – verbes d'action – circonstances de temps et de lieu – situation et déroulement de l'action dans le temps (temps du passé) etc.	
	Décrire	– verbes d'état – démultiplication lexicale – expansion du nom (adjectif qualificatif, complément de nom, proposition relative)	
	Expliquer	– verbes de sens logique – expression de la cause et de la conséquence (groupe circonstanciel, subordonnée circonstancielle)	
	Argumenter	– connecteurs logiques – connecteurs rhétoriques	

Autrement dit, nulle solution est pleinement satisfaisante en termes de cohérence discursive, linguistique et didactique ou alors la contrainte d'intégration des faits de discours et des faits de langue serait telle que les élèves ne pourraient s'y retrouver que très difficilement. Les élèves ne sont pas des didacticiens. Mais un dispositif méthodologiquement cohérent, en laissant subsister de nombreuses marges d'intervention de la part des élèves, et du maître, permettra de favoriser cette appropriation, selon des voies qui pourront échapper parfois, et même souvent, à la compréhension et au contrôle du professeur et de façon plus générale à celui des didacticiens. Mais il reste toujours la solution, quand un mystère nous échappe, de faire semblant de l'organiser.

8. Les disciplines non linguistiques

L'acquisition et l'usage du français ne relèvent pas de la seule intervention de la discipline « français », mais de l'ensemble des pratiques liées à tous les aspects des programmes de formation. Mais ces formes et ces usages présents dans l'acquisition de l'ensemble des savoirs sont en écart par rapport à ceux qui prévalent dans les échanges ordinaires. Il importe d'y préparer les élèves et à cet effet de mieux connaître les particularités d'un français vecteur des apprentissages. Nous tenterons, dans ce chapitre, de situer plus précisément la place de la langue et des discours dans les activités liées à ce que l'on appelle communément aujourd'hui les disciplines non linguistiques (DNL).

Les disciplines scolaires

Les disciplines scolaires ne sont que de façon tout à fait fortuite le reflet des disciplines scientifiques telles qu'elles définissent l'activité de recherche à l'université. Il suffit à cet effet de comparer ci-après (fiche 11), pour le seul domaine des sciences (à l'exclusion du domaine médical), la liste des disciplines retenues dans le cadre du Conseil national des universités (CNU)[1] et celles qui figurent au programme de l'école primaire et du collège. D'une part, nombre de disciplines (ou de champs disciplinaires) présentes à l'université n'ont pas d'équivalent dans l'enseignement scolaire[2] et réciproquement des disciplines fortement présentes à l'école au collège ne sont pas présentes dans les listes du CNU.

---

1. Il faudrait ajouter les listes de spécialités présentes dans les écoles d'ingénieurs ou dans les instituts universitaires de technologie, ainsi que le domaine spécifique constitué par les facultés de médecine.
2. Par exemple le droit, les sciences politiques ne sont pas représentés dans l'enseignement scolaire pas plus que la pharmacie.

SCIENCES (1RE PARTIE)

25 : Mathématiques

26 : Mathématiques appliquées et applications des mathématiques

27 : Informatique

28 : Milieux denses et matériaux

29 : Constituants élémentaires

30 : Milieux dilués et optique

31 : Chimie théorique, physique, analytique

32 : Chimie organique, minérale, industrielle

33 : Chimie des matériaux

34 : Astronomie, astrophysique

35 : Structure et évolution de la Terre et des autres planètes

36 : Terre solide : géodynamique des enveloppes supérieures, paléobiosphère

37 : Météorologie, océanographie physique et physique de l'environnement

SCIENCES (2^E PARTIE)

60 : Mécanique, génie mécanique, génie civil

61 : Génie informatique, automatique et traitement du signal

62 : Énergétique, génie des procédés

63 : Électronique, optronique et systèmes

64 : Biochimie et biologie moléculaire

65 : Biologie cellulaire

66 : Physiologie

67 : Biologie des populations et écologie

68 : Biologie des organismes

69 : Neurosciences

INTITULÉ DES DOMAINES DISCIPLINAIRES À L'ÉCOLE

ÉCOLE ÉLÉMENTAIRE

Cycle moyen Juillet 1980	École élémentaire Avril 1985	Cycle des approfondissements 2002	CE2-CM1-CM2 2008
• Français • Mathématiques • Activités d'éveil – histoire-géographie – sciences expérimentales (physique, technologie, biologie) – éducation musicale – arts plastiques – activités manuelles • Éducation physique et sportive • Éducation morale et civique	• Français • Mathématiques • Sciences et technologie • Histoire et géographie • Éducation civique • Éducation artistique – éducation musicale – arts plastiques • Éducation physique et sportive	• Domaines transversaux – maîtrise du langage et de la langue française – éducation civique • Langue française, éducation littéraire et humaine – littérature – observation réfléchie de la langue française – langues étrangères et régionales – histoire – géographie • Éducation scientifique – mathématiques – sciences expérimentales • Éducation artistique – arts visuels – éducation musicale • Éducation physique et sportive • Brevet informatique et internet	• Français • Mathématiques • EPS • Langue vivante • Sciences expérimentales et technologie • Culture humaniste : – pratiques artistiques et histoire des arts – HG et éducation civique

COLLÈGE		
6e – 5e 1977-1978	**Collège 1996-2002**	**Collège 2006**
• Français • Mathématiques • Langue vivante étrangère • Histoire géographie, économie, éducation civique • Sciences expérimentales • Éducation artistique • Éducation manuelle et technique • Éducation physique et sportive	• Pôles disciplinaires – la maîtrise des langages – la culture des humanités – la culture scientifique et technique Les disciplines • Culture des humanités – français – histoire-géographie – langues vivantes – enseignements artistiques (éducation musicale, arts plastiques) • Culture scientifique et technique – mathématiques – sciences de la vie et de la Terre – physique et chimie – technologie • Deux disciplines transversales – éducation civique – éducation physique et sportive	Socle commun de connaissances et de compétences Les disciplines : – français – histoire-géographie – langues vivantes – enseignements artistiques (éducation musicale, arts plastiques) – mathématiques – sciences de la vie et de la Terre – physique et chimie – technologie Deux disciplines transversales – éducation civique – éducation physique et sportive Découverte professionnelle EDD

+ pour le collège : itinéraires de découverte, parcours diversifiés, découverte du monde professionnel.

On ne peut donc considérer l'organisation (et le contenu) des disciplines à l'école comme la transposition dans le domaine scolaire des savoirs savants.

Cette difficulté à opérer une superposition des deux systèmes s'explique tout à la fois par des raisons de fond et par des circonstances d'ordre historique dans la genèse des disciplines scolaires. Une discipline scientifique, liée par ailleurs à des enjeux symboliques particuliers – Pierre Bourdieu a suffisamment insisté sur la question –, est un savoir organisé autour d'une problématique épistémologique, validée par une méthodologie particulière. Elle est dotée d'une vie particulière, peut se scinder en champs distincts au fur et à mesure de son développement (mathématique, physique, biologie, selon les moments de l'histoire connaissent des développements plus importants), voir son importance se réduire (la patristique aujourd'hui n'éveille plus les mêmes échos qu'il y a un siècle ou un siècle et demi). Des procédures de validation nombreuses sont là pour institutionnaliser ces champs de recherche (académies des sciences, prix scientifiques, postes universitaires, laboratoires, revues, etc.) et conférer à ceux qui en font partie la légitimité nécessaire à la poursuite de leurs travaux.

Une discipline scolaire mêle de façon intime contenus culturels et formation de l'esprit et s'inscrit dans une visée globale d'éducation telle qu'elle peut trouver, chez les familles, un écho favorable, à un moment donné de l'histoire. Ainsi de la place des langues classiques, latin et grec, dans les programmes de l'enseignement secondaire, disciplines incontournables dans les lycées jusqu'au milieu du xxe siècle, disciplines marginales aujourd'hui.

Alors que la recherche scientifique est fort anciennement installée, au moins dès la création des universités médiévales en Europe, les disciplines scolaires n'existent que depuis peu. En France, elles se stabilisent à la fin du second Empire et s'organisent en champs particuliers dès la fin du xixe siècle, liées à la construction des identités professionnelles des corps d'enseignants. Les concours de recrutement, les associations spécialisées (association des professeurs de mathématiques, de langues vivantes, etc.) vont organiser le système, voire le rigidifier[1].

Une des singularités françaises[2] tient à ce que les programmes d'enseignement sont organisés en disciplines soigneusement distinctes, selon un découpage qui, en gros, du CE1 à la classe de Terminale, reste à peu près intangible. L'école élémentaire s'en tient encore à une organisation très souple, et d'autant plus souple qu'elle est portée par un seul maître (on sait que l'unicité du maître et sa polyvalence constituent deux des caractéristiques les plus fortement affirmées du corps des professeurs des écoles), alors que le collège fait entrer l'élève d'emblée dans un enseignement d'autant plus cloisonné qu'il est porté par des professeurs différents (neuf disciplines distinctes sont enseignées dans la classe de 6e, dispensées par neuf professeurs différents, qui se réfèrent à neuf programmes distincts et qui relèvent, faut-il le signaler, de neuf corps d'inspection pédagogiques différents), disciplines dont le nombre va en augmenter avec l'avancée dans les niveaux, le principe

---

1. «*La fonction réelle de l'école dans la société est donc double. L'instruction des enfants, qui a toujours été considérée comme son objectif unique, n'est que l'un des aspects de son activité. L'autre c'est la création des disciplines scolaires, vaste ensemble culturel largement original qu'elle a secrété au cours des décennies ou des siècles et qui fonctionne comme une médiatisation mise au service de la jeunesse scolaire dans sa lente progression vers la culture de la culture globale.*» A. Chervel, 1988, p. 90.
2. Voir l'article de Roger-François Gauthier, «Existe-t-il une exception française en matière de programme d'enseignement?», *La Revue de l'Inspection générale*, 03, 2003.

étant que l'on ajoute, mais que l'on ne retranche jamais. Souci d'encyclopédisme, régulièrement dénoncé, mais toute tentative d'allégement se heurte aux associations disciplinaires d'enseignants qui réclament toujours plus d'heures pour leurs disciplines toujours considérées comme indispensables à l'entreprise de formation des élèves.

Ce serait certes donner de cette formation une vision caricaturale que d'ignorer les efforts entrepris depuis de très nombreuses années pour donner une plus grande cohérence à cette politique de formation par le moyen de dispositifs transversaux supposés donner aux élèves la vision d'une formation organisée autour de représentations partagées, de visées communes de formation et d'éducation (itinéraires de découverte, parcours diversifiés, TPE (travaux personnels encadrés), ECJS (éducation civique, juridique et sociale), thèmes de convergence, référence au CECR pour le cadrage de l'enseignement des langues vivantes, formation au B2i en informatique, découverte professionnelle, etc. Tentatives constamment renouvelées, qui s'efforcent de mettre en œuvre une pédagogie de projet à côté d'une formation, la plus classique qui soit, consacrée à l'acquisition des savoirs. On notera au passage que ce que l'on appelle les *life skills*, c'est-à-dire la formation aux aptitudes à la vie quotidienne, sont peu représentés dans la formation à la française, alors qu'ils le sont dans de nombreux autres pays, et très souvent dans ceux dont sont originaires les ENA.

On peut dans ces conditions comprendre la difficulté d'adaptation de certains ENA qui sont confrontés, plus particulièrement au collège, à un nombre aussi important de professeurs, chacun avec ses usages d'enseignement, ses façons de parler, sa relation à l'écrit, avec à chaque fois un pilotage différent des apprentissages dans la classe.

La dimension linguistique de l'enseignement des connaissances

Un répertoire aussi largement développé de disciplines appelle forcément des regroupements. Sinon ce serait aller plus loin encore dans le cloisonnement des apprentissages, alors que l'on souhaite au contraire mettre en évidence les propriétés communes, les attitudes en matière d'apprentissage, autour des démarches d'investigation par exemple. Il s'agit de mettre en évidence des proximités en matière de démarche (résolution de problèmes, formulation respectivement d'hypothèses explicatives et de conjectures) et des particularités.

L'expérimentation dans certains cas permet de valider un résultat, dans d'autres cas, en mathématiques, ce sera le rôle de la démonstration. Ces regroupements, selon les époques, sont différemment organisés. Dans les années 1970, il était courant à l'école primaire de distinguer les disciplines instrumentales (français et mathématiques) des disciplines d'éveil (éveil scientifique, éveil artistique). Dans les programmes de 2002, pour le cycle des approfondissements, on distingue tout à la fois des domaines transversaux (maîtrise du langage et de la langue française, éducation civique), des domaines spécifiques (langue française, éducation littéraire et humaine ; éducation scientifique, éducation artistique ; éducation physique et sportive et brevet informatique et internet).

Le collège, entre 1996 et 2002, opère des regroupements autour des pôles suivants : culture des humanités (français, histoire-géographie ; langues vivantes ; enseignements artistiques), culture scientifique et technique (mathématiques, sciences de la vie et de la Terre, physique et chimie, technologie), et deux disciplines transversales (éducation civique et éducation civique et sportive). On sent bien la difficulté ressentie par le législateur à opérer des regroupements que l'on voudrait inscrire dans de plus larges perspectives de formation. Ainsi, l'histoire et la géographie ne sont pas rangées dans la catégorie culture scientifique, mais dans celle de culture des humanités. Les mathématiques sont regroupées avec les sciences expérimentales, même si l'on admet qu'elles constituent une discipline à part et que l'administration de la preuve s'opère selon des voies différentes de celles adoptées dans les sciences expérimentales. On sent bien que, quelque part, une distinction s'opère entre sciences humaines et sciences expérimentales/exactes, mais on sait bien que les choses ne sont pas si simples. L'histoire n'est pas que discours, elle emprunte aux sciences exactes et aux mathématiques un outillage important (en statistique, en archéologie pour l'analyse des matériaux), la géographie peut sous certains aspects devenir une science qui recourt à un outillage formel important.

Considérons que toute science construit des objets de savoir (les paysans au Moyen Âge, les réseaux hydrographiques, la reproduction sexuée, etc.) selon des méthodologies particulières, organise des opérations autour de ces objets et à cette fin fait usage de langages spécifiques, soit une symbolique particulière – langage mathématique, qui peut être utilisé dans différentes disciplines, langage de la chimie, et aussi langage verbal. L'important, pour ce qui nous concerne, réside dans l'usage que l'enseignant fera du langage verbal dans la classe (la classe est un lieu d'interactions verbales particulièrement intenses entre enseignant et élèves), aux différents moments d'une démarche d'investigation et de construction de connaissances, sachant que selon le plus ou moins grand degré d'usage d'un langage formalisé dans les apprentissages disciplinaires, la place d'une langue verbale comme le français n'y sera pas tout à fait la même et posera aux ENA des problèmes variés d'appropriation.

Oral et interactions dans la classe

La classe comme lieu d'interactions

La classe doit tout d'abord être envisagée comme un lieu d'interactions entre enseignant et élèves, un lieu d'interactions réglées par des usages, des règles plus ou moins implicites, entre partenaires dont les situations et les rôles sont clairement définis, l'objectif étant, au terme d'une succession d'événement discursifs de produire du savoir. On observera au passage que selon les cultures éducatives, situations et rôles peuvent faire l'objet de définitions différentes et que les ENA doivent disposer d'un temps d'adaptation pour percevoir cette logique qui appelle des conduites particulières dans la classe (mains constamment levées, appels à l'attention sur soi, proposition de réponses dans une atmosphère d'intense compétition dans l'accès à la parole, mais brièveté de l'intervention de l'élève immédiatement reprise par le maître, etc.).

Ces différents événements, successifs, répétitifs, cycliques, M. Altet (1994) les définit comme des épisodes, c'est-à-dire des moments de communication spécifiques. M. Altet distingue ainsi dans les contenus conceptuels disciplinaires, ce qui relève de remarques procédurales en liaison avec des opérations cognitives ou des savoir-faire et enfin ce qui relève des contenus régulateurs de gestion. Trois modes d'interventions, nous le verrons plus loin, qui sont associés à des indicateurs verbaux que l'ENA devra savoir identifier et interpréter. Interactions certes, mais dans le cadre de relations fortement asymétriques, les interventions maître-élèves étant distribuées de façon tout à fait inégale.

Distinguons bien la classe de langue (LM, L2, LE) de la classe de DNL. La classe de langue expose les élèves, de façon délibérée, à des formes de la langue plus particulièrement concentrées, liées par des propriétés communes, soumises à des traitements pédagogiques qui ont pour visée de consolider la maîtrise de la langue dans ses usages les plus courants ou dans ses usages de base et de susciter une prise de conscience sur les conditions d'usage des formes en fonction d'un certain nombre de leurs propriétés.

La classe de DNL à l'opposé n'opère pas *a priori* de sélection dans les formes de la langue qui seront en usage. Ces dernières pourront intervenir de façon apparemment aléatoire et ne permettront pas à l'élève, par l'hétérogénéité des formes ainsi rassemblées, d'opérer le travail d'induction nécessaire, de repérer les invariants. La logique de la séance est ailleurs. Il s'agit de construire de nouveaux objets de savoirs (ou de nouveaux savoir-faire, en éducation musicale, en technologie, en arts plastiques, en éducation physique et sportive), par le moyen de méthodologies appropriées et selon des procédures pédagogiques identifiées.

✓ Quelques remarques en préalable

La compréhension orale constitue pour les élèves primo-arrivants une compétence dont la maîtrise est essentielle à leur réussite scolaire. L'accès aux contenus référentiels du cours ne peut s'opérer qu'à partir de la compréhension du discours de l'enseignant.

Les approches du français (FL2, FLE, FLM) se détournent généralement de cette dimension de la compétence, mettant plutôt l'accent sur l'expression (dialogues dans les méthodes de FLE) ou sur l'écrit.

Le discours oral, en général, est d'une complexité élevée et plus particulièrement dans ses usages pédagogiques.

✓ Discours pédagogique

Ce discours présuppose un différentiel d'information ou de compétence entre celui qui enseigne et celui qui reçoit cet enseignement, à la différence d'un discours entre pairs (chercheurs par exemple) qui s'organise bien plus autour de la confrontation de points de vue, de jugements. D'un point de vue essentiellement linguistique, ce discours fait un usage important de déictiques (travaux sur documents, sur différents observables en séances de travaux pratiques par exemple), met en circulation des définitions, des paraphrases, des reformulations, opère des vérifications de compréhension, marque des étapes dans le passage d'un savoir x à un savoir $x + 1$. La dynamique interne du discours pédagogique au fur et à mesure de l'avancée dans la séance ou dans la séquence doit se traduire par une conceptualisation de plus en plus poussée. Les reformulations lexicales jouent un rôle important. Il existe des phénomènes de coopération/compétition dans l'élaboration d'un savoir à partir de la diversité des interventions des élèves – non seulement polyphonie discursive du maître, mais aussi polyphonie discursive du groupe classe[1].

---

1. Voir M. Verelhan-Bourgade, (*op. cit.*, p. 166) qui présente une liste des actes de langage de scolarisation.

✓ Monologue/interaction

L'image du discours magistral (ou de la conférence) dans sa forme essentiellement universitaire ne correspond pas à la réalité effective de la dimension orale du discours pédagogique ordinaire. Monologie ou polyphonie ?

Les rôles de l'enseignant (voir Chantal Parpette, 1997) sont complexes :
– expert du domaine, il délivre un savoir spécialisé ;
– animateur, il engage les élèves dans un certain nombre d'activités ;
– régulateur, il veille au bon déroulement des activités dans la classe, rappels à l'ordre, interpellations diverses, etc.

✓ Polyphonie discursive

La polyphonie discursive peut s'inscrire dans un monologue, ces différentes variations discursives n'étant pas explicitement signalées. Décrochements discursifs, mises en suspens, énoncés ébauchés ou « bribes », parataxe, digressions, analepses/catalepses, distensions des chaînes anaphoriques, glissements et ruptures thématiques. Contrastes entre la cohérence présupposée de l'ensemble du cours et le caractère beaucoup plus rugueux et chaotique de la réalisation discursive dans son détail et son avancée.

Mais aussi gestion des tours de parole, organisation des dyades maître/élève. Question de la présence ou plutôt de l'absence d'un oral participatif entre pairs. Organisation du cours autour de l'échange ternaire : question du maître, réponse de l'élève, reprise par le maître, la dernière intervention permettant de reprendre et de reformuler la réponse de l'élève en termes correspondant à l'officialisation/institutionnalisation du savoir (influence de la tradition de l'enseignement catéchétique ?), avec la présence nécessaire d'un clerc comme médiateur d'un sens déposé dans le Livre. Mais aussi fonction de sollicitation, d'incitation du maître par son questionnement. Fonction d'étayage aussi par les demandes de justification, de précision.

On peut considérer, au vu d'un certain nombre d'observations que le temps de la parole magistrale va en augmentant au fur et à mesure de la montée dans les apprentissages, la régulation de la compréhension par l'interaction se réduisant pour l'élève au fur et à mesure qu'il progresse dans sa scolarité. Ce qui appelle certainement des traitements différenciés selon que l'on est en CLIN ou en CLA.

Nécessité enfin de distinguer la fonction de l'enseignant de français, en CLA ou en CLIN, et celle de l'enseignant de DNL dont les modes d'intervention obéissent à des motivations différentes.

✓ Oral/écrit

Les outils d'analyse ordinairement en usage dans l'enseignement des langues tendent à dissocier à l'extrême les formes de compétence. Oral ou écrit, lecture ou écriture. Or dans le discours pédagogique, ces quatre compétences sont souvent étroitement imbriquées : le professeur peut développer un discours oral à partir d'une fiche qu'il lit. Son discours oral peut être ponctué de mises au point écrites au tableau. Les élèves peuvent écouter et prendre des notes, écouter et lire en même temps un document, lire et écrire quand ils doivent synthétiser différents documents. Glissements permanents d'une dominante de compétence à une autre. À la polyphonie discursive s'ajoute donc un usage pluridimensionnel de la langue. On est certainement plus en présence d'une compétence oralographique selon la terminologie de Robert Bouchard, compétence mixte telle que les classifications du récent *Cadre européen commun de référence pour l'enseignement des langues* tendent à faire apparaître.

Formes de la communication orale dans un cours

Le plan du cours permet aux élèves de se situer par rapport au plan et aux différentes étapes du cours et de se familiariser avec les signaux énonciatifs et prosodiques correspondants.

Étapes	Actualisation discursive et linguistique	Aspects généraux
• Interrogation en début de cours (vérification des connaissances) • Correction d'un exercice • Rappel des éléments déjà abordés (mise en relation des connaissances installées avec la leçon à venir)	• Forme et types de phrase • Adresse à la personne	• Intonation expressive • Pauses • Débit • De façon plus générale, le flux verbal (les éléments linguistiques constitutifs, les éléments structurants : annonce, récapitulation, insistance, transition, conclusion, adresse à la personne, consignes, etc. sur la base d'indices contextuels, mimiques, gestuelles, sur la base d'indices prosodiques : débit, intonation, accentuation, pauses, etc.)
• Annonce de la leçon du jour • Présentation du matériel/ des supports d'activités (documents, textes, données quantitatives, etc.) • Consignes d'activités (observer, lire, comparer, contrôler des résultats, etc.)	• Comprendre la consigne • Demander des précisions • Situer une action dans le temps et dans l'espace et de façon plus générale maîtriser tout ce qui relève de l'expression de la circonstance	
• Cours dialogué • Activité expérimentale • Résolution de problème • Situation d'investigation • Travaux de groupe • Recherche documentaire • Exposé • Débat argumenté	• Question/réponse • Éléments de perception • Construction d'un raisonnement • Comparaison (identité/ différence)	• Aspects énonciatifs : la personne, l'interaction, les conventions discursives • Les modalisations • Marqueurs de structuration de l'échange : *alors, bon, n'est-ce pas, d'accord, oui mais, non mais,* etc.
• Consolidation (exercices, création d'automatismes, reformulation, etc.) • Bilan oral et écrit, conclusion, mise en relation avec le questionnement initial, conceptualisation • Annonce de la suite du cours	• Généralisation, conceptualisation	

Aspects pédagogiques

Comment préparer les élèves primo-arrivants à ces usages scolaires du français ?

– le plan d'un cours et son actualisation linguistique (lexique, aspects prosodiques) ;
– le tri dans le flux d'informations. Quels sont les signes prosodiques d'un appel à l'attention, de l'arrivée à un élément conclusif important ? Quels sont les signes prosodiques et lexicaux d'une ouverture/pause (exemple, anecdote, digression, etc.) ? Quelle traduction langagière de cette hiérarchie dans l'information ?
– l'ancrage lexical du cours par l'usage du tableau ;
– des mots-clés à la phrase, de la phrase au texte.

Les niveaux de formulation

La problématique des niveaux de formulation a été développée par les groupes de recherche-action à l'INRP, dans les années 1970, à l'occasion de la mise en place de ce que l'on appela à l'époque les activités d'éveil, activités qui se substituaient aux anciens programmes de sciences et qui tentaient de fonder l'enseignement des sciences (sciences humaines et sciences expérimentales) sur une démarche de recherche conduite par l'enfant, à la mesure de ses capacités intellectuelles, telles qu'elles étaient organisées à un moment donné de son développement, et non sur la présentation d'objets de savoir déjà élaborés que les élèves n'auraient qu'à mémoriser.

Les apprentissages scientifiques se fondaient donc sur la mise en place de notions qui à chacun des niveaux de la scolarisation faisaient l'objet de reprises à des degrés différents d'abstraction et de conceptualisation. Un niveau de formulation correspondait donc à la capacité de l'élève à rendre compte par le langage verbal, notamment, des propriétés d'un phénomène, d'un élément du vivant, avec ses ressources linguistiques, telles qu'elles étaient disponibles à un moment donné[1].

Même si ces travaux n'ont connu qu'une faible postérité, ce que l'on peut d'ailleurs regretter, ils offrent cependant des perspectives d'intervention pédagogique qui peuvent associer, ce qui dans les DNL est précieux, traitement cognitif et traitement linguistique, en opérant des variations portant sur le degré d'abstraction, depuis le constat

---

1. « *Un niveau de formulation est déterminé par une somme de connaissances nécessaires pour construire un énoncé [...]. Il s'agit donc d'un énoncé correspondant à un seuil que l'on atteint. C'est en première approximation un certain niveau d'abstraction.* » A. Giordan, G. De Vecchi, 1987, p. 178.

empirique, descriptif, jusqu'à l'analyse théorique, variations qui ont une incidence directe sur le choix du lexique et sur les solutions syntaxiques associées.

Nous retiendrons trois exemples :
– la construction de l'idée de régime alimentaire, chez les enfants de 6 à 12 ans ;
– la notion de respiration, du cycle 2 et 3 à la classe de Seconde ;
– l'approche des régions industrielles en géographie.

Un objet de savoir commun, à chaque fois, mais des niveaux de formulation différents.

Le régime alimentaire

Ces trois formulations s'inscrivent à trois degrés d'abstraction dans l'appréhension d'une des grandes fonctions du vivant. En (1), nous sommes en présence d'un énoncé descriptif qui rend compte d'une conduite abordée à partir d'un acteur « *un animal* » et représentée par des verbes d'action « *se nourrir* », « *manger* ». Même si la formulation « un animal » se situe déjà à un certain degré de généralité, alors que l'on peut imaginer que dans une classe de CP on fera observer la conduite d'un chat, d'une poule ou d'un moineau. La définition « *régime alimentaire* » est ancrée par rapport à l'animal « *son régime alimentaire* » et se fonde sur une action perceptible « *ce qu'il mange* ».

L'énoncé (2) nous situe à un degré supplémentaire d'abstraction. Le mot « *animal* » est remplacé par « *espèce animale* » et l'énoncé est ancré non plus sur la conduite de l'animal mais sur une construction différente fondée sur l'élément défini dans sa plus grande abstraction « *le régime alimentaire d'une espèce animale* », hors de toute approche actantielle (il suffit de comparer avec la formulation « *l'animal mange* ») et les éléments définissants approchés à partir des notions de « *structure* » et de « *comportement* ». Il s'agit de faire constater la variété des régimes alimentaires. Un exemple est proposé : « *herbivore, carnivore* ».

L'énoncé (3) est un énoncé théorique qui dépasse la notion de constat pour faire accéder à celle de relation logique, exprimée ici par le verbe « *dépendre de* ». La notion de régime est placée dans une relation établie entre sa nature et les caractéristiques de l'animal et du milieu. Les notions de « *carnivore* » ou d'« *herbivore* » ont disparu, remplacées par « *ce qu'ils trouvent dans leur milieu de vie* ». L'accent est désormais mis sur la variation, qui est une donnée logique, et non sur la variété (herbivore ou carnivore) qui est une donnée descriptive. Il s'agit donc, par ces reformulations, d'être de plus en plus précis, sans cesser d'être exact.

Cette logique de traitement des données se retrouve dans cet autre exemple, les formulations étant empruntées dans les textes de programmes et documents d'accompagnement des SVT.

La respiration

Fiche 15

LA RESPIRATION

1. Après un effort, on a le cœur qui bat, on est essoufflé (cycle 2 et 3, école élémentaire).

2. Au cours d'une activité musculaire, des modifications s'opèrent (rythme cardiaque et respiratoire, température corporelle), à l'échelle de l'organisme (classe de 5e).

3. L'augmentation de l'activité physique s'accompagne d'un accroissement de la consommation de dioxygène et de nutriments par les cellules musculaires (classe de Seconde).

Une évolution analogue peut être notée entre l'énoncé (1) de nature figurative, sensible, avec un sujet humain au centre, « *on a le cœur qui bat, on est essoufflé* », dans un moment donné « *après un effort* » et l'énoncé (2) qui se situe à un niveau de plus grande généralité et d'abstraction mais aussi de plus grande précision (« *après un effort* » devient « *au cours d'une activité musculaire* »). Le sujet humain disparaît au profit d'une vision hors événement « *des modifications s'opèrent* » au lieu de « *l'effort opère des modifications* » et « *le cœur qui bat, on est essoufflé* » devient « *modification [...] rythme cardiaque et respiratoire* », avec ajout et précision de données « *température corporelle* » qui renvoie à « *la température du corps augmente* », non énoncé en (1), mais qui aurait pu l'être, «*à l'échelle de l'organisme*» commentant le fait que les modifications concernent le cœur, la respiration et la température du corps. Mais on est encore au niveau du simple constat «*activité musculaire*» = «*des modifications s'opèrent*».

L'énoncé (3) établit une relation explicative entre «*l'effort*» qui devient ici: «*l'augmentation de l'activité physique*» et les modifications constatées dans l'organisme «*accroissement de la consommation de dioxygène et de nutriments par les cellules musculaires*» expliquant le cœur qui bat, l'essoufflement et la température qui augmente. Le verbe «*s'accompagne*» établit le lien logique entre les deux phénomènes. Les trois énoncés sont exacts, mais chacun se situe à un niveau donné de précision.

Le rôle du professeur de français (FL2) n'est pas ici de faire produire et de reformuler hors contexte de tels énoncés, puisque ces modifications sont liées aux connaissances qui ont pu être accumulées lors d'activités d'observation, d'investigation, de recherche, en cours ou en travaux pratiques. Mais il doit donner à ses élèves la capacité à opérer les transformations lexicales et syntaxiques qui pourront intervenir dans les situations d'expression scientifique.

Ainsi, on peut suggérer en appui et selon les niveaux et en vérifiant auprès des professeurs des DNL la pertinence d'usage de ces formes, les activités linguistiques suivantes (fiche 16):

Fiche 16

Classez les énoncés par ordre de généralité :

1.
– au cours d'une activité physique ( )
– pendant l'effort que j'ai fourni ( )
– au cours d'une activité musculaire ( )

2.
– il y a de plus en plus d'habitants = l'augmentation de la population
– il y a de moins en moins d'habitants = ...
– la vie est de plus en plus longue = ...
etc.

Choisissez la bonne réponse :

– Si je dis qu'il y a de moins en moins de loups dans les montagnes, cela signifie qu'il y a augmentation/diminution/maintien du nombre de loups ?

– Si je dis qu'il y a de plus en plus de pêcheurs en Méditerranée, cela signifie qu'il y a augmentation/diminution/maintien du nombre de pêcheurs ?

– Si je dis que le nombre de touristes à Paris est le même que l'an passé, cela signifie qu'il y a augmentation/diminution/maintien du nombre de touristes ?

Faites usage de l'un des mots entre parenthèses dans chacune des phrases suivantes :

• Nos revenus ont .... Nous devons faire attention à ne pas engager trop de dépenses cette année.

Nos revenus ont .... Nous pourrons acheter une nouvelle voiture cette année.

(diminuer/augmenter)

• Son état de santé s'est .... Il pourra quitter l'hôpital à la fin de la semaine.

Son état de santé s'est .... Nous devons envisager une nouvelle opération.

Pour l'instant, son état de santé s'est .... Nous devons attendre avant d'envisager une nouvelle opération.

(s'améliorer/se stabiliser/se dégrader)

Niveaux de formulation et géographie

Qu'en est-il dans les sciences dites humaines ? De telles transformations peuvent-elles être notées dans les niveaux de formulation ?

LES RÉGIONS INDUSTRIELLES

1. Le Nord et l'Est se désindustrialisent. Leur activité industrielle, autrefois fondée sur le charbon et l'acier, doit se reconvertir vers d'autres activités.

(*Histoire-Géographie, CM2*, Hachette, 2006)

2. À partir des années 1970, une série de crises a durement frappé les activités de ces régions [le Nord et l'Est]. C'est tout d'abord le textile, concurrencé par des productions de pays où la main-d'œuvre est moins chère, qui a perdu des milliers d'emplois avant de disparaître complètement. Puis le secteur sidérurgique a lui aussi connu la récession. Seules quelques usines plus modernes (comme à Dunkerque, dans le Nord) ont pu se maintenir. Les mines des bassins houillers ont progressivement fermé. Ces fermetures d'usines ont créé un fort chômage. Les friches industrielles ont envahi le paysage.

(*Histoire-Géographie*, 4ᵉ, Hachette, 2006)

3. Depuis les années 1970, la France subit une désindustrialisation assez marquée dans des secteurs traditionnels comme la sidérurgie ou le textile. Face à la concurrence de nouveaux matériaux et de pays où le coût de la main-d'œuvre est inférieur, ces secteurs ont été contraints à la modernisation ou à la reconversion. Les conséquences économiques, sociales et géographiques du déclin des industries traditionnelles sont très importantes.

(*Histoire-Géographie*, 3ᵉ, Hachette, 2007)

Alors que la distinction dans les niveaux de formulation, en SVT, réside dans le passage d'énoncés de nature figurative, liés à l'expression d'un savoir de nature empirique à des énoncés théoriques, la distinction en géographie est de nature différente. L'énoncé proposé en CM2, s'il est bref, relève déjà d'une formulation savante « *se désindustrialisent* », *activité industrielle* », « *se reconvertir* ». Le lexique ici proposé n'est pas différent de celui en usage en classe de 3e. La différence réside dans le détail de l'information apportée. Les textes (2) et (3) peuvent être considérés comme des amplifications du texte (1). On peut cependant considérer que le texte (2) met l'accent sur la dimension proprement événementielle de la crise : « *le textile [...] qui a perdu des milliers d'emplois ; le secteur sidérurgique a connu lui aussi la récession ; les mines [...] ont progressivement fermé* », ces différentes phrases détaillant l'énoncé initial « *une série de crises a durablement frappé les activités de ces régions* ». Alors que le texte (3) propose une explication du phénomène de désindustrialisation, ainsi qu'une brève évocation des conséquences. Les élèves sont placés d'emblée, dès le CM2 dans un savoir de nature géographique, mais situé au niveau du simple constat, alors qu'au collège, on détaillera le phénomène « désindustrialisation/crise » par un travail de démultiplication lexicale. *Activité industrielle = textile, sidérurgie, mines. Crise = perte de milliers d'emplois, récession, fermeture de mines.*

Le travail d'accompagnement en matière de français ne sera donc pas tout à fait le même qu'en SVT.

Fiche 18

On apprend ici aux élèves à déployer le dispositif descriptif et explicatif contenu dans l'énoncé initial, en y insérant des informations complémentaires.

– *il y a des industries traditionnelles*
– *ces industries déclinent*
– *il y a des conséquences*
– *des conséquences dans différents domaines, économique, social, notamment*
– *ces conséquences sont très importantes*

Regroupez ces différents éléments en une seule phrase qui commence par : *«le déclin... ».*

Réponse possible :

Le déclin des industries traditionnelles a des conséquences très importantes dans différents domaines, économiques, social, notamment.

Lire les titres

La fréquence et la banalité d'usage des titres dans les activités d'enseignement finissent par masquer l'existence d'une unité discursive au profil singulier. Unité d'un usage constant, en classe quand le professeur écrit le thème de la leçon au tableau et en définit les étapes par des sous-titres, quand le titre permet, en consultant une table des matières ou un sommaire, de retrouver un chapitre particulier, quand à la BCD ou au CDI on recherche un ouvrage, ou que dans le déroulement d'un texte long dont il jalonne le parcours de lecture on recherche un passage particulier, le titre relève, pour sa lecture, d'une compétence particulière à laquelle on prête ordinairement peu d'attention dans la mesure elle ne semble pas soulever de difficultés particulières, au moins pour les élèves francophones natifs.

Élément discret d'accompagnement du texte, le titre constitue un outil précieux d'élucidation du sens dont l'ENA devra apprendre à faire usage. Un titre, quand il est bien fait, résume le texte à venir, permet au lecteur d'anticiper, de définir ce que l'on appelle un horizon attente et mérite donc une attention particulière.

Les types de formulation

L'énoncé-titre est une unité discursive, de taille limitée, qui représente de la part de l'instance énonciatrice l'effort engagé en direction du lecteur pour donner du texte à venir la représentation la plus dense, la plus claire, ou la plus évocatrice. D'une certaine manière, il correspond à une prise en charge du lecteur en lui proposant un axe majeur de lecture. Il est aussi une phrase, à l'organisation particulière, dont les propriétés syntaxiques demandant à être plus précisément décrites. D'un niveau à l'autre (selon que l'on se situe à l'école ou au collège), d'une discipline à l'autre, les choix ne sont pas les mêmes et appelleront des traitements pédagogiques différents.

À titre d'exemple, et comme matériaux de référence, nous allons examiner les formes attestées dans un certain nombre de manuels en usage à l'école ou au collège, sachant que les domaines de référence des programmes ne sont pas distribués de la même façon.

FORMULATION DE TITRES

	École	Collège
SVT	• Qu'est-ce qu'une éruption volcanique ? • Certaines éruptions sont explosives • Où sont situés les volcans actifs ? • Des séismes meurtriers • Jusqu'où ressent-on les secousses ? • Où et pourquoi le sol tremble-t-il ? • 65 000 km de volcans sous la mer • Une coquille en plusieurs morceaux *(Sciences et technologie*, CM, Bordas, 1995)	L'activité interne du globe • Les séismes – les manifestations et les conséquences d'un séisme – séisme et ondes sismiques – la répartition des séismes sur le globe terrestre • Le volcanisme – l'identification de deux types de volcanisme – les produits émis par les éruptions volcaniques – le devenir du magma à la surface du globe – la répartition des volcans actifs sur le globe terrestre • La tectonique des plaques Etc. • L'activité de la planète engendre des risques pour l'homme Etc. *(Sciences de la vie et de la terre*, 4e, Hachette-Éducation, 2007)
Histoire	Le xixe siècle (1815-1914) • Bilan de la Révolution et de l'Empire • La France de 1815 à 1870 • Un siècle d'innovations • Industrialisation et capitalisme • La révolution des transports • L'urbanisation • Les transformations de la société • Les nouveaux comportements • Luttes sociales et progrès sociaux au xixe siècle • Le travail des enfants et des adolescents	7. L'âge industriel • La naissance de l'industrie moderne • L'essor des transports • Les transformations des sociétés européennes • Socialisme, syndicalisme et luttes ouvrières 8. Les bouleversements culturels • Les nouveaux comportements culturels • De nouvelles formes artistiques 9. Les mouvements libéraux et nationaux • Les peuples contre leurs rois (1815-1848)

Histoire	• Autres temps, autres récits • Autres temps, autres images • La IIIe République • Les femmes dans la vie politique et sociale • La création artistique et littéraire • Les Européens et le monde • L'expansion coloniale *(Histoire-Géographie*, CM2, Hachette, 2006)	• La difficile unité italienne • La naissance de l'Allemagne 10. Le partage du monde • L'Europe à la conquête du monde • Les grands empires coloniaux 11. La France de 1815 à 1914 • La monarchie constitutionnelle (1815-1848) • La IIe République (1846-1851) • Le Seconde Empire (1852-1870) • Les débuts de la IIIe République (1870-1914) *(Histoire-Géographie, 4e*, Hachette, 2006)
Géographie	• La société française • Le réseau urbain français • Les espaces agricoles • Les espaces industriels • Les réseaux de transport • Les espaces de services • Les espaces de tourisme • Un territoire à préserver • L'aménagement du territoire • La France dans l'Union européenne • La France des trois océans • Le rôle culturel de la France • Le rôle international de la France *(Histoire-Géographie*, CM2, Hachette, 2006)	Les mutations de l'économie française • L'agriculture française • L'industrie française – les mutations des industries traditionnelles – les industries de haute technologie – les réseaux de transport • La croissance des services – le tourisme en France – le développement de la grande distribution – La France, puissance euro-péenne et mondiale •La France dans l'Union européenne •La France dans l'économie mondiale •Le rayonnement international de la France *(Histoire-Géographie, 3e*, Hachette, 2007)

Physique	Comment savoir s'il y a de l'eau dans les aliments ? Comment faire sécher des champignons ? D'où vient l'eau des nuages ? Comment rendre claire de l'eau trouble ? Comment récupérer de l'eau de mer ? Comment savoir si une mer est plus salée qu'une autre ? Pourquoi met-on du sel sur les routes l'hiver ? *(Sciences, Cycle 3, Magnard, 2003)*	**A. La matière** *Chapitre 1*, L'eau dans notre environnement • L'eau dans notre environnement • Le test de reconnaissance de l'eau • L'eau dans différents milieux *Chapitre 2*, Mélanges aqueux • Obtenir une eau limpide • Recueillir le gaz d'une boisson • Identifier le gaz dissous *Chapitre 3*, Séparation des constituants d'un mélange homogène • Des solides dissous dans l'eau • Obtenir de l'eau pure • Analyse d'un mélange homogène par chromatographie *Chapitre 4*, Les états de la matière • Les changements d'état • Les trois états physiques de l'eau • Masse et volume d'eau *(Physique-Chimie, 5ᵉ, Hachette, 2006)*
Mathématiques		Écritures fractionnaires • Quotients égaux • Produit, écriture fractionnaire • Somme algébrique en écriture fractionnaire • Inverse et quotient en écriture fractionnaire *(Maths, 4ᵉ, Hachette-Éducation, 2007)*

D'ores et déjà, on peut distinguer deux modes et niveaux de formulation :

– une phrase interrogative, à la forme personnelle, qui établit une relation, minimale, entre l'instance énonciative (celle qui est chargée d'organiser le parcours d'accès au savoir) et le lecteur (ici le lecteur élève). Dynamique de la relation et surtout dynamique de l'approche du problème ou de la notion ; formulation qui est plutôt en usage à l'école élémentaire dans les disciplines scientifiques (SVT et Physique), *« Comment rendre claire l'eau trouble ? »*.

– une phrase non verbale qui sert à désigner un phénomène, un concept, une notion, un procédé, phrase qui s'organise autour d'un substantif, associé à des expansions qualifiantes de nature variée : *« Les industries de haute technologie »*, *« Somme algébrique en écriture fractionnaire »*, éventuellement sous forme de proposition infinitive : *« Recueillir le gaz d'une boisson »*. Formulations qui sont plutôt en usage au collège. Mais on observera qu'en histoire ou en géographie, on adopte à l'école élémentaire des constructions de phrase identiques à celles en usage au collège. Le substantif peut désigner une notion ou un phénomène : *« L'eau dans notre environnement »* ou correspondre à la nominalisation d'un verbe : *« Les changements d'état »*, *« Les bouleversements culturels »*. D'un point de vue stylistique, l'usage de la nominalisation inscrit la représentation des phénomènes dans une vision hors déroulement, le phénomène est traité en soi, dans ses caractéristiques propres, hors de toute contingence. Effet plus grand de scientificité, correspondant à la progression des élèves dans leurs études. Dans certains cas, le déterminant est le sujet de la phrase de base : *« Le développement de la grande distribution »*. Dans d'autres cas, il est l'objet de la phrase de base : *« Le partage du monde »*, *« L'aménagement du territoire »*. Il peut être encore un circonstant de la phrase de base : *« Les accords de Grenelle »*.

Mais on distinguera encore les titres :
– selon les procédures d'actualisation du groupe nominal, avec ou sans article : *« De nouvelles formes artistiques »*, *« La tectonique des plaques »*, ou bien *« Écritures fractionnaires »*, *« Quotients égaux »*. On remarquera que les intitulés mathématiques font rarement l'objet d'une actualisation par le moyen d'un article ;
– selon les niveaux de formulation, c'est-à-dire selon une formulation de nature ordinaire : *« Où sont situés les volcans actifs ? »*, et une formulation savante : *« La répartition des volcans actifs sur le globe terrestre »*.

La construction des titres

Si on ne considère ici que les titres relevant de la catégorie des phrases non verbales, les constructions possibles sont les suivantes (dans le corpus examiné ici, non dans un corpus qui comprendrait les titres en usage dans la littérature universitaire).

- **Substantif + adjectif qualificatif :**
  - *L'agriculture française*
  - *Écritures fractionnaires*
- **Substantif + apposition :**
  - *La France, puissance européenne et mondiale*
- **Énumération :**
  - *Socialisme, syndicalisme et luttes ouvrières*
- **Substantif + complément de nom :**
  - *Les états de la matière*
  - *La croissance des services*
  - *L'aménagement du territoire*
- **Substantif + complément de nom (construction récursive)**
  - *Séparation des constituants d'un mélange homogène*
  - *Les tests de reconnaissance de l'eau*
- **Substantifs coordonnés + complément de nom :**
  - *Les manifestations et les conséquences d'un séisme*
  - *Masse et volume d'eau*
- **Substantif (avec ou sans adjectif qualificatif, avec ou sans complément de nom) + circonstant :**
  - *Somme algébrique en écriture fractionnaire*
  - *La France dans l'Union européenne*
  - *La répartition des séismes à la surface du globe terrestre*
  - *Analyse d'un mélange homogène par chromatographie*

Toutes les ressources d'expansion du groupe nominal peuvent être utilisées et combinées entre elles, ce qui peut donner lieu à des réalisations d'une grande complexité syntaxique et qui appellent de la part du lecteur une grande vigilance, notamment de la part d'ENA qui peuvent traiter la question de l'organisation de la phrase en groupes fonctionnels sans y accorder toute l'attention nécessaire. Ainsi du traitement des groupes circonstanciels que le lecteur doit pouvoir affecter soit au groupe central : « *la répartition des volcans actifs sur le globe terrestre* », soit à un élément d'expansion du groupe central. D'autre part, il est important de noter que dans un groupe nominal avec expansion en compléments de nom et circonstant, la spécification de l'information se situe à la droite du groupe, c'est-à-dire vers la fin, alors que dans d'autres langues, les éléments spécifiés et leur spécification se situent en tête du groupe. Ainsi dans le titre : « *les produits émis par les éruptions volcaniques* », le substantif de base « *les produits* » fait l'objet de spécifications croissantes en fonction de l'avancée dans la phrase. La connaissance de l'ordre des mots en français et du mode d'articulation des éléments de la phrase entre eux est la condition d'une bonne compréhension de l'énoncé-titre.

Fiche 20

ASPECTS PÉDAGOGIQUES

Dans cette perspective, il convient d'habituer les élèves à faire usage de l'adjectivation : la transformation d'un complément de nom en adjectif qualificatif d'un point de vue stylistique, correspond, par la densité obtenue, à la recherche d'un effet accru de scientificité :

– *L'écriture des fractions/Écritures fractionnaires*

– *L'agriculture de la France/L'agriculture française*

– *Éruptions des volcans/Éruptions volcaniques*

– *Mélanges de l'eau/Mélanges aqueux*

Etc.

Ou encore, apprendre à élaborer un titre en rassemblant et en organisant les informations selon les contraintes de la syntaxe en français :

a) tranformer une phrase interrogative en phrase non verbale :

Comment réaliser un circuit électrique simple ?

....

Les graines colonisent le milieu.

....

Les saisons influent sur l'alternance des formes végétales.

....

b) Rassembler les éléments d'information suivants en une phrase non verbale :

Il y a des espèces animales.

Le comportement des espèces animales change

Le comportement change selon les saisons.

....

Nous allons parler de l'Amazonie.

En Amazonie il y a une forêt.

Cette forêt est très grande.

....

Etc.

Lire des textes scientifiques/documentaires

Les textes que les élèves peuvent être amenés à lire en DNL sont de trois sortes :

– textes du manuel (en relation directe, c'est-à-dire par usage du manuel de la classe, ou relation indirecte, photocopies de pages d'autres manuels), vecteurs d'acquisition des savoirs ;

– textes d'énoncés de problèmes, consignes d'exercice ;
– textes documentaires, destinés à élargir le champ de réflexion et d'analyse sur une question donnée, textes qui peuvent aussi constituer, dans le déroulement de la leçon, un matériau complémentaire pour contribuer, avec d'autres activités, à l'élaboration des savoirs. On sait par exemple combien l'histoire-géographie est une discipline qui fait très largement usage d'une pédagogie du document.

Ces textes se caractérisent par le fait qu'ils s'inscrivent dans une relation énonciative forte : d'une part, un énonciateur, sujet anonyme, émetteur de savoir, prescripteur d'une démarche méthodologique, et de l'autre côté un lecteur type, l'élève universel, qui applique les consignes énoncées, accumule les informations pour les convertir en savoir, en fin de parcours. Aussi l'appareillage de présentation des textes à fonction heuristique est-il un appareillage lourd, complexe, multipliant les canaux de transfert de l'information (textes, photographies, schémas, graphiques, etc.), redondance qui est considérée comme la caractéristique propre du discours pédagogique, textes qui multiplient les reformulations. Discours qui ne cesse de se traduire à lui-même, selon de multiples langages. De telles manières de faire sont largement déterminées par les cultures éducatives et selon les époques et les lieux peuvent connaître de nombreuses modifications[1]. Ainsi, les ENA arrivent de pays dans lesquels les manuels en usage dans les écoles sont très largement différents de ceux en usage en France. Le rôle du professeur de FL2 sera donc de faire acquérir par les élèves les stratégies qui leur permettront de devenir des utilisateurs efficaces de ces matériels.

Les textes documentaires qui figurent dans les manuels ou que les élèves iront consulter à la BCD ou au CDI, à la différence des textes de fiction, ont un rapport particulier à la vérité, puisqu'ils sont supposés rendre compte d'événements ou de phénomènes considérés comme attestables et incontestables (même si certains documents d'histoire sont là pour rendre compte d'attitudes d'acteurs passés et non de véridiction des faits). Ces textes se fondent sur une certaine complétude de l'information, alors que le texte de fiction s'organise de telle manière que le lecteur puisse se projeter dans les événements représentés, s'identifier aux personnages rencontrés en fonction de sa sensibilité propre, être dans l'expérience singulière de la fable ainsi rapportée, contribuer donc puissamment à la construction du sens, alors que le texte documentaire délivre un sens préconstruit.

---

1. Voir G. Vigner, 1999.

L'attitude du lecteur n'est donc pas identiquement configurée et le fait de savoir lire un conte, un court récit ou un poème ne signifie nullement que l'on puisse *ipso facto* lire un texte documentaire.

Dans le texte documentaire, le sujet énonciateur s'efface, pour partie, pour laisser place aux mondes représentés dans leurs caractéristiques propres, indépendamment des sentiments que peut éprouver le lecteur.

COMPARAISON ENTRE TEXTE DOCUMENTAIRE ET TEXTE DE FICTION

Une brève comparaison de deux textes traitant d'un même référent, la Durance, rivière tempétueuse du Sud-Est de la France, peut aider à situer les deux attitudes de lecture impliquées.

La rivière était large et coulait vers l'ouest. Gonflées par les fontes des neiges, ses eaux puissantes descendaient en entraînant des arbres. Elles étaient lourdes et grises et parfois sans raison de grands tourbillons s'y formaient qui engloutissaient une épave arrachée en amont. Quand elles rencontraient un obstacle dans leur course, elles grondaient. Sur cinq cents mètres de largeur, leur masse énorme, d'un seul bloc, s'avançait vers la rive. Au milieu, un courant plus sauvage glissait, visible à une crête sombre qui tranchait le limon des eaux. Il m'a paru si terrible que je frissonnai.

(Henri Bosco, *L'enfant et la rivière*, 1953, rééd. Folio, p. 23)

Avant sa maîtrise, qui date du début du siècle, la Durance était une rivière dynamique, très réactive, très mobile. Son caractère torrentiel en faisait un fléau, car son dynamisme se traduisait par des crues aussi violentes que soudaines et par le transport de matériaux grossiers (galets) et fins (limons), dont l'origine montagnarde apportait une note acide dans une Provence calcaire. Cela refaçonnait indéfiniment le «lit en tresses» de la rivière, encombré d'une multitude d'îles parfois assez importantes pour être baptisées. Les anciens chenaux sont encore visibles dans la forêt riveraine.

(Marie-Françoise Dupuis-Tate, Bernard Fischesser, *Rivières et paysages*, éd. La Martinière, 2003, p. 140)

Souci de vérité expressive dans le premier texte, fondé sur un usage abondant d'images destinées à faire de la Durance un être quasi vivant, redoutable. Souci d'exactitude dans le second cas par le moyen d'un vocabulaire scientifique important, emprunté pour l'essentiel à l'hydrographie des rivières. Dans le premier cas, Henri Bosco tente de faire partager par son lecteur sa perception propre de la Durance, par tout un jeu de connotations, dans le second l'auteur du texte dans une énonciation distanciée, en l'absence de toute émotion perceptible, représente un objet scientifique.

Existe-t-il des types, des genres de textes propres au domaine des DNL, catégories à partir desquelles il serait possible de déduire des conduites d'apprentissage appropriées ? Le genre est aisé à définir, il s'agit du genre pédagogique, c'est-à-dire un ensemble de discours fondé sur la prise en charge d'un locuteur dont il va falloir modifier les représentations et savoir-faire associés à des objets de savoir, à la différence du genre académique/universitaire, qui met en relation des pairs autour d'un projet de réflexion heuristique, par la production d'articles dans des revues scientifiques ou de communications dans des colloques, pour ne citer que quelques modalités d'expression et d'échange dans la communauté scientifique. Le genre pédagogique se fonde sur l'existence de ce différentiel qui va aboutir à l'élaboration d'un parcours cognitif, depuis un niveau X initial en matière de savoir à un niveau X + 1 terminal de savoir. Ce discours sera donc fait d'une réélaboration permanente des savoirs liés à des faits de réorganisation lexicale (et pour partie syntaxique). Ce qui explique le très haut niveau de densité lexicale des textes scientifiques, lexique qui, pour son élucidation, ne peut se fonder sur les activités d'inférence qui peuvent avoir cours avec les textes de fiction. L'attention sollicitée est infiniment plus forte et il appartient au professeur de FL2 d'aider ses élèves à organiser et à soutenir leur attention.

Peut-on repérer, dans le discours pédagogique, des types de texte à l'image de ce que l'on pense pouvoir trouver dans les textes de fiction (textes narratifs, textes descriptifs, textes explicatifs, textes argumentatifs) ? Hormis le fait qu'une telle typologie est éminemment contestable dans son principe, elle ne correspond pas toujours, loin s'en faut, à un découpage des textes aisément repérable. Certes, on peut trouver des représentations d'actions ou de processus (scénarios d'événements qui ne sauraient entrer dans les catégories du fameux schéma narratif. Il s'agit ici d'un déroulement type et non d'une dramatisation narrative que l'on va produire pour éveiller et maintenir l'intérêt du lecteur). Des descriptions certainement. Des explications, plus encore et parfois des faits d'argumentation, quand il s'agit d'expliquer un résultat. Mais dans la réalité des leçons figurant sur le manuel, tous ces éléments sont mêlés et une pédagogie qui serait fondée sur la seule reconnaissance des types ne nous conduirait certainement pas bien loin.

Nous aborderons quelques composantes d'une approche de la lecture en DNL, sachant qu'il ne s'agit pas ici de se vouloir exhaustif, mais de proposer un certain nombre de pistes de travail. Il appartiendra d'ailleurs au professeur de FL2 d'entrer en relation le plus fréquemment possible avec ses collègues de DNL pour échanger sur la question de la lecture (choix des documents supports, des points sur lesquels pourra porter l'activité, etc.).

Titres et amplification textuelle

On peut donc considérer (voir fiche 21) que tout élément figurant dans une colonne est l'amplification des éléments d'information figurant dans la colonne située à gauche. D détaille/amplifie la colonne C; C détaille/amplifie la colonne B; B amplifie/détaille la colonne A.

– Rechercher dans un dictionnaire le sens des mots clés ou bien rechercher dans le texte les définitions correspondantes.

Fiche 21

LE TITRE COMME DISPOSITIF DE HIÉRARCHISATION DE L'INFORMATION ET MODE D'ENTRÉE DANS LES TEXTES

L'ESSENTIEL... L'Égypte, le pharaon, les dieux,

Doc. 1 : Le territoire égyptien.

1. L'Égypte, « un don du Nil » (p. 26-27)

A. Un fleuve vital pour les Égyptiens

L'Égypte se situe à l'est du grand désert africain : le Sahara. Sa vallée forme un long ruban verdoyant (**doc. 1**). C'est l'axe vital du pays. Le fleuve apporte l'eau, fertilise les berges et sert de voie de communication entre le nord et le sud. Les plateaux désertiques qui entourent la vallée recèlent des gisements d'or et fournissent la pierre de construction. La crue annuelle du fleuve a lieu de juillet à octobre. Le Nil inonde alors sa vallée. En se retirant au moment de la décrue, il laisse une fine couche de terre fertile : le limon.

B. Plus de 90 % de paysans

Sans le Nil, l'Égypte serait un désert, mais c'est le travail des hommes qui a transformé cette vallée en oasis. La plupart des Égyptiens sont des paysans. Ils ont développé l'irrigation en construisant des bassins, des digues et des canaux afin de maîtriser la circulation de l'eau. Ils cultivent ainsi le blé et l'orge nécessaires à la fabrication des galettes et de la bière, bases de la nourriture. Le papyrus, dont on fait les rouleaux utilisés par les scribes pour écrire, provient aussi des berges du fleuve.

C. Des conditions de vie difficiles

La vie des paysans est rythmée par les travaux agricoles et l'inondation de la vallée. Ils vivent dans des maisons de boue séchée et utilisent des instruments primitifs (araire, houe) pour labourer les champs. La terre appartient au pharaon et les paysans doivent lui donner une grande partie de la récolte. Quand il ne cultive pas son champ, le paysan travaille sur des chantiers de construction de monuments à la gloire du pharaon et des dieux.

VOCABULAIRE	À RETENIR
• crue (la) voir p. 27	• Le Nil est à l'origine de la richesse de l'Égypte.
• irrigation (une) voir p. 27	• Les paysans représentent 90 % de la population du pays.
• limon (le) voir p. 27	
• oasis (une) voir p. 27	
• scribe (le) voir p. 27	

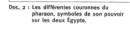

couronne de Basse Égypte   couronne de Haute Égypte

Pschent, ou double couronne, symbole de l'unité du pays

Doc. 2 : Les différentes couronnes du pharaon, symboles de son pouvoir sur les deux Égypte.

2. Le pharaon, maître de l'Égypte (p. 30-31)

A. Un roi et un dieu

Le pharaon est à la fois un roi et un dieu vivant. Il serait le descendant de Rê, dieu du soleil. Il est très respecté par la population qui le connaît grâce aux nombreuses statues qui ornent les monuments. Elles portent les symboles de sa puissance : la barbe postiche qui rappelle qu'il est immortel, le cobra protecteur, le sceptre et le fouet qui montrent son autorité sur les hommes.

B. Des pouvoirs considérables

Chef de l'État égyptien, le pharaon unit dans une même monarchie la Haute et la Basse-Égypte (**doc. 2**). Il détient tous les pouvoirs. En tant que chef religieux, il doit construire des temples et faire des offrandes aux dieux. Il est aussi un chef militaire qui doit lutter contre les ennemis et si possible agrandir son territoire.

40

Apprendre aux élèves à lire le dispositif intitulaire d'une leçon, par le repérage des mots-clés et les relations hiérarchiques entre les mots.

les hommes ...DU CHAPITRE

C. Une société hiérarchisée (doc. 3)

Pour gouverner, le pharaon est aidé d'un vizir. Il dispose aussi d'une administration puissante. Les fonctionnaires assurent l'exécution des décrets royaux et l'organisation des grands chantiers. Ils surveillent les cultures afin de permettre le prélèvement de l'impôt pris directement sur les récoltes, car la monnaie n'existe pas. Les artisans ont de meilleures conditions de vie que le reste de la population car ils sont protégés par l'État.

VOCABULAIRE	À RETENIR
• administration (une) voir p. 31 • décret (le) voir p. 31 • État (un) voir p. 31 • monarchie (la) voir p.31 • temple (le) voir p. 31 • vizir (le) voir p. 31	• Le pharaon est roi et dieu en même temps. • Il gouverne un État centralisé grâce à une administration puissante.

3. Les croyances des Égyptiens (p. 32-33)

A. Une religion polythéiste

Les Égyptiens croient en de nombreux dieux. Beaucoup sont représentés avec un corps humain et une tête d'animal. Les dieux les plus importants aux yeux des habitants sont Horus, Isis, Osiris ou Rê, le dieu du soleil, dont le pharaon dit descendre. Les légendes et les mythes qui entourent les dieux permettent aux Égyptiens d'expliquer le monde qui les entoure.

B. La vie après la mort

Les Égyptiens pensent qu'il existe une vie après la mort. Les techniques d'embaumement permettent de conserver les corps pour la vie dans l'au-delà. Les momies sont ensuite déposées dans des sarcophages (doc. 4) en attendant le jugement qui détermine le passage dans l'autre monde (mythe d'Osiris). Il faut aussi faire des offrandes aux dieux pour s'attirer leur bienveillance.

C. Les prêtres sont puissants et respectés

Considérés comme les demeures des dieux, les temples sont des lieux sacrés qui abritent leurs statues. Seuls les prêtres et le pharaon peuvent y pénétrer. Ils réalisent alors le culte divin en faisant des rites de purification et en apportant des offrandes pour nourrir le dieu. Les prêtres doivent aussi s'occuper des monuments funéraires construits pour honorer les principaux personnages de l'Égypte, les pyramides. Pour cela, ils reçoivent de la nourriture, de l'argent et sont protégés par le pharaon.

VOCABULAIRE	À RETENIR
• culte (le) voir p. 33 • embaumement (un) voir p. 35 • mythe (le) voir p. 33 • polythéisme (le) voir p. 33 • prêtre (le) voir p. 33 • rite (le) voir p. 33 • sarcophage (le) voir p. 33	• Les Égyptiens adorent de nombreux dieux. • Ils croient en une vie après la mort.

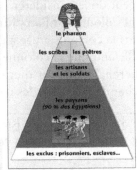

le pharaon

les scribes   les prêtres

les artisans et les soldats

les paysans (90 % des Égyptiens)

les exclus : prisonniers, esclaves...

Doc. 3 : La société égyptienne.

REPÈRES CHRONOLOGIQUES

Vers 3000 avant J.-C. : début du royaume des pharaons.
Vers 2600-2400 avant J.-C. : construction des grandes pyramides.
Vers 1350-1220 avant J.-C. : règne de Toutankhamon et de Ramsès II.
237 avant J.-C. : début de la construction du temple d'Edfou.
30 avant J.-C. : l'Égypte devient une province romaine.

Doc. 4 : Le sarcophage de la dame Madja, vers 1500 avant J.-C., musée du Louvre, Paris. À droite, on distingue l'œil d'Horus qui veille sur le défunt dans le royaume des morts.

CHAPITRE 2 L'Égypte, le pharaon, les dieux, les hommes   **41**

(Histoire-Géographie, 6e, Hachette, 2007)

A	B	C	D
Titre général	Sous-titre 1	Sous-titre 2	Texte
L'essentiel du chapitre (intitulé méthodologique) **L'Égypte, le pharaon, les dieux, les hommes** (intitulé thématique)	1. L'Égypte, un «don du Nil»	A. Un fleuve vital pour les Égyptiens	Rechercher dans le texte les éléments qui paraphrasent et amplifient le titre.
		B. Plus de 90 % de paysans	Rechercher dans le texte les éléments qui paraphrasent et amplifient le titre.
		C. Des conditions de vie difficiles	Rechercher dans le texte les éléments qui paraphrasent et amplifient le titre.
	2. Le pharaon, maître de l'Égypte	A. Un roi et un dieu	Rechercher dans le texte les éléments qui paraphrasent et amplifient le titre.
		B. Des pouvoirs considérables	Rechercher dans le texte les éléments qui paraphrasent et amplifient le titre.
		C. Une société hiérarchisée	Rechercher dans le texte les éléments qui paraphrasent et amplifient le titre.

A	B	C	D
Titre général	Sous-titre 1	Sous-titre 2	Texte
	3. Les croyances des Égyptiens	A. Une religion polythéiste	Rechercher dans le texte les éléments qui paraphrasent et amplifient le titre.
		B. La vie après la mort	Rechercher dans le texte les éléments qui paraphrasent et amplifient le titre.
		C. Les prêtres sont puissants et respectés	Rechercher dans le texte les éléments qui paraphrasent et amplifient le titre.

– La forme des phrases, pour la plupart des phrases non verbales (à l'exception du dernier sous-titre « *Les prêtres sont puissants et respectés* »). Dans la colonne B, faire remarquer l'usage de la virgule, construction en apposition qui définit le substantif. Faire paraphraser : *L'Égypte, « un don du Nil » = L'Égypte est un don du Nil, Le pharaon, maître de l'Égypte = Le pharaon est le maître de l'Égypte.*

– L'usage des articles : articles définis dans les colonnes A et B : actualise des notions ou des concepts singuliers. Il n'y a qu'une Égypte, il n'y a qu'un seul pharaon. En revanche, dans la colonne C, plutôt des articles indéfinis. Ces articles introduisent des éléments définitionnels : *Le pharaon (est) un roi et un dieu ; (la société égyptienne est) une société hiérarchisée, etc.* Même si ce dispositif n'est pas rigoureusement suivi : *Les prêtres sont puissants et respectés* aurait pu être présenté en *des prêtres puissants et respectés.*

– On observera que les adjectifs qualificatifs sont tous postposés.

– L'organisation textuelle est faite d'une succession de phrases dont le lien est essentiellement descriptif. Ainsi dans le texte qui suit le sous-titre *Une religion polythéiste*, la phrase 1 « *Les Égyptiens croient en de nombreux dieux* » paraphrase le titre et les phrases suivantes caractérisent les dieux du point de vue de la forme « *beaucoup sont représentés avec un corps humain et une tête d'animal* », de leur hiérarchie et de propriétés associées « *mythes et légendes* ». Autrement dit, une liste mise en texte. Le lecteur ne peut ici s'appuyer sur les ressources d'un schéma textuel largement disponible, comme le schéma narratif, mais doit s'appuyer sur les liens de sens qui unissent les mots-clés du texte.

Si toutes les leçons, dans toutes les disciplines ne s'organisent pas exactement de la même manière, la logique générale de présentation de la leçon reste cependant proche de celle que nous venons rapidement de présenter ici. Les élèves acquièrent de la sorte une logique de lecture différente de celle qui prévaut dans les textes de fiction par exemple.

Parcours de compréhension et vocabulaire

Même si une leçon s'inscrit dans des schémas d'organisation complexes et plus ouverts que dans les dispositifs textuels fictionnels, une logique générale prévaut qui doit faire passer le lecteur de l'état de non-savoir initial à celui de savoir final et ceci par l'évolution du vocabulaire qui actualise ce parcours cognitif.

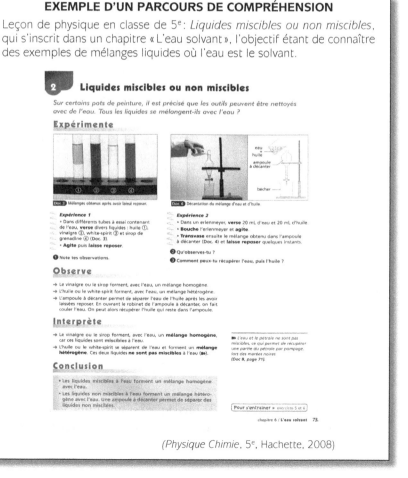

EXEMPLE D'UN PARCOURS DE COMPRÉHENSION

Leçon de physique en classe de 5ᵉ : *Liquides miscibles ou non miscibles*, qui s'inscrit dans un chapitre « L'eau solvant », l'objectif étant de connaître des exemples de mélanges liquides où l'eau est le solvant.

(Physique Chimie, 5ᵉ, Hachette, 2008)

Le titre de la leçon revêt une forme savante par l'utilisation d'un vocabulaire tout à la fois général «*liquides*» et non «huile», «vinaigre» «sirop de grenadine», etc. et savant «miscible» et non sa paraphrase «qui peut se mélanger».

Puis un bref paragraphe imprimé en gros caractères, en italiques qui s'appuie sur un constat empirique pris dans la vie quotidienne et une première formulation : «*Tous les liquides se mélangent-ils avec l'eau ?*» questionnement initial dont la réponse, sous une forme à déterminer, doit être donnée en fin de leçon.

Les expériences représentées (simulées) font apparaître l'usage d'un lexique qui correspond aux différentes phases d'un mélange :

Phase 1	Phase 2	Phase 3	Phase 4
Verser liquide(s)	agiter	laisser reposer	récupérer

Reformulation

Le vinaigre ou le sirop forment avec l'eau un mélange homogène.	L'huile ou le white-spirit forment, avec l'eau, un mélange hétérogène
Le vinaigre ou le sirop forment avec l'eau un mélange homogène, car ces liquides sont miscibles à l'eau.	L'huile ou le white-spirit se séparent de l'eau et forment un mélange hétérogène. Ces deux liquides ne sont pas miscibles à l'eau.
	L'ampoule à décanter permet de séparer l'eau de l'huile après les avoir laissées reposer. En ouvrant le robinet de l'ampoule à décanter, on fait couler l'eau. On peut alors récupérer l'huile qui reste dans l'ampoule.
Les liquides miscibles à l'eau forment un mélange homogène avec l'eau.	Les liquides non miscibles à l'eau forment un mélange hétérogène avec l'eau. Une ampoule à décanter permet de séparer des liquides non miscibles.

Autrement dit, cette leçon de physique est aussi une leçon de vocabulaire dans lequel les élèves auront à passer d'un lexique ordinaire à un lexique savant : «*pouvoir se mélanger*» «*mélange homogène*», «*ne pas pouvoir se mélanger »*, *« mélange hétérogène »*, *« laisser reposer »*, *« décanter »*.

Les oppositions *« mélanger »* *« séparer »* ; les constructions *« miscible/non miscible à »* *« un mélange homogène avec »*.

Le caractère énigmatique du titre est levé au terme des expériences proposées et des activités d'interprétation associées.

Le rôle du professeur de FL2 n'est pas d'engager un tel travail sur l'ensemble des leçons mais de susciter chez les ENA une démarche de lecture fondée sur les reformulations lexicales, celles qui unissent l'intitulé et la conclusion ou le résumé, en postulant qu'il existe une relation de sens et des étapes intermédiaires qu'il importe de repérer.

Lecture plurisémiotique (texte-images)

La formation et l'information scientifiques, si elles passent par le langage verbal, sont aussi exprimées par le moyen de schémas, dessins, photographies, images au sens large du terme dont le degré d'élaboration, selon le niveau des élèves et selon la nature du problème traité, peut varier considérablement. Rien n'est moins transparent que ces dispositifs pluricodés qui se fondent sur la combinaison, dans des proportions variées, de langages, figuratifs, graphiques de type flèches différemment orientées, associées à des légendes intégrées dans l'image, en fait une schématisation abstraite projetée sur un univers figuratif.

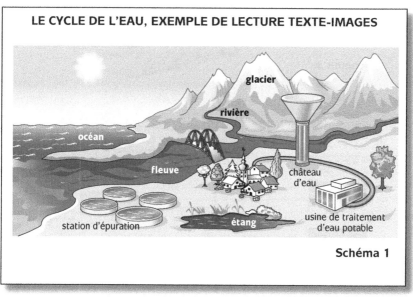

LE CYCLE DE L'EAU, EXEMPLE DE LECTURE TEXTE-IMAGES

glacier

rivière

océan

fleuve

château d'eau

station d'épuration

étang

usine de traitement d'eau potable

Schéma 1

Fiche 23

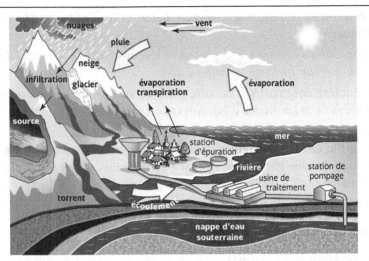

Schéma 2

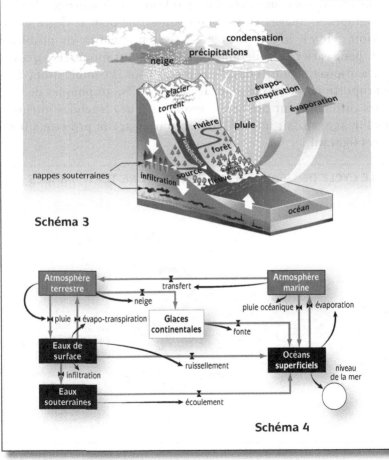

Schéma 3

Schéma 4

Ces quatre schémas représentent à différents degrés d'abstraction, le cycle de l'eau, le dernier étant le plus abstrait, puisque les éléments figuratifs sont remplacés par de simples figures géométriques.

L'objectif du professeur est de rendre ici ces schémas intelligibles et de proposer les transpositions verbales possibles de ce qui est de la sorte représenté sur les dessins. La légende nous fournit les substantifs, les flèches doivent correspondre à des verbes qui indiquent soit un déplacement soit une transformation d'état.

Avec des élèves de l'école élémentaire, on s'en tiendra aux schémas 1 et 2. Avec les élèves du collège, on tentera de travailler sur les reformulations liées à ces quatre schémas dans une perspective d'abstraction progressive des mondes représentés, d'une figuration explicitée, à une représentation de nature purement logique (schéma 4).

Lire à haute voix les énoncés mixtes (écritures verbales, écritures mathématiques)

En mathématiques, mais aussi dans des disciplines où interviennent des données statistiques (géographie par exemple), des mesures (en physique et en EPS ou en technologie), les élèves sont confrontés à des données numériques ou à des données algébriques qu'il importe de pouvoir énoncer oralement. Si les écritures numériques ou algébriques ont un caractère universel (encore que les écritures opératoires ne soient pas exactement les mêmes d'un pays à l'autre – voir Russie, Angleterre, etc.), les conditions de leur oralisation selon les langues peuvent être très différentes. Aussi convient-il d'habituer très tôt les élèves à lire à haute voix des suites numériques ou algébriques, l'ordre d'énonciation des éléments de l'écriture n'obéissant pas à une logique mathématique universelle, mais aux usages qui prévalent dans la langue. Les écritures fractionnaires, les écritures géométriques posent de ce point de vue là de nombreux problèmes aux ENA. Cette approche doit relever d'une action conjointe entre le professeur de mathématique, de physique et le professeur de FL2 et entre le professeur des écoles responsable de la classe d'inscription de l'ENA et le professeur responsable de la CLIN.

Continuités anaphoriques

Un des aspects de la compétence de lecture porte sur la capacité de l'élève à suivre le thème central du texte tout à la fois dans sa continuité et dans la diversité de ses formes linguistiques, ce que l'on appelle aussi les continuités anaphoriques. On sait que chaque langue mobilise à cet effet des ressources linguistiques particulières et les ENA doivent très rapidement pouvoir disposer des solutions nécessaires en la matière, notamment dans la lecture de textes à orientation scientifique qui ne s'organisent pas selon des schémas textuels aisément repérables. Ces difficultés sont d'ailleurs attestées chez des élèves francophones natifs, dans les épreuves par exemple d'évaluation à l'Entrée en 6e.

En exemple, le texte suivant (fiche 24) traite de la circulation sanguine.

Circulation sanguine

C'est le trajet du sang dans l'organisme.

Une goutte de sang qui se trouve dans le ventricule droit est éjectée dans l'artère pulmonaire qui l'amène aux poumons. Elle circule dans un des nombreux capillaires sanguins qui tapissent la paroi des alvéoles pulmonaires : elle s'enrichit en oxygène et s'appauvrit en gaz carbonique.

Elle repart par une veine pulmonaire, arrive dans l'oreillette gauche. La contraction du ventricule gauche chasse cette goutte de sang dans l'aorte qui l'amène à l'un de nos organes (hormis les poumons). Là, elle circule dans un des capillaires sanguins où elle cède l'oxygène et s'enrichit en gaz carbonique produit par cet organe.

Elle revient à l'oreillette droite par la veine cave, puis passe dans le ventricule droit.

(Sciences, cycle 3, Magnard, 2003)

1. Suivons la goutte de sang dans le texte.

2. Quelle est la position la plus fréquente de la locution «*goutte de sang*» dans chacune des phrases? Quelles sont ces positions?

3. Quelles sont les formes de reprise de la locution «*goutte de sang*»?

4. Quels sont les verbes qui suivent la locution «*goutte de sang*»?

5. Quel est la valeur de sens commune à tous ces verbes?

6. Quels sont les mots ou groupes de mots qui se situent à droite du verbe? Qu'est-ce qu'ils désignent?

Première apparition de la locution «*goutte de sang*» annoncée par l'article indéfini «*une*». Simplicité des procédés de reprise, «*elle*» Utilisation de l'adjectif démonstratif «*cette*», en fonction d'anaphore de «*cette goutte de sang*».

Dans l'extrait qui suit, pris dans une épreuve de mathématique proposée à l'*Évaluation Entrée 6e*, on demandera aux élèves d'identifier les déterminants qui sont associés à chaque fois au mot «*droite*». Sont-ils identiques ou bien différents? Qu'est-ce qui peut expliquer le choix des formes retenues? Y a-t-il des procédés de reprise du mot «*droite*» sous une autre forme que la reprise stricte? Comment expliquer le choix de «*cette*» dans «*cette figure*»?

Exercice :

Sur cette figure, on a tracé une droite **d** en gras et quatre autres droites.

Une de ces droites est perpendiculaire à la droite **d**.

Repasse-la en bleu.

Une de ces droites est parallèle à la droite **d**.

Repasse-la en vert.

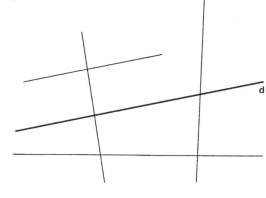

| 1 | 6 | 9 | 0 |
69

Les éléments de reprise jouent ainsi un rôle important dans la compréhension des énoncés de problème dans la mesure où les données étant posées, généralement introduites par un substantif précédé de l'article indéfini un, elles font l'objet d'une reprise dans les questions posées par le moyen d'une reprise lexicale stricte précédée de l'article défini ou de l'adjectif démonstratif ou par un hyperonyme toujours précédé d'un article défini ou démonstratif.

Demander aux élèves de retrouver l'élément antécédent des termes soulignés :

Le prix d'un article passe de 200 euros à 204 euros. Quel est le pourcentage de hausse de <u>cet article</u> ?

Le prix d'un objet à 200 euros baisse de 15 %. Le prix d'un autre objet à 300 euros baisse de 10 %. Quel est le pourcentage de remise sur l'ensemble de <u>ces deux articles</u> ?

De décembre 2004 à décembre 2005, 4 millions de véhicules ont emprunté le viaduc de Millau, soit 20 % de plus que les prévisions. Quel était le nombre de véhicules attendus sur <u>cette période</u> ?

Construire un triangle BOL tel que : BO = 2,5 cm, OL = 6 cm et BL = 6,5 cm. Prouver que le triangle BOL est rectangle. <u>Quelle est son hypoténuse</u> ?

(Mathématiques, 4ᵉ, coll. Diabolo, Hachette, 2007)

Recherchez dans les phrases qui précèdent le mot ou les expressions que reprennent les termes soulignés :

Au néolithique, les hommes organisent leur vie en société. Ils sont capables de construire des mégalithes. Les premières villes apparaissent au IVe millénaire avant J.-C. en Mésopotamie. La métallurgie et le troc se développent. C'est également à cette époque que l'homme invente l'écriture.

(Ibid. p. 16)

L'Iliade et l'Odyssée sont deux longs poèmes chantés, transmis oralement de génération en génération. Vers 750 avant J.-C., il semble qu'Homère ait décidé de les mettre par écrit. Connus de tous dans l'Antiquité, ces deux poèmes ont contribué à former la civilisation grecque.

(Histoire-Géographie. Hachette, p. 66)

Après sa victoire sur les Perses pendant les guerres médiques (guerres qui opposent les cités grecques aux Perses), la cité d'Athènes crée la ligue de Délos et met en place un véritable empire fondé sur sa puissance navale. Cette domination provoque des rivalités entre les cités grecques.

La civilisation hellénistique est née du mélange entre les traditions de l'Occident et celles de l'Orient.

(id. p. 109)

D'autres aliments, comme le pain ou le fromage, proviennent également de matières premières transformées par l'action de micro-organismes. Les aliments issus de ces transformations satisfont les besoins de l'homme.

(SVT, p. 148)

Un cercle de centre O est formé de tous les points situés à la même distance du point O. Cette distance commune est appelée le rayon du cercle.

(Mathématiques 6e, p. 143)

Le symétrique d'un cercle par rapport à une droite est un cercle de même rayon. Les centres de ces cercles sont symétriques par rapport à cette droite.

(Mathématiques 6e, p. 176)

Énoncés de problèmes et consignes d'exercices

Généralement les professeurs sont sensibles au fait que les énoncés de problèmes ou d'exercices posent des problèmes de compréhension (y compris chez les élèves francophones natifs) dûs tout à la fois à l'usage du verbe de la demande et la complexité de la construction qui peut suivre. Il importe de familiariser les ENA avec la nature des verbes de demande et avec la nature de la construction qui peut suivre. Sur quels points porte la demande ?

Une consigne se fonde sur un verbe exprimant un faire de nature mathématique, un objet du faire et éventuellement des circonstances sur la façon de procéder.

Les annales du brevet en mathématiques pour 2008 (Hatier) permettent d'entreprendre les relevés suivants :

calculer	a et b	en donnant le résultat
	le montant de la remise	….
		après…
	la longueur moyenne d'un…	en utilisant…
construire	le point a	tel que…
déduire	le prix de la location…	
démontrer	que	
déterminer	les coordonnées du point k	par le calcul
	le prix de	
développer	D	
donner	le poids	
	la valeur	lorsque le nombre est…
	l'écriture décimale	
	le résultat	
écrire	c (sous la forme…)	
écrire	la ou les lettres…	dans la dernière colonne
exprimer	b (en…)	
factoriser	d	
faire	objet	circonstance
justifier	votre réponse	
montrer	que	en vous aidant de…
préciser	la nature …	
présenter	le résultat	sous la forme de
résoudre	l'équation	
	le système suivant	
simplifier	la fraction…	pour la rendre…
tracer	cette droite	sur le graphique
traduire	la phrase ci-dessous (par…)	

Lire des textes documentaires

Les ENA doivent être très rapidement familiarisés avec la lecture de documents ne figurant pas dans les manuels, ils doivent s'habituer à chercher des informations dans des sources diverses, qui peuvent se trouver dans la BCD ou au CDI. Ces informations peuvent figurer dans des encyclopédies, mais aussi dans des revues de vulgarisation. On apprendra très tôt aux élèves à lire des articles dans certaines revues spécialisées dans lesquelles l'information scientifique s'inscrit dans un discours de vulgarisation, destiné à faciliter l'accès des concepts et des notions au lecteur non spécialiste. Sans entrer ici dans le détail de ce qui peut caractériser un discours de vulgarisation, on signalera cependant que le sujet énonciateur, soucieux d'accompagner son lecteur, dans l'activité de compréhension du texte, s'y manifestera de façon plus explicite, avec, si nécessaire, l'usage de comparaisons qui visent à « parler » plus aisément à l'esprit du jeune lecteur[1].

Maîtrise de la langue et catégories de références

Il n'existe pas plusieurs grammaires du français. Une seule couvre l'ensemble des domaines d'usage. Toutefois les particularités d'usage du français comme langue d'acquisition des savoirs ont pour effet de mobiliser préférentiellement un certain nombre de formes ou de propriétés syntaxiques du français, que l'on ne rencontre pas forcément, ou du moins avec une même fréquence, dans le français d'usage plus général ou dans le français tel qu'il peut être pratiqué dans les textes de fiction. Ce qui pose la question du mode d'approche de la langue. Le faire à partir d'une liste des catégories grammaticales telles qu'elles figurent dans les manuels de grammaire, c'est se condamner à un traitement dissocié des formes de la langue, formes que les élèves auront certainement du mal à mobiliser au moment opportun. Mais s'engager à l'opposé dans un traitement grammatical

---

1. Ce qui doit nous conduire, s'agissant du discours scientifique, à distinguer trois types de discours : le discours pédagogique destiné à la formation d'un public d'élèves ou d'étudiants, le discours universitaire qui organise les échanges entre chercheurs, le discours de vulgarisation destiné à mettre à portée d'un public non formé des concepts scientifiques, soit dans le cadre de revues spécialisées, soit de façon plus générale dans la presse.

au fil du discours et des textes rencontrés, c'est s'engager dans un traitement aléatoire des formes de la langue, sans possibilité pour les élèves d'établir les synthèses nécessaires.

Éléments de syntaxe

On doit envisager une catégorisation différente des formes de la langue, non en s'appuyant sur les catégories traditionnelles du discours (le nom, l'article, l'adjectif qualificatif, etc.), mais sur les grandes fonctions que le discours est à même d'assumer dans l'acquisition et la représentation des savoirs ou dans la mise en œuvre des savoir-faire. À cet effet, on peut emprunter aux grammaires notionnelles les catégories qui permettront d'établir le répertoire des formes susceptibles d'intervenir dans une fonction donnée[1]. La fiche 28 propose une présentation pouvant être directement mise en œuvre dans des activités d'appui en français auprès des DNL.

Fiche 28

Fonctions	Formes de la langue	Observation
Prendre place dans le discours • énonciation • la personne	• Le pronom personnel • Les fonctions du pronom personnel • Formes toniques • Place du pronom personnel • Les modalités de phrase (déclarative, interrogative, exclamative ou impérative)	L'élève en fera usage quand il aura à répondre aux questions du professeur, à rendre compte à titre personnel d'une observation ou d'une interprétation
Présenter • montrer • identifier • définir • constater	• c'est un... une... • être, s'appeler • il y a, il existe, x se trouve/on trouve • nom propre, avec ou sans article • structure SVA (sujet, verbe, adjectif)	Construction qui doit être très rapidement maîtrisée, car l'activité de présentation ou de définition d'un objet (scientifique) ou d'un élément intervient à tout moment.

---

1. Pour une approche des grammaires notionnelles, voir J. Courtillon, 1976, G.D. de Salins, 1984, Chareaudeau, 1982.

Décrire • énumérer/caracté- riser les constituants • attribuer une qualité/ une propriété	• comprendre, être constitué de, posséder, former, être formé de, certains…, d'autres… • être + adjectif qualificatif avoir + élément nominal • structure SVA	Fonction fréquemment associée à la précédente.
Déterminer/actua- liser • l'indétermination • le défini • le générique désignation • dépendance/posses- sion • totalité/partie • quantification • nombre	• article zéro • article indéfini • article défini • accord article/subs- tantif • adjectif démonstratif • adjectif possessif • accord avec substantif • article partitif • adjectif indéfini • adjectif numéral • singulier/pluriel	Le bon usage des déterminants joue un rôle essentiel dans les faits de reprise ou dans la déixis. Les élèves doivent de même être capables très rapi- dement de faire un usage pertinent des ressources, très riches, donc très complexes, d'approche, en matière de détermination.
Caractériser/carac- térisation directe **Caractérisation développée** **Comparaison, appréciation**	• adjectif épithète et suite d'adjectifs • place de l'adjectif épithète • apposition • ponctuation • proposition relative (explicative, déterminative) • complément de nom • l'apposition • la ponctuation • comparatif	Groupes qui partici- pent à l'expansion du groupe nominal, situés le plus souvent à droite du substantif, que les élèves doivent être capables d'identifier, de situer dans ses limites, et dans les significa- tions associées.
	• superlatif • modalisateurs (très, trop, fort, peu, etc.) • place de l'adjectif, du complément de nom, de la proposi- tion relative dans le groupe nominal	

Situer une action, un processus dans le temps Situation relative (avant, pendant, après)	• groupes prépositionnels • subordonnée circonstancielle • groupes prépositionnels • proposition subordonnée • groupes prépositionnels • subordonnée circonstancielle	L'expression de la circonstance de l'action porte ici sur le temps et le lieu,
Situer une action, un processus, un élément dans l'espace Localisation Quantification	• groupes prépositionnels • subordonnée circonstancielle • verbes locatifs • groupes prépositionnels • subordonnée circonstancielle	*Idem.*
Représenter une action, un événement dans le temps • accomplissement dans le présent • accomplissement dans le passé • accompli dans le présent • accompli dans le passé • époque future • étapes du déroulement	• présent/imparfait • les formes de l'imparfait • présent/passé composé • passé simple • les auxiliaires • futur/futur périphrastique • commencer à/continuer/finir par	Fonction qui s'applique plus particulièrement dans la narration et qui combine à la fois des valeurs d'époque (présent, passé, avenir) et valeur de déroulement (accomplissement, accompli). Ce que l'on appelle le « temps » en français correspond à la combinaison, dans des proportions variées, de ces deux dimensions. Mais dans d'autres langues, ce sont les valeurs de déroulement qui sont au premier plan. D'où la difficulté éprouvée à maîtriser les usages du français en la matière.

Faire/agir • de l'agent à l'objet de l'action • le bénéficiaire de l'action • la voix • la caractérisation de l'action • le degré de réalisation de l'action	• verbes en «être» • verbes intransitifs/transitifs • le complément de verbe • structure SVO (sujet, verbe, objet) • voix active/passive • forme personnelle • adverbes • la forme négative • l'organisation du groupe verbal • les substituts	
Expliquer/raisonner • la cause • la conséquence/le but	• préposition + groupe prépositionnel • proposition subordonnée • verbes de cause • les conclusifs • préposition + groupe prépositionnel • proposition subordonnée • verbes consécutifs • les conclusifs	Ces fonctions interviennent à tous moments dans les enseignements à visée scientifique.
Éventualité/ condition/irréel	• si+ présent + conditionnel si…, alors…	
Répartir les éléments d'information se rapportant aux acteurs, à l'action, aux circonstances de l'action	• la structure de la phrase • phrase simple/phrase complexe • la subordonnée relative/la subordonnée complétive/la subordonnée circonstancielle	
Cohésion du texte et reprise de l'information	• les pronoms personnels • les substantifs et les déterminants spécifiques	

Il sera de la sorte plus aisé d'associer les conduites de lecture, d'écriture, de prise de parole à un certain nombre de formes de la langue. Ainsi le trajet de la goutte de sang (voir *supra*, p. 180) fait appel à des constructions qui font usage de verbes locatifs (*passer, circuler, repartir, revenir*) associés à l'usage de différentes prépositions introduisant des objets locatifs (*par une veine pulmonaire, dans un capillaire*, etc.). Ou encore les différentes formes de la présentation, dans le chapitre consacré à l'Égypte (voir *supra*, p. 171).

Activités pédagogiques

Par exemple :

Fiche 29

DONNER UNE DÉFINITION

Voici un certain nombre de phrases dans lesquelles on propose la définition d'un objet de connaissance. Soulignez d'un trait l'objet ainsi défini et de deux traits les éléments qui servent à définir :

– Un paysage rural est un ensemble formé par des constructions regroupées en villages ou bien dispersées, des champs, des bois, des routes et des chemins.

– Les Hébreux sont d'abord un peuple nomade se déplaçant dans le Croissant fertile.

– Le tubercule de la pomme de terre est la partie de la plante que nous consommons et qui est riche en amidon.

– La mesure d'un segment s'appelle sa longueur.

– Le baptême est une cérémonie au cours de laquelle le futur chrétien est plongé dans l'eau.

– Un lotissement est un vaste ensemble de maisons individuelles disposées selon un plan établi à l'avance.

– L'aire est une grandeur : c'est la mesure de la surface d'une figure.

– Le Bombyx du mûrier est un papillon dont la larve, ou chenille, nous est très utile.

– On appelle quotient de a par b le nombre qui, multiplié par b, donne a.

– Lorsque les longueurs sur un plan sont proportionnelles aux longueurs réelles, on dit que le plan est à l'échelle.

Pour conclure

Pour conclure provisoirement sur ce chapitre particulièrement important consacré à la définition et à l'approche en classe des usages du français au service des enseignements non linguistiques, nous poserons simplement la question de savoir comment le professeur de FL2 pourra donner place dans son programme de formation à des activités dont les conditions d'usage se distinguent assez nettement des usages les plus généraux du français.

Deux hypothèses pédagogiques peuvent être envisagées :
– approche intégrée de l'ensemble des formes et usages du français. On établit une progression dans laquelle les formes sont abordées et dans leur usage général et dans leur dimension spécifique. Avec une difficulté, qu'il ne faut pas se masquer, à élaborer une progression dont la densité, et la complexité, rendront le pilotage des apprentissages en classe particulière délicat à entreprendre ;
– approche dissociée, sous forme d'interventions ponctuelles et le risque opposé d'un traitement des formes et usage de la langue (et du discours) que l'élève devra, sur sa propre initiative, rassembler dans une totalité de compréhension.

Sachant que nulle solution n'est pleinement satisfaisante, d'un point de vue pragmatique, on peut cependant suggérer des démarches, inspirées des techniques des simulations globales[1], qui peuvent concilier un traitement de la langue dans sa dimension fonctionnelle ordinaire (communiquer, échanger, raconter, etc.) et dans sa dimension scientifique (rendre compte, décrire selon une approche plus objectivée, etc.). Par exemple, à la manière des voyages imaginaires, concevoir un voyage qui va conduire à découvrir des pays entièrement nouveaux, dans l'étrangeté ou la singularité de leurs arts de vivre (les ENA ont sur ce point une grande expérience).

---

1. Voir F. Yaiche (1996).

9. Méthodologie

La question de l'inscription du FL2 dans un champ méthodologique particulier peut sembler d'importance secondaire et correspondre à l'importation en FL2 de préoccupations qui sont d'abord celles liées aux enseignements du FLE. Pour autant, il n'est pas inutile d'interroger la spécificité méthodologique du FL2 dans la mesure où toute réflexion de nature méthodologique est liée à un souci de cohérence et d'efficacité. Pour H. Besse, une « *méthode* » est : « *un ensemble raisonné de propositions et de procédés (d'ordre linguistique, psychologique, sociopédagogique) destinés à favoriser l'enseignement et l'apprentissage d'une langue naturelle* » (1984, p. 14) ; alors que J.-C. Beacco définit les méthodologies d'enseignement : « *comme des ensembles solidaires de principes et d'activités d'enseignement, organisées en stratégies, fondées en théorie (c'est-à-dire qui s'appuient sur des concepts ou des connaissances élaborées au sein d'autres disciplines impliquées dans l'enseignement des langues) et/ou par la pratique (par son efficacité constatée par exemple), et dont la finalité est d'accompagner les apprentissages* » (2007, p. 16). On ne peut pas en effet ne pas se poser la question de savoir sur quels principes d'ensemble repose un tel domaine d'enseignement. À moins de ne se satisfaire d'une approche que l'on pourrait qualifier d'« éclectique », c'est-à-dire rassemblant des activités hétérogènes sans principe directeur clairement admis. De telles approches existent, il est vrai, pour autant le simple fait qu'une pratique, approximative, est attestée, ne saurait la valider. Tenter d'y voir plus clair peut se révéler salutaire. On donnera de la sorte aux élèves la possibilité de rassembler leurs efforts sur la base de démarches susceptibles d'être retrouvées dans les différentes étapes de l'apprentissage.

Petite histoire d'une méthodologie mal née

Une réflexion sur les méthodologies propres au FL2 ne peut être engagée indépendamment de la référence aux conditions d'émergence de ce domaine de l'enseignement du français. Souvent mal connues, elles conduisent à les rattacher au domaine du FLE, ainsi que le font les départements d'études françaises pour l'étranger qui font du FL2 une variété d'enseignement du FLE. Et trop souvent, les professeurs intervenant dans les CLIN ou dans les CLA se définissent comme professeurs de FLE. Or c'est se méprendre de la sorte sur un domaine d'enseignement qui, dans ses objectifs comme dans ses origines, est une catégorie particulière du FLM et requiert à cet effet une formation spécifique.

Rappelons qu'un pays comme la France n'est francophone dans la totalité de sa population que depuis peu. C'est avec la Première Guerre mondiale que, par suite du brassage des populations militaires sur le front (un peu plus de 9 millions d'hommes mobilisés), de la modernisation et de la rationalisation de l'organisation du pays entamée par un État centralisateur et interventionniste que le français va pénétrer dans les zones les plus reculées du pays et toucher l'ensemble de la population.

Mais jusqu'en 1914, et encore après, une grande partie des élèves accueillis dans les écoles rurales ne sont pas francophones, de même qu'un certain nombre d'élèves issus des quartiers populaires des grandes villes ou des zones périurbaines qui font usage de variétés dialectales du français souvent éloignées des normes du français national écrit. Pour donner à cette population d'élèves les moyens d'accéder à l'usage et à la maîtrise du français, les maîtres ne disposaient que de deux ressources : la traduction ou la méthode directe.

La première était officiellement proscrite, même si dans la réalité du travail scolaire elle était souvent présente, de façon ponctuelle le plus souvent. Le témoignage de Pierre-Jakez Hélias dans son livre de souvenirs, *Le Cheval d'orgueil* (Plon, 1975, p. 230) est significatif des pratiques effectivement en usage, ici dans une école de Bretagne au début des années 1920 :

Nous nous mettons bientôt à la torture, bourrés de bonne volonté, pour fabriquer de petites phrases en français. Est-ce de notre faute si les mots bretons se glissent dedans ? D'ailleurs le maître est le seul à s'en apercevoir. Quand il assène un coup de règle sur la table, nous savons que nous avons failli. Il reprend la phrase avec le mot français : « J'ai vu eur c'hwede ce matin », dit l'un de nous. Le maître a écrit une alouette. Répétez : « J'ai vu une alouette ce matin ». Mais quelquefois lui-même, empêtré dans ses définitions, voyant qu'il n'est pas compris, finit par avoir recours au mot breton quand il n'a pas d'image à sa disposition. Avec les images, cela va tout seul. Il nous montre un château, nous pensons maner, il dit ceci est un château. Bon, maner et château, c'est pareil. C'est entendu. Ce jeu-là nous fait même plaisir. Mais les mots ne se mettent pas toujours en image.

Le maître, sévère, avec une petite lueur dans l'œil, est bien obligé
de souffler le terme breton. Toute la classe sourit, respire à l'aise,
soulagée. Ah! C'était donc cela!

La seconde sera plus largement utilisée, dans sa version « haute »,
dans un certain nombre de régions considérées comme fondamentalement allophones, dans sa version atténuée dans les autres régions
de France. La méthode maternelle, promue par l'inspecteur général,
Irénée Carré (voir L. Puren 2003, F. Broudic, 1995), est issue de la
méthode directe en usage auprès des publics étrangers et fut adaptée
pour l'usage de la Bretagne et du Pays Basque. Mais elle fut aussi en
usage en Alsace et en Lorraine du Nord, entre 1919 et 1925, lorsqu'il
s'est agi de refranciser les écoles alsaciennes et lorraines après quasi-
ment un demi-siècle de germanisation (voir Joseph Schmauch, 2004).
Dans les régions de France relevant du domaine occitan, depuis
l'Aquitaine jusqu'à la Provence, en passant par le Languedoc, si l'on
ne faisait pas usage de la méthode directe dans sa variété stricte,
on faisait usage de pratiques qui quelque part s'en rapprochaient.
Autour d'un thème convenu, les activités de lecture, de récitation,
de vocabulaire, d'élocution, de dictée, les exemples retenus en grammaire, les sujets de rédaction et la matière qui les accompagnait, tous
ces éléments convergeaient autour de l'installation d'une compétence
dans une langue distante de celle, fautive, approximative de l'élève, le
français de l'école, version allégée du français national, celle du futur
citoyen.

Autrement dit, le français à l'école fut bien enseigné de la sorte
comme L2, propédeutique au français LM.

Franchissons maintenant les mers pour nous rendre dans les territoires de ce que fut l'ancien empire colonial français (mais il en fut à
peu près de même dans les anciennes colonies de la Belgique). Le français y était une langue étrangère (c'est-à-dire étrangère dans sa relation aux élèves), mais langue officielle des territoires de la colonie. Là
encore, les hésitations seront longues entre le choix de la traduction
et celui de la méthode directe (Louis Machuel[1] en Tunisie, Georges
Hardy en AOF[2], Jean Dard, et sa tentative de fonder un enseignement du français à partir de la méthode de traduction, dès 1817). Si
bien que, selon des modalités à chaque fois particulières, le français

---

1. Pour une présentation de Louis Machuel, voir N. Nishiyama (2004).
2. «*Pour l'enseignement du français parlé, nous avons délibérément renoncé à la méthode*
de traduction, qui est lente, qui suppose de la part du maître la connaissance de la langue
indigène et qui l'inviterait aisément à donner un enseignement littéraire, tout en mots. Nous
employons exclusivement la méthode directe…» (1917, p. 150).

sera enseigné comme langue seconde, l'objectif étant de construire une compétence dans le français conçu comme langue de scolarisation (ainsi de la série *Mamadou et Binéta* en AOF et AEF, parue pour la première fois en 1929 et en usage encore dans les années 1980 dans un certain nombre d'écoles africaines).

Cet enseignement du français, si par la méthode directe il s'inscrivait bien dans une continuité généalogique issue du FLE (Valérie Spaëth, 1998), était cependant au service de la mise en place d'un français national, ici dans sa version coloniale (Denise Bouche, 1975). Quant aux lycées installés dans les colonies {peu nombreux, hypersélectifs dans leur condition d'accueil des populations d'élèves (pensons à Marguerite Duras et au lycée Chasseloup-Laubat de Saigon)], le français y était enseigné de la même manière que dans les lycées de métropole.

Après les indépendances, dans le très large mouvement d'expansion de la scolarisation qui les accompagna, l'école s'ouvre à des populations qui jusqu'alors étaient très largement tenues en lisière. Sur des objectifs de formation inchangés, sont accueillies des populations d'élèves qui n'entretiennent avec le français que des rapports très lointains. Dans les années 1960 s'organise toute une réflexion sur l'élaboration d'un enseignement du français qui mette les élèves à niveau par rapport aux exigences d'un enseignement encore largement dispensé en français. Ce que l'on appelle aujourd'hui le français enseigné comme langue seconde trouve ici ses origines (Jean-Pierre Cuq, 1991). Les choix seront très variés, et souvent placés dans l'éclairage du seul FLE.

Débats méthodologiques

La didactique du FLE a pendant longtemps été friande de débats sur les choix méthodologiques susceptibles d'intervenir dans l'élaboration des outils d'enseignement (méthodes) et dans les théories d'apprentissage sous-jacentes. Le débat fut souvent vif, toujours lié quelque part à la question du choix des techniques de travail à mettre en œuvre en classe. On peut comprendre que les enseignants s'y soient intéressés et que la question, même si les débats d'aujourd'hui se sont aujourd'hui déplacés, mérite toujours d'être traitée, sous une forme plus apaisée.

Le FLM aujourd'hui est certes au centre de très nombreux travaux de recherche en didactique ou en acquisition, mais dans une approche essentiellement segmentée. Les recherches sont fort abondantes sur la lecture, sous-discipline pivot du français, mais aussi sur l'écriture, sur la grammaire, sur l'orthographe, notre grand souci. Elles sont plus discrètes sur le vocabulaire. Mais peu de recherches, à l'image de ce qui se fait en FLE, tentent de mettre à jour les principes et les logiques d'activités qui les sous-tendent, au niveau de la discipline dans son entier. On peut évidemment se poser la question des raisons d'une telle abstention. Très certainement un legs de l'histoire. On a commencé par enseigner des matières (la lecture, l'écriture) bien avant que la discipline « Français » n'existe. L'usage s'est donc très tôt établi d'enseigner le français – qui ne fut d'ailleurs défini comme tel qu'à partir de 1870 – de façon dissociée, avec cette difficulté non complètement surmontée aujourd'hui de susciter une approche convergente en ensembles pédagogiques plus homogènes que le collège tenta de mettre en place sous forme de séquences, dans les années 1990. Le fait par ailleurs que pendant longtemps, au moins jusque dans les années 1950, l'enseignement du français, dans le secondaire, trouvait sa cohérence dans celui du latin, dont il était pour partie l'auxiliaire, a renforcé cette situation. Le latin peut disparaître, ou du moins être désormais placé aux marges du système, cette logique dissociée de traitement du français a subsisté. Il a fallu les grandes vagues de massification de l'enseignement secondaire pour engager des réformes ou du moins des projets destinés à adapter l'enseignement du français aux nouveaux publics (*Manifeste de Charbonnières*, 10-12 septembre 1969, *Le Français aujourd'hui*, n° 9, février 1970).

L'enseignement primaire a connu des tentatives plus abouties destinées à placer l'ensemble des activités d'enseignement dans un éclairage éducatif particulier, on peut ainsi penser à la célèbre méthode Freinet, à la méthode Decroly, au Groupement français pour l'éducation nouvelle, c'est-à-dire à ce que l'on a appelé aussi les mouvements pédagogiques, sortes d'utopies éducatives qui visaient plus que la simple amélioration des apprentissages. *Le Plan Rouchette* (1963-1969) et le *Projet de rénovation de l'enseignement du français* mis en application en 1972 tentèrent d'organiser un enseignement du français sur des bases méthodologiques plus clairement affirmées. Non plus enseigner le français national, mais apprendre aux élèves à maîtriser cet outil de communication qu'est la langue française. Mais ces différents plans, même s'ils souhaitaient être novateurs en leur temps, s'inscrivaient dans un découpage très classique de l'enseignement du français.

Faut-il donc s'en tenir à ce constat de carence et considérer que le FLM restera définitivement marqué par cette hétérogénéité native, sans véritable force cohésive et qu'à ce titre, le FL2 qui va se modeler de plus en plus sur sa logique, au fur et à mesure que l'on avance dans les apprentissages, sera lui aussi marqué par ce caractère discontinu des activités ? Les choses ne sont pas si simples et le FLM, même s'il ne l'explicite pas véritablement, se fonde sur un certain nombre de principes de mise en œuvre et d'organisation des apprentissages. Quelques éléments méritent d'être signalés :

– le FLM s'adresse à des publics d'enfants et d'adolescents qui ont intériorisé la grammaire du français, par exposition répétée aux différents usages de la langue, les activités de systématisation et d'explicitation portant sur certaines propriétés des mécanismes ainsi acquis, dans leur dimension essentiellement morphosyntaxique et en rapport aux normes d'usage de la langue écrite ;

– l'entrée et la maîtrise de l'écrit constituent le cœur des apprentissages. Ce qui explique pourquoi la lecture constitue un point nodal de réflexion en didactique, débouchant parfois sur des débats et des polémiques portés sur la place publique, l'écrit dans sa dimension valorisée a pour effet de donner un cadre de cohérence commun à l'ensemble des locuteurs au-delà des particularités sociales et régionales. Nous sommes bien en présence d'une approche de la littéracie dans sa version haute ;

– le type de compétence de communication visé, nous l'avons déjà signalé, s'inscrit moins dans l'usage d'une compétence à visée sociale que dans la capacité à traiter d'objets de discours résultant de l'articulation du langage et de la pensée aux fins de représentation, d'explication ou d'argumentation ;

– une méthodologie de nature plutôt globaliste, au sens que J.-C. Beacco donne à ce terme[1], destinée à former un locuteur universel, qui approche les usages de la langue sans que les compétences qui les constituent soient clairement distinguées et donnent lieu à des traitements pédagogiques différenciés. Tout en faisant remarquer que ce traitement globaliste en activités ou séquences polyvalentes a été en son temps considéré, sur un champ plus général d'apprentissage, comme un progrès. L'introduction de l'apprentissage simultané dans les écoles, vers 1830-1840, a introduit une rupture considérée comme positive dans la gestion des apprentissages qui jusqu'alors s'organisait par année : année 1 : lecture, année 2 : calcul, année 3 : écriture. Globalisme et recherche de la diversité des activités vont souvent de pair (il suffit de considérer la nature des éléments constitutifs d'une séquence de français en collège pour s'en persuader) ;

---

1. Sachant que la définition qu'il en donne ici concerne les LVE (*op. cit.*, p. 66).

– une exposition à la langue organisée sur la base d'échantillons d'une langue écrite élaborée (La Fontaine plutôt que Coluche, des extraits de textes de l'Antiquité sur le héros et non le portrait d'un grand sportif extrait de *L'Équipe* ou de *Midi Olympique*). Échantillons qui par le nombre, important, leur diversité, recherchée, permettent à l'élève de s'imprégner de ce que peuvent être les caractéristiques d'une langue de bonne tenue, capable de soutenir des activités de pensée, d'en assurer la communication et de permettre l'exploration des formes de l'imaginaire ;

– des activités de systématisation qui permettent par les régularités mises en évidence (sur la base de corpus soigneusement constitués par le professeur) de construire un savoir sur la langue, et qui doteront l'élève de références utiles à la production d'un discours recevable dans sa forme comme dans son objet, dans la perspective d'une activité d'auto-correction ;

– dans la relation entre la compétence spontanée de l'élève et la compétence donnée en modèle, l'établissement d'activités de paraphrases, de reformulations, appuyées sur des commentaires, selon les principes d'une traduction intralinguale (du français au français).

Faut-il dans ces conditions, et pour en revenir au FL2, parler d'approche pluriméthodologique[1] ? La chose est possible, au risque cependant de verser dans l'inconsistance d'un éclectisme méthodologique qui a souvent pour effet de troubler les élèves dans leur tentative pour organiser l'apprentissage du français à partir de démarches dont ils auront perçu la logique fondamentale. Le fait par ailleurs de faire usage de dialogues dans les phases initiales de la découverte du français ne signifie nullement que l'on adopte une approche de type communicatif.

La fiche 29 tente de mettre en forme au terme de cette approche comparée du FL2 et du FLM ce que peut être une méthodologie propre au FL2, sans faire référence aux distinctions en usage en FLE qui portent sur la façon dont on aborde la langue dans sa phase première, c'est-à-dire dans sa découverte, phase qui ne correspond que pour une toute petite partie au parcours d'apprentissage en FL2. On sait en effet que la didactique du FLE et les produits d'apprentissage qui s'y rapportent se rattachent à ce que l'on appelait autrefois (c'est-à-dire il y a quelques années) le niveau 1, aujourd'hui à ce qui correspond aux niveaux A1 et A2. Si une approche de type SGAV ou de type communicatif peut s'y rapporter aisément, on ne saurait rapporter la totalité d'un parcours en FL2 à ce qui ne constitue ici qu'un point de départ.

---

1. M. Verdelhan, 2002, p. 90.

COMPARAISON MÉTHODOLOGIQUE FLM/FL2

FLM		FL2	Observation
Apprentissage naturel	**Apprentissage guidé**	**Apprentissage guidé***	
Exposition à la langue			
• Langue orale dans les échanges au quotidien dans l'environnement familial et social proches (langue authentique), non échantillonnée	• Langue écrite sur échantillons pris dans la variété haute (langue authentique) • Ordre de présentation aléatoire	• Langue orale aménagée sur échantillons le plus souvent fabriqués • Langue écrite sur échantillons pris dans la variété haute (langue authentique) • Présentation et mise en continuité des échantillons qui tient compte de la complexité des formes et de la capacité des élèves à les traiter	Nécessité de faire entrer dans le processus d'apprentissage en FL2 une partie de l'expérience langagière acquise par apprentissage naturel en FLM
Acquisition des régularités			
• Découverte des usages de la langue dans la référence au monde • Intériorisation des règles de base de la langue (appropriation des structures internes de la langue) • Maîtrise du système morphologique	• Élaboration d'un savoir sur la langue • Acquisition de l'orthographe	• Découverte des usages de la langue dans la référence au monde (la langue sert à parler de) • Intériorisation des règles de base de la langue (appropriation des structures internes de la langue) • Maîtrise du système morphologique et mémorisation des formes • Acquisition des automatismes langagiers	• La constitution de routines dans les usages linguistiques et discursifs ordinaires s'opère en FLM en dehors de l'école et n'est pas considérée comme faisant partie des objectifs à atteindre en classe
• Acquisition des automatismes langagiers • Élaboration d'une intuition linguistique		• Élaboration d'une intuition linguistique • Prise en compte des compétences linguistiques des élèves dans leur langue d'origine • Élaboration d'un savoir sur la langue	

Répertoire discursif	• Genres de l'oral (échanges conversationnels dans l'environnement familial et social proches), oral des médias	• Oral de l'échange pédagogique • Genres de l'écrit et formes textuelles associées • Corpus littéraire	• Genres de l'oral (échanges conversationnels dans l'environnement social proche), oral des médias • Oral de l'échange pédagogique • Genres de l'écrit et formes textuelles associées • Corpus littéraire	• Les élèves en FL2 sont confrontés d'emblée à un répertoire discursif particulièrement étendu. Nécessité d'en organiser l'approche selon une progression qui permettra d'approcher complexité et difficultés par étapes
Accès au sens/compréhension	• Inférences à partir des éléments de contexte apprentissage incident (vocabulaire)	• Paraphrase • Commentaire • Référence au dictionnaire	• Paraphrase • Commentaire • Référence au dictionnaire (monolingue/bilingue) • Développement du répertoire lexical (apprentissage incident, apprentissage explicite, mémorisation)	
Normes communicationnelles	• Espace de relations partagé, sur la base de normes sociales et culturelles propres au groupe d'origine et aux groupes de contact élargis	• Acquisition de normes communicationnelles propres au discours académique (variations de nature socioculturelle)	• Acquisition de normes communicationnelles propres à l'univers social et académique français (approches de nature plurilingue)	• En FLM, l'élève doit prendre conscience des changements de norme qui régissent l'échange depuis l'interaction dans les usages sociaux non conventionnels jusqu'à l'échange dans une approche de nature plus formelle ou académique. L'élève de FL2 traitera de cet aspect de la compétence dans une perspective plurilingue qui à la fois maîtrise de nouvelles données langagières et la

				découverte d'une rhétorique distincte (dans l'adresse aux personnes, dans le choix des registres, etc.)
Relation entre compétences	• Parler/ écouter	• Écouter pour lire • Lire pour écrire • Lire pour parler • Parler pour écrire	• Parler pour lire • Parler pour écrire • Lire pour écrire • Lire pour parler	
Apprentissage et acquisition	• Compétence élaborée sur la base d'apprentissages implicites	• Apprentissages fondés sur la base de règles explicites sur des aspects ponctuels de la compétence		
Imprégnation, imitation, transposition à partir d'échantillons authentiques du français sur la base d'explications et de commentaires portant sur des éléments restreints d'articulation et d'organisation du discours. Apprentissage naturel et apprentissage guidé interviennent				
dans une relation de complémentarité. La relation entre compétence spontanée de l'élève et compétence attendue s'organise sur la base de paraphrases, de reformulation à différents degrés d'élaboration (au plan expressif ou au plan cognitif).				

* En situation d'apprentissage en milieu endolingue, comme il en est pour les élèves de CLIN et de CLA en France, à côté de l'apprentissage guidé organisé en classe existe aussi une part non négligeable des situations d'apprentissage naturel qui trouvent sources et appuis dans le groupe des pairs (camarades de classe par exemple), dans l'environnement proche (le quartier, la cité et la variété des locuteurs qui y vivent), les médias, sous des formes variées, internet, jeux vidéo, émissions télévisées, etc.). Mais il est difficile d'assigner à ces sources des fonctions précises comme il peut l'être fait en FLM avec des enfants francophones natifs.

Mise en cohérence méthodologique

La notion de méthodologie repose sur l'idée que l'ensemble des activités, sur un parcours global d'apprentissage, s'inscrit dans un champ commun de références susceptible d'organiser l'exposition des élèves aux formes et aux usages de la langue. D'une activité à l'autre, ces derniers doivent retrouver des logiques d'appropriation communes, ce qui ne veut pas dire strictement uniformes, qui sont la condition de l'efficacité de la formation. Nous nous en tiendrons ici au rappel des principes qui sont à la base d'une organisation d'un apprentissage qui doit permettre aux élèves, dans un délai relativement court, de travailler à plein-temps dans leur classe d'inscription.

DEUX PROGRESSIONS POSSIBLES	
• Une progression centrée sur l'acquisition des formes de la langue et de leurs propriétés morphosyntaxiques.	• Une progression centrée sur l'appropriation des conduites discursives (les genres du discours dans un contexte donné)

De fait, les apprentissages les plus motivants et les plus efficaces, auprès de publics scolaires, sont fondés sur une approche fonctionnelle, c'est-à-dire sur une progression qui partira des grandes fonctions du discours dans lesquelles les formes seront traitées selon des critères de rentabilité fonctionnelle (quelles sont les formes qui ont la plus grande probabilité d'apparition dans un environnement discursif donné ?).

Mais en même temps des décrochages, centrés sur le travail de la langue, doivent être prévus, en fonction de la fréquence et de la complexité des formes et des conditions d'appropriation de ces formes par les élèves.

Compétence lexicale
Même si le lexique fait le plus souvent l'objet d'un apprentissage incident, il est important de prévoir dans les leçons ou séquences une composante lexicale particulière centrée sur :
– les scripts d'action les plus courants ;
– les structures d'objet ;
– les notions les plus générales ;
– la composition des mots français.

Formes de compétence et progression
Si l'on reprend un certain nombre de principes déjà évoqués à différents endroits de l'ouvrage, on peut adopter le déroulement suivant :
1. Réception/compréhension orale (contexte et approche du sens ; prosodie, phonologie).

2. Interaction orale/dialogue (adresse au locuteur, négociation, tour de paroles, prosodie, phonologie, formes de base de la langue, etc.).

3. Réception/compréhension écrite (relation phonie/graphie, orthographe du français, ordre des mots dans la phrase écrite, morphologie, vocabulaire, etc.).

4. Production orale/prise de parole (relation à l'auditeur, au public, visée, énonciation, prosodie, phonologie, découpage du texte en énoncés accessibles à l'auditeur, éléments de reprise, etc.).

5. Production écrite (visée, connaissances, mise en perspective, vocabulaire, ordre des phrases, ordre des mots, orthographe, etc.)

Progression très classique, linéaire, qui va de l'oral à l'écrit, qui permet d'approcher les matériaux de la langue dans leurs composantes les plus marquantes.

Mais il est possible, et certainement nécessaire avec des publics dont les besoins en langue ne sont pas identifiés en compétences soigneusement distinguées, de travailler sur des compétences associées :

1. Réception orale production écrite (écouter et prendre des notes)

2. Interaction orale production écrite (intervenir et prendre des notes)

3. Réception orale production orale (écouter et intervenir)

4. Réception écrite production orale (lire et commenter)

5. Réception écrite production écrite (lire et prendre des notes)

etc.

Tout en respectant encore une progression qui ira de l'oral à l'écrit.

Organisation de la classe

Les classes de FL2 sont des classes à multiniveaux dans lesquelles il convient de préserver tout ce qui relève de l'effet-groupe de classe (interactions entre élèves, soutiens mutuels, activités communes) et de permettre, en fonction de l'âge des élèves et de leurs besoins, de prévoir des activités d'ajustement, de mise à niveau. Un élève haïtien, un élève roumain, un élève turc approchent le français différemment et ont besoin de repères et de modes d'appropriation adaptés.

Spécification par niveau	Tronc commun	Spécification par besoins
Une CLIN accueille des élèves qui vont du CP au CM2 et qui ne disposent pas des mêmes capacités d'analyse et de conceptualisation, selon leur âge. Les activités de systématisation, de consolidation ne peuvent pas être organisées identique	Dans cet axe, qui organise le déroulement de la classe dans sa globalité, on pourra travailler sur des compétences majeures : maîtrise de l'écriture pour lire ou pour écrire ; de la prise de parole, etc. Bilans grammaticaux d'ensemble.	La langue d'origine de l'élève détermine une certaine relation au français, selon des logiques d'approche ou d'analyse particulière (voir p. 133). Certaines activités auront pour objectif de mieux situer les élèves par rapport à certaines propriétés

ment selon les niveaux de rattachement.	Ces activités prendront place dans des supports d'apprentissage qui permettront à tous les élèves de partager un effort commun:	du français (l'appareil morphologique avec les élèves chinois par exemple, la phonologie du français selon certaines dominantes avec les élèves arabophones, etc.)
Même constat à propos des CLA qui accueillent des élèves qui vont de la 6ᵉ à la 3ᵉ. Les activités doivent être aussi adaptées à leur âge.	– simulations globales – lecture d'un livre/d'un album – suivi d'un feuilleton ou d'un film sur support vidéo – chansons – élaboration d'un conte, d'un roman d'aventure, d'un journal, d'une exposition, etc.	

On n'oubliera pas non plus, ce qui ajoute à la complexité de l'organisation, que le groupe-classe ne constitue pas un groupe stable tout au long de l'année. Certains élèves peuvent arriver en novembre, d'autres en janvier, certains pourront intégrer leur classe d'inscription à différents moments de l'année. Il n'existe évidemment pas de solutions pleinement satisfaisantes pour gérer de telles variations dans l'année. Ce qui suppose encore qu'à côté de situations d'apprentissage guidé soient prévues des situations d'apprentissage en autonomie pour permettre à certains élèves de pouvoir se perfectionner dans un coin spécialisé (coin lecture, coin écriture, coin langue, etc.). L'organisation de la classe, vue sous cet angle, n'est pas sans rappeler ce qu'est la classe unique à l'école primaire. À ce titre, les solutions d'organisation ou de fonctionnement qui prévalent pour la classe ordinaire, homogène dans son niveau et stable dans ses effectifs, de l'école ou du collège ne sauraient être directement transposées.

Organisation pédagogique

L'espace de la classe

Nous avons vu que l'enseignement auprès des ENA est tout à la fois un enseignement collectif (on s'adresse à l'ensemble des élèves comme collectivité rassemblée autour d'un même effort) et un enseignement organisé en groupes (activités décrochées adaptées aux situa-

tions et besoins de chacun); mais aussi un apprentissage guidé par le maître qui s'articule avec des moments d'apprentissage en autonomie. Il convient donc d'organiser à côté d'un espace dans lequel sont rassemblées les tables pour un travail en commun, de prévoir des coins spécialisés, tout à la fois lieux de ressources documentaires et langagières, lieux de travail en autonomie. On peut ainsi prévoir:
– un coin d'écoute dans lequel, à partir de cédéroms, de DVD, de poste de radio, il est possible d'écouter des textes, des dialogues, des enregistrements divers qui permettront aux élèves d'affiner leur perception phonologique du français;
– un coin de lecture, avec albums, magazines, ouvrages de fiction, ouvrages documentaires;
– un coin de langue, comportant dictionnaires, bi- et monolingues, des manuels de grammaire, des recueils d'exercices;
– un coin d'écriture, avec un ordinateur et un traitement de texte, pour produire différents textes, à l'occasion d'ateliers d'écriture, ou bien des textes devant prendre place dans un journal de classe.

Le choix des documents

Dès lors que l'apprentissage s'inscrit de façon étroite dans un parcours défini par un manuel ou une méthode, le recours à des documents sélectionnés pour leur intérêt pédagogique s'impose. Toutefois un tel choix doit s'appuyer sur des critères de sélection cohérents fondés sur la mise en relation des propriétés du document avec le projet de formation dans lequel il doit prendre place.

✓ Nature

• **Document fabriqué**
– dialogue;
– texte; à partir de constituants entrant dans une progression d'apprentissage.

• **Document aménagé**
– document authentique simplifié, selon des critères de simplification (lexicaux, syntaxiques) fondés sur le respect d'une progression d'apprentissage;
– document authentique, extrait de son contexte initial de production et de circulation et brièvement recontextualisé (limites de l'authenticité – l'usage de la photocopieuse, nous le savons bien et le recours aux ressources de l'internet, des supports DVD, multiplient les possibilités d'usage du document authentique).

✓ Critères de sélection

Le goût pour les documents authentiques résulte de différents soucis : mettre les élèves en contact avec des supports dotés d'une plus grande richesse que celles des documents fabriqués, trop fortement didactisés ; mettre les élèves en contact avec des échantillons de discours authentiques, tels qu'ils ont été conçus pour des locuteurs natifs ; présenter les formes et les usages dans un contexte large tel que les éléments de contexte puissent éclairer le sens des formes et des usages ainsi présentés. La complexité de l'authentique sollicite chez les élèves des capacités de traitement qui ne peuvent être mises en œuvre sur des supports trop fortement simplifiés.

Un certain nombre de critères doivent être pris en considération dans le choix des documents :

– critères de motivation, d'éveil de l'intérêt des élèves.

– critères d'accessibilité du point de vue de la complexité discursive et linguistique.

– critères de pertinence du point de vue du niveau, des objectifs visés et de sa place dans la progression.

– critères de commodité du point de vue de son exploitation linguistique/discursive.

✓ Examen des propriétés

Le document authentique, conçu à d'autres fins que celle d'assurer un enseignement de langue, ne porte pas en soi de caractéristiques qui en assureraient une exploitation directe en classe. Ce sont les interrogations du formateur qui font entrer ou non le document dans son champ d'analyse méthodologique et permettent de le retenir ou non comme support d'activité pour les apprentissages :

– par rapport à sa fonction : sensibilisation, structuration, systématisation, transposition, évaluation ;

– par rapport au coût d'exploitation : hétérogénéité forte et dilution des aspects à traiter, dispersion des capacités d'attention des élèves ou plus grande homogénéité et meilleure visibilité des aspects à traiter ;

– par rapport à ses caractéristiques sémiotiques (diversité des langages : iconique, graphique, verbal, prosodique, etc.) ;

– par rapport à l'objectif du cours (vocabulaire, syntaxe, discours, etc.) dans une dominante (orale, écrite, oralo-graphique, etc.).

✓ Les documents dans les apprentissages du français
au service des DNL

L'extraction d'un document de son environnement originel de production et de mise en circulation ne garantit nullement que l'élève

puisse adopter une conduite de lecture/compréhension ou écriture/ oralisation authentique. Décontextualisé, le document se situe à un niveau supérieur de difficulté dans son accès par rapport au document en contexte. L'élève de classe de français pour les DNL auquel on fait lire un fait divers extrait de *Ouest-France* n'est pas dans la même situation qu'un lecteur de *Ouest-France* à Ploërmel qui découvre le fait divers dans l'environnement de son journal quotidien :
– le document, dans son exploitation, doit aller au-delà de l'élucidation de ses caractéristiques propres ;
– le document précède, accompagne, consolide en aval les usages du français en classe de DNL. Selon quelles démarches ?
– le document doit être sélectionné selon son contexte originel :
• document de vulgarisation (sachant qu'un document de vulgarisation peut traiter d'une thématique scientifique mais selon des traitements discursifs propres à l'information journalistique, distincts des traitements en usage dans les apprentissages proprement scientifiques),
• document de recherche (dans les limites de son accessibilité auprès d'élèves d'école, de collège ou de lycée),
• document pédagogique (qui inscrit le lecteur/auditeur dans un parcours qui va du non-savoir au savoir ou du savoir 1 au savoir 2, c'est-à-dire selon une dynamique interne particulière perceptible notamment dans l'usage du vocabulaire : des définissants au mot spécialisé, d'un terme empirique à un terme spécialisé).

Accompagnement pédagogique

La caractéristique majeure d'un enseignement du français comme L2 tient à cette nécessité pour le professeur de procéder à un accompagnement le plus attentif possible de la mise en œuvre par les élèves des conduites langagières appropriées.

En effet, à la différence du FLE qui dans les apprentissages les plus courants porte sur des conduites discursives relativement simples à mettre en œuvre, et du FLM qui laisse dans la plupart des cas les élèves pour grande partie responsables des choix à engager dans des conduites infiniment plus complexes (lire et expliquer une scène d'une pièce de Molière, participer à un débat, lire une œuvre autobiographique, rédiger un conte, etc.), le FL2 engage l'ENA dans la mise en œuvre de conduites complexes, sur la base de ressources linguistiques et discursives limitées. Le professeur doit donc décomposer les dispositifs à mettre en œuvre, en faire apparaître le fonctionnement, l'articulation avec les formes de la langue sollicitées. Ce qui en FLM est souvent laissé à l'implicite doit ici être pleinement explicité, sur des niveaux et des formes de compétence que le FLE a peu explorés. D'où cette difficulté particulière à piloter les apprentissages en FL2 et ce qui en constitue aussi l'originalité. Une méthodologie du FL2 consistera tout d'abord dans cet accompagnement constant de l'élève dans l'ensemble des conduites discursives à mettre en œuvre, y compris dans des conduites élaborées et dans le souci tout aussi constant de conforter l'élève dans des usages de la langue dont il n'est pas toujours assuré. Il faut veiller à ce qu'il s'engage dans des conduites complexes, éloignées des usages ordinaires du langage, tout en consolidant les automatismes langagiers.

Méthodologie et stratégie d'apprentissage

Les distinctions méthodologiques traditionnelles entre approches audio-orales, verbo-tonales, structuro-globales peuvent trouver un champ d'application dans les apprentissages du FL2, mais de façon tout à fait restreinte, car très rapidement sont dépassées les étapes de la découverte du français dans sa dimension à la fois phonologique et communicative, celles sur lesquelles a porté pour l'essentiel le débat sur les orientations méthodologiques.

La singularité méthodologique du FL2 est ailleurs. Elle réside dans la combinaison d'un traitement implicite des formes et des usages de la langue et d'un traitement explicite par les règles. On connaît cette vieille distinction selon laquelle une langue peut s'apprendre soit par la routine, soit par les règles, la référence à l'apprentissage du latin ayant dans ce domaine joué un rôle modélisant très fort. On peut considérer qu'à l'exception des méthodologies de type grammaire-traduction ou lecture-traduction, l'essentiel des choix les plus récents, entre 1940 et aujourd'hui pour définir un cadre temporel, s'est porté sur l'usage comme moteur de l'apprentissage, certes selon des modalités de mise en œuvre différenciées, mais qui tentaient d'utiliser les éléments situationnels, considérés comme universellement partagés, comme repères pour approcher les énoncés de la LE. La question de la place et de l'efficacité des apprentissages explicites a pendant longtemps été éludée. Ces derniers sont aujourd'hui admis, mais sans que les raisons qui peuvent dicter ces choix soient clairement posées. En FLM en revanche, le traitement explicite de l'apprentissage est au cœur même des choix méthodologiques le plus souvent retenus. Un apprentissage qui ne serait fondé que sur l'usage, au moins dans la tradition française, n'y a pas sa place. Le traitement explicite est supposé corriger les insuffisances de la compétence spontanée des élèves.

L'apprentissage du FL2 se caractérise par :
– un traitement implicite dans les phases premières, fondé sur des *approches de type interactif* qui permettent à l'élève d'intérioriser certains schémas de base de la langue française, d'un point de vue phonologique comme d'un point de vue syntaxique, traitement qui par le moyen d'une exposition intense à des échantillons significatifs de la langue française (d'où l'importance d'une progression clairement organisée) permettra aux élèves d'acquérir les automatismes langagiers nécessaires ;
– mais ce traitement implicite sera très vite associé à des *analyses de type métalinguistique ou métadiscursif*, car sur des points qui requièrent une forte attention et une analyse réfléchie des phénomènes langagiers, la seule répétition ou le seul traitement implicite ne saurait suffire ;
– ce traitement explicite prendra d'autant plus d'importance qu'il porte sur des conduites complexes qui ne peuvent être acquises seulement par l'habitude. Certes, dans la suite de la scolarité, l'élève pourra procéder aux ajustements nécessaires, mais il doit pouvoir, au moment de son intégration définitive dans sa classe d'inscription, disposer de l'ensemble des compétences nécessaires dans les différents domaines d'usage de la langue. Et comme son camarade francophone natif, il doit pouvoir disposer des appuis fournis par un traitement déclaratif du langage ;
– le fait que l'apprentissage porte sur des tâches complexes requiert cette *approche réflexive* car si, pour un élève francophone natif rien ne va de soi dans les usages et les normes du français à l'école[1], cela va encore moins de soi pour un ENA qui ne dispose d'aucune des références nécessaires en la matière ;
– enfin, l'élève devra dans son apprentissage faire l'*objet d'un accompagnement constant*, donc explicité, y compris, et surtout, dans les tâches complexes. Cela suppose que l'on soit capable de décrire en termes accessibles à de jeunes élèves ou à des adolescents encore incertains dans leur pratique du français, aussi bien des formes de discours, des éléments d'organisation textuelle que des traitements syntaxiques ou morpho-syntaxiques.

---

1. On connaît les effets destructeurs, en FLM, d'une pédagogie de la connivence, fondée sur des présupposés qui considèrent comme devant forcément être acquises un certain nombre de compétences relevant en fait d'un habitus culturel présent dans certains milieux familiaux et sociaux seulement.

Telles sont, brièvement énoncées, les caractéristiques d'une méthodologie du FL2 qui sont certainement moins plurielles qu'on ne le dit parfois et qui dans tous les cas devraient nous écarter d'un éclectisme qui n'est que l'aveu d'une impuissance à organiser et à piloter les apprentissages. Les élèves de FL2 doivent découvrir et faire usage d'une langue qui leur est au départ étrangère dans des usages qui s'écartent très rapidement des pratiques langagières quotidiennes pour les faire entrer très rapidement dans une approche à la fois littéraciée (c'est-à-dire dans lesquelles la lecture et l'écriture occupent une place importante) et grammatisée (la langue est tout autant objet d'analyse, de connaissance, qu'outil fonctionnel d'échange). On peut comprendre pourquoi une telle approche requiert un traitement méthodologique original.

10. Accompagner
l'intégration de l'élève
dans sa classe d'inscription

L'ENA bénéficie généralement d'une formation en français dans une structure spécifique (type CLIN, CLA voire CRI) sur un nombre donné d'heures par semaine. Nous avons vu que cette dotation horaire peut varier considérablement d'un département à l'autre, l'élève, pour le reste du temps disponible dans la semaine retrouve sa classe d'inscription, dans des activités pour lesquelles le travail de verbalisation est considéré comme moins déterminant (EPS, activités artistiques, etc.). Va venir le moment pour l'ENA d'être intégré à plein-temps dans sa classe d'inscription, pour devenir, au moins théoriquement, un élève ordinaire. Il y sera en situation désormais d'immersion complète, c'est-à-dire sera exposé à un usage intensif du français dans l'ensemble des disciplines figurant dans l'emploi du temps (y compris en français, qui est une autre discipline de l'école et du collège, avec ses objectifs et techniques pédagogiques propres).

Toutefois, cette décision de passage de l'élève à plein-temps dans sa classe d'inscription, si elle n'est pas formalisée, en référence à des procédures officielles reconnues, doit cependant s'appuyer sur une évaluation des capacités de l'élève à suivre l'ensemble des formations dispensées au niveau d'inscription en français. Le DELF scolaire sert souvent de référence comme épreuve destinée à valider la formation reçue à un moment donné par les ENA[1]. Cette évaluation est bien reçue par les élèves et leurs familles, car elle constitue en quelque sorte le premier diplôme à valeur certificative obtenu par ces élèves. Mais le DELF scolaire pour autant ne correspond que pour partie aux capacités attendues dans la maîtrise du français appris comme langue de scolarisation. Rappelons que l'on dispose aussi d'outils d'évaluation portant sur la compétence initiale des élèves au moment de leur inscription, outils présentés sur le site VEI du CNDP ainsi que sur le site de Fabrice Peutot[2] dans les parties Évaluation initiale : modèle mettant l'accent sur les compétences FLS/FLM.

---

1. On trouvera des exemples d'épreuves sur le site du CIEP.
2. http://fabrice.peutot.pagesperso-orange.fr/dispositif.html

En attendant que soit établi un référentiel de compétences plus strictement défini en la matière, ce référentiel permettant de produire de façon plus aisée des épreuves convenablement adaptées, on s'efforcera, en s'appuyant sur les éléments présentés dans le *Livret de connaissances et de compétences, Grille de référence – La maîtrise de la langue française – Socle commun de connaissances et de compétences*[1] (voir p. 71, p. 95), avec la collaboration des professeurs intervenant dans les différentes disciplines si l'on est au collège ou des professeurs des écoles en charge des différentes classes, si l'on est à l'école élémentaire, d'élaborer un certain nombre d'épreuves qui permettront d'établir un bilan de compétences, susceptible d'avoir une valeur prédictive sur les domaines de réussite ou de difficulté dans la suite de la scolarité.

L'évaluation des ENA doit en effet éviter deux types d'écueil : le premier qui consisterait à se satisfaire d'une maîtrise élémentaire des formes de base du français, dans une gamme d'usage relativement restreinte, portant plus particulièrement sur les formes ordinaires de la communication sociale. Auquel cas, l'élève sera vite débordé par le niveau d'exigence et de production/réception attendu en classe ordinaire et sera très rapidement mis en difficulté, situation que l'on rencontre plus souvent qu'on ne le croit, quand l'apprentissage a été trop fortement calqué sur des méthodes de FLE de niveau A1 ou A2. Le second porterait sur l'expression d'une exigence trop forte qui aurait pour effet d'attendre des ENA une compétence qui n'est même pas celle d'un élève francophone natif. N'oublions pas que cette catégorie d'élèves est loin de disposer d'une pleine maîtrise du français, dans les usages valorisés à l'école, et qu'il serait peu réaliste d'exiger des ENA une compétence en ce domaine supérieure à celle des élèves francophones natifs[2]. La motivation pour l'apprentissage, la capacité à mobiliser l'ensemble de ses ressources langagières et cognitives, mais aussi le fait d'être adossé à un

---

1. eduscol.education.fr/soclecommun
2. Les résultats de l'évaluation *Entrée 6ᵉ* font ainsi apparaître chaque année un niveau de réussite inégalement distribué. Le taux de réussite moyen, selon les années, se situe entre 63 et 65 %, à l'ensemble des items proposés, cette réussite, selon la nature des épreuves, faisant apparaître des compétences différemment assumées selon leur nature (compréhension de texte, production de texte). On voudra donc bien prendre en considération le fait que la maîtrise d'une langue initialement étrangère s'inscrit dans une approche générale du langage qui, dans sa structuration propre, ne peut être acquise d'emblée par des enfants ou des adolescents. On doit donc différencier maîtrise d'une langue singulière, le français en l'occurrence, et maîtrise du langage, comme compétence plus générale associée à des activités cognitives particulières.

milieu familial pour lequel la réussite scolaire compte particulièrement, constituent autant de facteurs qui peuvent l'emporter sur la seule difficulté liée au statut d'extranéité du français.

Le professeur de FL2 ne sera donc pas seulement le professeur chargé d'assurer la formation en français des ENA, il sera aussi celui qui sera chargé d'assurer leur intégration à plein-temps dans leur classe d'inscription, par un dialogue constamment établi avec ses autres collègues, sur la base de bonnes capacités de négociation, et sur sa capacité à mobiliser l'ensemble des collègues d'une classe autour de l'accueil et de la prise en charge des élèves. Opérations souvent délicates à conduire par rapport à des enseignants dont l'essentiel de la préoccupation réside dans la mise en œuvre et le bouclage du programme en fin d'année. Une intégration insuffisamment préparée risque de rendre vains tous les efforts de mise à niveau entrepris dans l'année. La tâche sera d'autant plus délicate que la CLIN ou la CLA de l'établissement peut accueillir des élèves venant de plusieurs établissements alentour. Il est important que le professeur responsable de la structure d'accueil des ENA puisse entrer en contact avec les élèves des autres établissements.

Une fiche profil de l'élève

Nous savons qu'il ne peut y avoir de dialogue constructif avec les autres enseignants responsables de l'établissement que sur la base d'un profil de compétence clairement établi pour chacun des élèves concernés. Il ne suffit pas de dire que tel élève est bon, moyen ou faible en français. Ce type d'appréciation, très global, ne rend pas compte du caractère différencié de la compétence. On peut disposer d'excellentes capacités de discrimination phonologique et être très mauvais en écriture. On peut disposer d'excellentes capacités à entrer en relation à l'oral avec un interlocuteur présent et être très faible en lecture. On peut savoir lire des contes et être perdu dans la lecture d'un texte documentaire.

Une fiche profil, sans forcément trop entrer dans le détail des capacités acquises ou en cours d'acquisition par l'élève, devrait permettre à chaque professeur, ou pour chaque discipline, de situer l'élève. Par exemple, en définissant une échelle de niveau de 1 (insuffisamment acquis) à 3 (convenablement acquis), en passant par 2 (en cours d'acquisition).

FICHE PROFIL

Domaine	Compétence	1	2	3
Interaction dans la classe	Peut comprendre l'intervention orale du professeur dans ses aspects fondamentaux			
	Peut recopier sans difficulté les indications notées au tableau par le professeur			
	Peut prendre spontanément des notes sous forme d'une liste de phrases nominales ou de mots-clés			
	Comprend sans difficulté les questions qui lui sont posées et y répond de façon claire			
	Est capable d'intervenir dans la classe pour demander au professeur un renseignement, une précision, faire part d'un désaccord			
	Est capable de comprendre des instructions techniques simples, lors d'une séance de TP ou de TD			
	Est capable de participer à une discussion dans la classe, à faire part d'un point de vue, d'une opinion et de les justifier			

Domaine	Compétence	1	2	3
Lire/écrire	Est capable de comprendre un texte comportant deux ou trois paragraphes et d'en donner le résumé oralement.			
	Est capable de retrouver dans le manuel le passage indiqué par le professeur			
	Est capable, sur la demande du professeur, de retrouver dans un document des informations recherchées			
	Est capable de se rendre à la BCD ou au CDI pour rechercher les informations demandées dans différents documents			

	Compétence	1	2	3
	Est capable d'entreprendre des recherches sur l'internet pour trouver les informations demandées			
	Est capable de prendre quelques notes dans un texte lu (de la citation à la réécriture d'un passage)			
	Est capable de lire des textes de presse et d'identifier les informations recherchées			
	Est capable de rendre compte d'un événement par écrit de façon simple, mais avec clarté et précision			
	Est capable de répondre par écrit à un exercice, de rédiger un devoir			
	Est capable de raconter une histoire par écrit et, éventuellement, d'expliquer certains aspects de l'événement représenté			
	Est capable de formuler par écrit un point de vue et de le justifier			
	Est capable de se servir d'un dictionnaire pour reprendre/ réviser le texte écrit			

Domaine	Compétence	1	2	3
Maîtrise de la langue	Dispose du vocabulaire de base nécessaire pour aborder les sujets traités en classe			
	Peut s'exprimer avec une correction grammaticale suffisante			
	Est capable de se corriger en cas d'erreur			
	Sait tirer parti des ressources liées à la dérivation suffixale			
	Connaît et maîtrise le système des racines dans la construction des mots			
	Maîtrise les formes de base liées aux faits de continuité textuelle			

	Sait intervenir à l'oral sans erreur de prononciation majeure et prononce de façon intelligible			
	Maîtrise convenablement les règles de l'orthographe grammaticale et de l'orthographe lexicale			
	Écrit lisiblement et sait mettre un texte en page			

On pourrait bien évidemment détailler plus encore le répertoire des capacités ainsi établi. N'oublions pas que, même sur ces différentes capacités, un certain nombre d'élèves francophones natifs pourraient présenter des insuffisances. L'exigence doit être raisonnable, un élève de l'école primaire ou du collège n'est pas un expert, l'ENA encore moins. Mais la lourdeur du dispositif ainsi construit en rendrait l'usage peu commode et pourrait rebuter les collègues des DNL dont le champ de préoccupations porte sur des domaines autres que la maîtrise de la langue dans ses différents usages.

En revanche, l'identification en commun de certaines des difficultés relevées par les professeurs qui accueillent les élèves permettrait au professeur de FL2 d'entreprendre des actions de remédiation plus précisément ciblées (par rapport à l'élève, par rapport à la nature de la capacité relevée). On peut aussi se reporter sur le site de Fabrice Peutot, à la partie : Référentiel de compétences de fin d'aide (modèle type CECR).

Le cahier des élèves

Il n'existe pas à proprement parler d'outil de travail spécifiquement conçu à destination des ENA[1], bien que cette population d'élèves ait fortement besoin d'avoir un outil de référence à consulter en cas de besoin. À ce titre, le cahier ou le classeur, comme on voudra, joue avec ce public d'élèves un rôle bien plus important encore qu'avec les élèves ordinaires.

---

1. Une exception cependant, le manuel *Entrée en matière*, Brigitte Cervoni, Fatima Chnane-Davin, Manuela Ferreira-Pinto, Hachette, 2005, pour les élèves accueillis au collège, qui peut être utilisé aux quatre niveaux du collège, dans la maîtrise du français général, comme dans celle du français au service des DNL.

Si en effet le cahier est d'un usage constant dans les classes, mais selon des formes dont la qualité est très inégale, l'institution scolaire a cependant assez peu réfléchi à ce que peuvent être la fonction et la forme dévolues à cet outil de travail[1]. Le cahier peut revêtir plusieurs fonctions :
– journal de bord, il rend compte au quotidien du travail fait en classe. À ce titre, il ne saurait y avoir d'activités qui ne donnent lieu à l'établissement d'une trace écrite. *Nulla dies sine linea* pour reprendre ici le vieil adage. On doit pouvoir, avec les indications de date et d'activité, retrouver le travail qui a été accompli un jour donné. Une sortie, le travail se rapportant à l'élaboration d'un journal par les élèves seront de la sorte notés dans ces différentes étapes ;
– outil de référence, il peut jouer, en l'absence de manuel, cette fonction et comprendre quelques synthèses écrites, des documents collés (photocopies), sans que l'on abuse trop de cette ressource, avec des listes de vocabulaire, des règles orthographiques, des schémas grammaticaux, des textes, etc. Ces différents documents sont indexés de telle manière que les élèves puissent s'y reporter aisément pour vérifier un point d'information ;
– conservation d'une trace des activités. Le cahier ne doit pas forcément ne faire figurer que les éléments de référence dans leur forme achevée. Il est bon d'y faire figurer les essais, tentatives multiples engagées à l'initiative de l'enseignant dont on gardera de la sorte trace, pour mieux suivre par la suite les progrès accomplis (dans l'activité graphique par exemple, dans l'écriture d'un texte, etc.) ;
– compte rendu des activités d'exercices, avec les corrigés, des épreuves d'évaluation quand il y en a ;
– commentaires que l'élève peut faire figurer dans des endroits réservés à cet effet, sur ses difficultés, sur ce qui l'a particulièrement intéressé, sur ce qu'il aurait envie de faire (c'est-à-dire, très modestement reprendre la logique du carnet de bord tel qu'il est parfois pratiqué, en option, dans un certain nombre d'activités artistiques) ;
– outil de liaison avec les familles. Ces dernières n'ont pas toujours, loin de là, la capacité à suivre le travail de leurs enfants. Mais le simple fait de voir et de feuilleter ces cahiers peut les encourager à poursuivre, pour elles et leurs enfants, le difficile travail d'intégration qui est le leur et à entrer en relation plus aisément avec l'école, quitte, quand cela est nécessaire, à recourir aux services d'un(e) interprète ;

---

1. On trouvera cependant sur le site de l'opération « La main à la pâte » des réflexions très intéressantes sur la problématique des traces écrites dans les activités à orientation scientifique : http://www.lamap.fr, réflexions dont on peut s'inspirer pour l'enseignement du français aux ENA (et aux autres élèves tout aussi bien).

– outil de liaison avec les collègues de la classe d'inscription de l'élève pour qu'ils mesurent mieux l'importance du chemin parcouru par l'élève.

On accordera donc une grande importance à la tenue de ce cahier qui est, nous venons de le voir, plus que le simple respect d'un rituel dont on aurait progressivement perdu la raison d'être.

Le suivi des élèves

Il n'est pas toujours possible d'organiser un suivi convenable des élèves, au collège notamment, quand ceux-ci, issus de différents établissements, regagnent à titre définitif leur classe d'inscription qui peut se trouver dans un établissement distant. L'élève sera perdu de vue, d'autant plus que parfois, et même souvent, la famille déménage pour toutes sortes de raisons (souci d'échapper à la précarité matérielle dans l'installation, recherche de travail, et bien d'autres motifs encore). Le suivi ne pourra pas toujours être organisé comme on pourrait le souhaiter. Aussi est-il important qu'au terme de son séjour dans la CLIN ou dans la CLA, l'élève soit suffisamment armé au plan linguistique et relationnel pour trouver place dans un quelconque établissement.

Cependant, dans un grand nombre d'autres cas, ce suivi peut être entrepris. Il prendra différentes formes:

– signaler à l'ensemble des professeurs de la classe de rattachement d'un élève l'arrivée de ce dernier, avec une brève présentation, en réunion ou par écrit, présentation qui, sans porter atteinte à tout ce qui relève de la vie privée de l'enfant et de sa famille, permettra d'établir sa biographie géographique (itinéraires de migrations, qui peuvent parfois être très complexes, voire comporter des vides), biographie scolaire (où l'enfant a-t-il été scolarisé? comment? quel type de culture éducative[1]?), sa biographie langagière (quelle(s) langue(s) parle-t-il? quelles compétences disponibles dans ces langues? quels sont les systèmes d'écriture en vigueur?), de façon à ce que l'élève ne soit pas perçu dans une altérité qui serait source de difficulté, mais comme un élève disposant de certaines compétences susceptibles d'être transférées dans le système éducatif français. Cette présentation rendra compte d'un itinéraire, des efforts entrepris, hors

---

1. Sur le site VEI se reporter à la présentation d'un certain nombre de systèmes éducatifs dans le monde.

de toute vision émotionnelle, même si parfois certains de ces itinéraires ont été particulièrement chaotiques, en vue de construire chez les autres professeurs une autre représentation de ce que peut être un ENA ;

– présenter de temps en temps, sans que ces intervalles soient trop rapprochés, la nature des progrès accomplis par les élèves, dans leurs points forts donc, mais sans nier l'existence d'éléments de difficulté. Et sensibiliser en même temps les professeurs à ce que peut être une évaluation par compétences, pour éviter des appréciations trop globalisantes et de peu d'intérêt pour un travail de rémédiation ;

– présenter le bilan (voir plus haut) de compétence des élèves qui vont être accueillis, signaler les précautions à prendre, établir avec les professeurs les conditions de rencontres possibles pour, de temps en temps, faire le point sur l'intégration de l'élève ;

– le professeur de FL2, la chose est possible dans un certain nombre de départements, peut disposer d'un contingent d'heures complémentaires (2 heures par semaine par exemple) pour entreprendre avec ses élèves de l'année précédente des mises au point sur les difficultés encore présentes. Les élèves en général apprécient ces retours auprès de leur ancien professeur.

Tout ceci montre à quel point il serait peu raisonnable de concentrer dans un établissement scolaire plusieurs CLIN ou CLA, car les conditions de bonne intégration ne seraient plus remplies. On peut d'autre part souhaiter que les CASNAV, selon les académies et les besoins, puissent organiser des sessions de formation sur la préparation à l'intégration définitive des élèves dans les classes d'inscription, sessions qui regrouperaient professeurs de FL2 et professeurs des DNL. Tâche longue, souvent ingrate, mais qui est la condition de la bonne réussite de l'entreprise.

Et au-delà de l'analyse des procédures de suivi possibles, rappelons que nulle grille d'évaluation, si détaillée soit-elle, ne remplacera la relation de confiance qui a su s'établir entre l'enseignant et l'élève et qui est la condition d'une meilleure connaissance de ses compétences, capacités et motivation.

Conclusion

Cet ouvrage, on l'a compris, ne prétend nullement à une quelconque exhaustivité[1]. Il ne cherche pas non plus à établir un état des lieux, ce qui a été fait et bien fait par ailleurs, dans un domaine où les pratiques, pour reprendre un élément du titre d'un des derniers ouvrages de M. Verdelhan-Bourgeade, sont en constante évolution. Il ne s'agit pas non plus d'opérer une sorte d'arrêt sur image sur les pratiques en cours, sachant que les dispositifs en place peuvent évoluer très rapidement, sur des publics dont la sociologie peut elle-même varier. Sur ces contraintes d'apprentissage fortes des élèves allophones ayant à acquérir et à faire usage du français dans un répertoire de discours très particulier, celui qui est en cours à l'école, il s'agit plus simplement de mettre l'accent sur des points et des modes d'approche de la langue tels qu'ils s'inscrivent dans les dispositifs de formation relevant de ce que l'on nomme le français langue seconde.

On aura constaté que la référence à l'apprentissage du français comme langue maternelle, ce qui est une autre manière de désigner le français enseigné comme langue de scolarisation, y est fréquente et il importait de le faire, dans la mesure où enseigner dans les CLIN, dans les CLA ou dans toute structure destinée à préparer les élèves à suivre une formation en français, ne peut s'envisager sans prendre en compte les formes et usages du français dans l'ordinaire de la vie scolaire.

Comme nous l'avons signalé, à la seule exception d'une production destinée à l'enseignement secondaire, il n'existe pas de manuel consacré à l'organisation et à la mise en œuvre de ces apprentissages. Il revient au professeur de bâtir son projet de formation, d'en rassembler les éléments significatifs par rapport à ce que sont ses élèves, de bâtir une progression et de le mettre en œuvre dans une activité de classe qui est tout sauf simple. Un inconvénient, immédiatement perceptible : la complexité de la tâche, la crainte de ne pas traiter

---

1. Ainsi des références bibliographiques qui, sur une matière aussi vaste, veulent être d'un volume raisonnable. Signaler ce qui mérite d'être lu, si l'on souhaite approfondir la connaissance du domaine concerné, sans faire état de tous les travaux, et ils sont nombreux, qui couvrent la question. La sitographie, appelée elle aussi à évoluer, permet cependant de suivre les évolutions en cours, d'établir une veille et d'inscrire ces références plus fondamentales dans un champ des pratiques en constante évolution.

de tout ce qui peut être considéré comme essentiel et ce sentiment d'incomplétude devant l'importance de la tâche à accomplir et qui habite souvent le professeur. Mais en même temps, une très grande autonomie, un pouvoir d'initiative considérable, une situation d'enseignement largement exploratoire, ce qui écarte tout risque de routinisation. Avantages qui l'emportent largement sur les inconvénients, dans la mesure où ils font du professeur dans sa classe l'acteur principal d'un processus de formation que les institutions et organismes concernés ne manqueront pas d'appuyer.

L'arrivée de ces enfants venus d'ailleurs donne ainsi à chacun la possibilité de réévaluer ses repères, de repenser ses manières d'enseigner et oblige les établissements à penser à d'autres façons d'accueillir et d'intégrer les élèves. Une chance pour l'enseignement du français et pour les enseignants qui s'y consacrent.

Bibliographie

ALCORTA Martine, « Utilisation du brouillon et développement des capacités d'écrits », *Revue française de pédagogie*, 137, 95-103, 2001.

ALLIERES Jacques, *Les langues de l'Europe*, PUF, Que Sais-je ?, n° 3559, 128 p., 2000.

ALTET Marguerite, « Comment interagissent enseignant et élèves en classe ? », *Revue française de pédagogie*, n° 107, 123-139, 1994.

ARMAND Anne, « Professeur de français/professeur de lettres : à l'ombre d'une querelle, un enseignement rénové », *Études de Linguistique appliquée*, 130, 168-178, 2003.

AUGER Nathalie, « Favoriser le plurilinguisme pour aider à l'insertion scolaire et sociale des élèves nouvellement arrivés (ENA) », *Glottopol*, (revue de sociolinguistique en ligne, http://univ-rouen.fr/dylang-glottopol/numero_11.html)11, 126-137, 2008.

BARBIER Marie-Laure, « Écrire en L2 : bilan et perspectives de recherches », *Arob@se*, www.arobase.to, vol. 1-2, 6-21, 2003.

BEACCO Jean-Claude, *L'approche par compétences dans l'enseignement des langues*, Didier, coll. Langues et didactique, 308 p., 2007.

BESSE Henri, *Méthodes et pratiques des manuels de langue*, Didier-Credif, 1984.

BOUCHARD Robert, *Didactiques de l'oral et éducation communicative implicite*, 2002. eduscol.education.fr/D0126/didactiqueoral_bouchard.htm

BOUCHE Denise, « L'enseignement dans les territoires français d'Afrique occidentale, de 1817 à 1920 : mission civilisatrice ou formation d'une élite », Lille, Atelier de reproduction des thèses, Université de Lille 3, 1975.

BOUTAN Pierre, *De l'enseignement des langues. Michel Bréal, linguiste et pédagogue*, Hatier, coll. Le temps des savoirs, 188 p., 1998.

BROUDIC Fanch, *La pratique du breton, de l'Ancien régime à nos jours*, Presses universitaires de Rennes, 1995, 490 p., 1995.

CALAMAND Monique, *Méthodologie de l'enseignement de la prononciation : organisation de la matière phonique du français et correction phonétique*, CLE International, 191 p., 1981.

CALBRIS Geneviève et MONTREDON Jacques, *Approche rythmique, intonative et expressive du français langue étrangère*, CLE International, 77 p., 1975.

CASTELLOTTI Véronique, « L'école française et les langues des enfants : quelle mobilisation de parcours plurilingues et pluriculturels ? dans CHISS, J.L. (Dir.) *Immigration, École et didactique du français*, Paris, Didier, collection « langues et didactique », 231-279, 2008.

CATACH Nina, *L'orthographe*, Que sais-je ?, Presses Universitaires de France, p. 117, 1978.

CATACH Nina, *L'enseignement de l'orthographe : l'alphabet phonétique international, la typologie des fautes, la typologie des exercices*, coll. Dossiers didactiques, Nathan, 95 p., 1978.

CERQUIGLINI Bernard, *La naissance du français*, PUF, Que-sais-je ?, 125 p., 1991.

CHARAUDEAU Patrice, *Grammaire du sens et de l'expression*, Hachette Éducation, 927 p., 1992.

CHARLIAC Lucile, LE BOUGNEC Jean-Thierry, LOREIL Bernard, MONTRON Annie-Claude *Phonétique progressive du français : niveau débutant*, CLE International, 127 p., 2003.

CHERVEL André, *Et il fallut apprendre à écrire à tous les petits Français, Histoire de la grammaire scolaire*, Paris, Payot, 1977, 306 p. ; réédition, 1981, sous le titre *Histoire de la grammaire scolaire*, Petite Bibliothèque Payot, 1977.

CHERVEL André, « L'histoire des disciplines scolaires ; réflexion sur un domaine de recherches », *Histoire de l'Éducation*, 38, 59-119, 1988.

CHISS Jean-Louis, dir., *Immigration, école et didactique du français*, Didier, 303 p., 2007.

COIRIER Pierre, Gaonac'h Daniel, PASSERAULT Jean-Michel, *Psycholinguistique textuelle. Approche cognitive de la compréhension et de la production de textes*, Armand Colin, 297 p., 1996.

COURTILLON Janine, « Grammaire notionnelle » in *Un niveau-seuil* Didier, 424 p., 1987 rééd.

CUQ Jean-Pierre, *Le français langue seconde. Origine d'une notion et implications didactiques*, Hachette, coll. F, 224 p., 1991.

DAKHLIA Jocelyne, *Lingua franca. Histoire d'une langue métisse en Méditerranée*, Actes Sud, Série Bleue, 592 p., 2008.

DE COOREBYTER Vincent, dir., *Rhétoriques de la science*, PUF, coll. L'Interrogation philosophique, 253 p., 1994.

DE MIRAS Michel-Patrick, *La classe d'initiation au français pour enfants non francophones (CLIN)*, L'Harmattan, 2006.

DE SALINS Geneviève-Dominique, *Grammaire pour l'enseignement/apprentissage du FLE*, Didier/Hatier, 271 p., 1996.

DEFAYS Jean-Marc *et al.*, *Didactique du français langue maternelle, langue étrangère et langue seconde : vers un nouveau partage ?* Éditions EME, Belgique, 2003.

ENCREVE Pierre, « Entretien », Diversité – Ville, école, intégration, décembre 2007.

FAYOL Michel, « À propos de la compréhension », in *Regards sur la lecture et l'apprentissage*, Observatoire national de la lecture, ministère de l'Éducation nationale, 215 p., 1996.

FAYOL Michel, *Des idées au texte. Psychologie cognitive de la production verbale, orale et écrite*, PUF, 288 p., 1997.

FIOUX Paule, dir., *Des langues de la maison aux langues de l'école en milieu plurilingue*, Khartala, 242 p., 2001.

GAJO Laurent, MATTHEY Marinette, MOORE Danièle et SERRA Cecilia (éds), *Un parcours au contact des langues. Textes de Bernard PY commentés*, Didier, coll. LAL, 2004.

GAONAC'H Daniel, « La lecture en langue étrangère : un tour d'horizon d'une problématique de psychologie cognitive », 2000, *Aile (acquisition et interaction en langue étrangère)*, 13, disponible sur : http://aile.revues.org/document970.html.

GAONAC'H Daniel, *L'apprentissage précoce d'une langue étrangère*, Hachette Éducation, 160 p., 2006.

GIORDAN André et DE VECCHI Gérard (1987) *Les origines du savoir : des conceptions des élèves aux concepts scientifiques*, Delachaux et Niestlé (Delagrave rééd. 2001)

GOLDER Caroline et GAONAC'H Daniel, *Lire et comprendre. Psychologie de la lecture*, Hachette Éducation, 144 p., 1998.

GRANGER Gilles-Gaston, *Langages et épistémologie*, Klincksieck, coll. Horizons du langage, 224 p., 1979.

HARDY Georges, *Une conquête morale. L'enseignement en AOF*, Armand Colin, rééd. 2005, L'Harmattan, 1917.

JAFFRE Jean-Pierre, « Peut-on parler de sémiographie optimale ? », *Lidil*, 30, Acquisition et enseignement de la morphographie, 2004, 2008 [En ligne], URL : http://lidil.revues.org/document593.html

JUDET DE LA COMBE Pierre et WISMANN Hans, *L'avenir des langues*, éd. du Cerf, 242 p., 2004.

LAHIRE Bernard, *Culture écrite et inégalités scolaires*, Presses universitaires de Lyon, coll. IUFM, 310 p., 1993.

LAURET Bertrand, *Enseigner la prononciation du français : questions et outils*, Hachette, coll. F, 192 p. 2007.

LEON Pierre et Monique, *La prononciation du français*, Nathan, 192 p., 1997.

LIEURY Alain, *Mémoire et réussite scolaire*, Dunod, 160 p., 2004.

LUSIGNAN Serge, *La langue des rois au Moyen Âge. Le français en France et en Angleterre*, PUF, Le nœud gordien, 296 p., 2004.

MARTINEZ Pierre (dir.) *Le Français langue seconde. Apprentissage et curriculum*, Maisonneuve et Larose, 2002.

MOCHET Marie-Anne *et al.*, *Plurilinguisme et apprentissages. Mélanges Daniel Coste*, Lyon, École normale supérieure, Lettres et Sciences humaines, 360 p., 2005.

MOORE Danièle, « L'école et les représentations du bilinguisme et de l'apprentissage des langues chez les enfants », in Cristina Alleman-Ghionda (dir.) *Multiculture et éducation en Europe*, Peter Lang, 123-135, 1997.

MOORE Danièle, *Plurilinguismes et École*, Didier, coll. Lal, 2006.

MORAIS José, *L'art de lire*, Odile Jacob, coll. Opus, 362 p., 1999 rééd.

NICOT-GUILLOREL Muriel, *Écritures et multilinguisme. Apprendre à lire à l'école ivoirienne en français, dioula ou sénoufo par des enfants monolingues ou bi(pluri)lingues*, L'Harmattant, 205 p., 2002.

NISHIYAMA Noriyuki, « L'enseignement du français aux indigènes à la croisée des cultures politiques sous la IIIe République. Comment la mutation de la politique coloniale s'est articulée avec la politique linguistique ? », *Marges politiques*, 2004, 1-12.

NOYAU Colette, « Place des verbes dans le Français fondamental, acquisition du lexique verbal en français langue seconde et didactique du lexique », in *Recherches et applications – Le Français dans le monde*, 43, 87-100, 2008.

PARPETTE Chantal, « Le discours oral : des représentations à la réalité », Colloque Les linguistiques appliquées et les sciences du langage, université de Strasbourg, 1997.

PICOCHE Jacqueline, *Didactique du vocabulaire français*, Nathan-Université, 206 p., 1993.

PONTY Janine, « Les problèmes soulevés par la scolarisation des enfants polonais en France », *Relations internationales*, 12, 327-349, 1977.

PONTY Janine, « Une intégration difficile : les Polonais en France durant le premier vingtième siècle », *Vingtième siècle*, n° 7, 1985, 1985.

PUREN Laurent, « Pédagogie, idéologie et politique linguistique. L'exemple de la méthode Carré appliquée à la francisation de la Bretagne à la fin du XIXᵉ siècle », *Glottopol*, 1, 2-23, 2003.

RAFONI Jean-Charles, *Apprendre à lire en français langue seconde*, L'Harmattan, 272 p., 2007.

ROULET Eddy et al., *L'articulation du discours en français contemporain*, Peter Lang, 272 p., 1985.

RYGIEL Philippe, *Le temps des migrations blanches. Migrer en Occident (1840-1940)*, Ed. Aux lieux d'être, 227 p., 2007.

SCHMAUCH Joseph, *Les services d'Alsace-Lorraine face à la réintégration des départements de l'Est (1914-1919)*, Thèse de doctorat, École des Chartes, mult., 2004.

SPAËTH Valérie, *Généalogie de la didactique du français langue étrangère. L'enjeu africain*, CIRELFA – Agence française de la francophonie, diffusion Didier-Érudition, 208 p.

SPAËTH Valérie, Généalogie de la didactique du français langue étrangère. L'enjeu africain, Didier-Érudition, Agence de la francophonie, 1998.

TEULIERES Laure, *Immigrés d'Italie et paysans de France, 1920-1944*, Toulouse, Presses universitaires du Mirail, 264 p., 2002.

TRAVERSO Véronique, *L'analyse des conversations*, Nathan-Université, 128 p., 1999.

TRAVERSO Véronique, « Grille d'analyse des discours interactifs oraux », in *Niveau B2 pour le français. Textes de référence*, Didier, 287 p., 2004.

VERDELHAN-BOURGADE Michèle, *Le français de scolarisation. Pour une pédagogie réaliste*, PUF, 257 p., 2002.

VERDELHAN-BOURGADE Michèle, dir., *Le français langue seconde. Un concept et des pratiques en évolution*, éd. De Boeck, 256 p., 2007.

VIGNER Gérard, « Le monde, les mots, l'école. Éléments pour une didactique du vocabulaire à l'école élémentaire », *Repères. Recherches en didactique du français langue maternelle*, 8, 191-210, 1993.

VIGNER Gérard, « La représentation du savoir : mise en page et mise en texte dans les manuels scolaires », *Cahiers du français contemporain*, 4, 47-82, 1999.

VIGNER Gérard, « Nommer le français », *Études de linguistique appliquée*, 130, 153-166, 2003.

VIGNER Gérard, *La grammaire en FLE*, Hachette, coll. F, 2003.

WAQUET Françoise, *Parler comme un livre. L'oralité et le savoir (XVIe-XXᵉ siècle)*, Albin Michel, coll. L'évolution de l'humanité, 431 p. 2003.

WIOLAND Francis, *Prononcer les sons du français : les sons et les rythmes*, Hachette, 127 p., 1991.

YAICHE Francis, *Les simulations globales, mode d'emploi*, Hachette, FLE, 190 p., 1996.

Sitographie

CNDP, Ville, école, intégration :

http://www2.cndp.fr/vei/. Une mention toute particulière concernant ce site qui regroupe l'ensemble des informations institutionnelles et pédagogiques portant sur l'enseignement du français aux enfants de migrants. Site de référence pour tout enseignant exerçant en CLIN ou en CLA.

CIEP (Centre international d'études pédagogiques de Sèvres) :
http://www.ciep.fr

DGLFLF (Délégation générale à la langue française et aux langues de France) :
http://www.culturecommunication.gouv.fr/Politiques-ministerielles/Langue-francaise-et-langues-de-France

Cité de l'immigration (Cité nationale de l'histoire de l'immigration) :
http://www.histoire-immigration.fr/

ANLCI (Agence nationale de lutte contre l'illétrisme) :
http://www.anlci.gouv.fr/

INED (Institut national d'études démographiques) :
http://www.ined.fr/

INSEE Institut national de la statistique et des études économiques) :
http://www.insee.fr/fr/publications-et-services/

FIPF (Fédération internationale des professeurs de français) :
http://www.fipf.org/

Ministère de l'Éducation nationale, Repères et références statistiques :
http://www.education.gouv.fr/cid57096/reperes-et-references-statistiques.html

Emilangues (Site d'accompagnement des sections européennes
ou de langues orientales)
http://www.emilangues.education.fr/

Conseil de l'Europe/langues :
http://www.coe.int/t/dg4/linguistic/default_fr.asp

Dépôt légal : mars 2015

imprimé en France par Dupliprint en janvier 2021

N° d'impression : 2021010226 - N° d'édition : 3855628/09